广东财经大学粤港澳大湾区
人才评价与开发研究院

粤港澳大湾区
人才战略与创新发展研究
2023

萧鸣政　主编

中国社会科学出版社

图书在版编目（CIP）数据

粤港澳大湾区人才战略与创新发展研究.2023／萧鸣政主编.—北京：中国社会科学出版社，2024.4

ISBN 978 – 7 – 5227 – 3224 – 4

Ⅰ.①粤…　Ⅱ.①萧…　Ⅲ.①人才—发展战略—研究—广东、香港、澳门–2023　Ⅳ.①C964.2

中国国家版本馆 CIP 数据核字（2024）第 049754 号

出 版 人	赵剑英
责任编辑	许　琳
责任校对	谈龙亮
责任印制	郝美娜

出　　版	中国社会科学出版社
社　　址	北京鼓楼西大街甲 158 号
邮　　编	100720
网　　址	http://www.csspw.cn
发 行 部	010 – 84083685
门 市 部	010 – 84029450
经　　销	新华书店及其他书店
印刷装订	北京君升印刷有限公司
版　　次	2024 年 4 月第 1 版
印　　次	2024 年 4 月第 1 次印刷
开　　本	710×1000　1/16
印　　张	17.75
插　　页	2
字　　数	273 千字
定　　价	108.00 元

凡购买中国社会科学出版社图书，如有质量问题请与本社营销中心联系调换
电话：010 – 84083683
版权所有　侵权必究

编辑指导委员会
主　任：郑贤操
副主任：于海峰　　萧鸣政
委　员：郑贤操　　于海峰　　邹新月　　罗贤甲
　　　　丁友刚　　郑金栈　　萧鸣政　　任文硕
　　　　邓世豹　　林　莉　　黎友焕　　任　巍
　　　　陈小平

编辑委员会
主　编：萧鸣政
委　员：萧鸣政　　任文硕　　陈小平　　魏　伟
　　　　褚勇强　　陈清帝　　邓梅林　　韩　笑

组织编写机构
广东财经大学粤港澳大湾区人才评价与开发研究院

参与编写机构
中国人力资源开发研究会人才测评专业委员会
广东财经大学人力资源学院

序

2019年，中共中央、国务院印发了《粤港澳大湾区发展规划纲要》。在2021年的中央人才工作会议上，习近平强调，要深入实施新时代人才强国战略，要在粤港澳大湾区建设高水平人才高地，作为加快建设世界重要人才中心和创新高地的战略布局。党的二十大报告强调，"加快建设世界重要人才中心和创新高地，促进人才区域合理布局和协调发展，着力形成人才国际竞争的比较优势"。2023年4月习近平来广东视察时再次肯定了粤港澳大湾区在全国新发展格局中的重要战略地位，提出要使粤港澳大湾区成为新发展格局的战略支点、高质量发展的示范地、中国式现代化的引领地。

为深入学习贯彻习近平总书记关于做好新时代人才工作的重要论述精神，学习贯彻习近平总书记视察广东重要讲话、重要指示精神，2023年5月27—28日广东财经大学与中国人力资源开发研究会人才测评专业委员会承办广东财经大学40周年校庆学术年暨第三届（2023年）粤港澳大湾区人才战略与创新发展论坛，旨在助力粤港澳大湾区高水平人才高地建设，推动大湾区社会经济高质量发展。

本次论坛主题为："高水平人才高地建设、粤港澳大湾区人才与协同战略、人才评价创新与高质量"。与会嘉宾包括省、市有关领导、相关研究领域的专家学者及企业翘楚。各嘉宾围绕本次论坛主题，分别从政界、学界、商界等不同领域，多维度、深层次地进行了交流和探讨，为湾区建设建言献策，碰撞出思想的火花，结出了丰硕的成果。

本次论坛众多官员、学者与企业界人士围绕粤港澳大湾区高水平人才高地建设问题发表真知灼见，20位特邀嘉宾进行主旨演讲，45位重要嘉宾出席了"粤港澳大湾区高水平人才高地建设研讨会"与"实施人才强国战略强化人力资源专业课程教材建设研讨会"两个闭门专题研讨，120位嘉宾在十个分论坛进行汇报。论坛发言人数与实际参与分论坛人数均创新高。

这次论坛规模大，代表结构科学，地域覆盖面广。报名参加论坛的代表覆盖中国大陆的28个省市区，加上港澳台代表，足以代表大中华圈；论坛现场出席人数超过500人，线上超过40万人次。

本论文集精选了此次论坛24篇领导致辞、主题发言和18篇学术论文。致辞与主题发言分别从政府政策改革、学术前沿研究及企业实践探索等方面分享了大湾区近年来在人才评价与开发、区域人才一体化及数字化人才培养等关键领域的经验与成果，同时也探讨了在面对复杂国际形势、区域内经济发展不平衡、湾区内多样化的社会制度及关税体系及人工智能广泛应用等复杂背景下，大湾区在建设高水平人才高地过程中面临的新挑战与新机遇，同时也为粤港澳大湾区加快建设为世界重要人才中心和创新高地提供了宝贵的智慧和策略。本论文集的学术论文作者都是我国人才研究领域的骨干。论文内容涵盖对科技人才、国企人才、创新创业人才、基层人才、乡村人才等多支不同类型人才队伍的研究，从政策文本、文献理论、实证数据、机制体制等方面探索了粤港澳大湾区人才高地建设背景下各类人才在人才战略、人才评价及人才开发领域的现状、瓶颈及建议。论文既有理论探索，也有实证研究。研究成果对港澳大湾区人才高地和新时代人才强国战略的深入实施具有重要的决策咨询价值。

希望本书的出版发行，对践行习近平总书记关于人才工作的系列重要思想，完善粤港澳大湾区人才发展体制机制，进一步推进粤港澳人才开发与政策创新发挥积极作用，让各类人才的创造活力竞相迸发、聪明才智充分涌流，进一步推动粤港澳大湾区创新融合发展，早日建成粤港澳大湾区高水平人才高地。

本书的出版，要特别感谢广东财经大学党委书记郑贤操与校长于海峰、副校长邹新月等领导的大力支持，感谢中国人事科学院研究院绩效管理研究室任文硕主任、人才测评专业委员会以及大会秘书处等相关编辑人员的大力帮助与支持！

萧鸣政
中国人才研究会副会长
中国人力资源开发研究会人才测评专业委员会会长
北京大学人力资源开发与管理研究中心主任
广东财经大学粤港澳大湾区人才评价与开发研究院院长
广东财经大学人力资源学院院长
二零二三年九月二十六日

目　　录

致辞发言

一　领导致辞

大力推进粤港澳大湾区人才高地建设，形成高端
　　科创人才聚集中心 ………………………………… 杨红山（3）
构建粤港澳协同和广东区域内部协同的双协同融合的
　　人才高地 …………………………………………… 郑贤操（5）
发挥人力资源开发研究会效能，助推粤港澳大湾区
　　人才高地建设 ……………………………………… 李　震（8）

二　主旨发言

粤港澳大湾区高质量发展、创新与企业家精神 ………… 赵曙明（10）
粤港澳大湾区人才高地建设中的人才战略思考 ………… 萧鸣政（15）
香港科技大学（广州）创新人才培养模式与实践分享 …… 伍楷舜（18）
合作共赢——澳门人才发展战略 ………………………… 周昶行（22）
区域一体化发展中人才集聚与协同创新发展 …………… 刘帮成（24）
粤港澳大湾区高水平人才高地建设中服务与管理战略
　　人才开发机制创新 ………………………………… 王建民（27）
粤港澳大湾区人力资源服务业高质量发展研究 ………… 任文硕（32）
粤港澳大湾区人才高地建设：珠海实践与探索 ………… 李腾东（35）
利用粤港澳大湾区的特色优势以点带面推动人才高地
　　建设 ………………………………………………… 吴培冠（38）
"破四唯"背景下人才评价体系的构建与思考 …………… 于海波（41）

基础学科人才培养、基础教学中数学教学的探索与启示 …… 张景中（45）
坚持"四个突出"，推进粤港澳大湾区高水平人才高地
　　建设……………………………………………………… 魏建文（48）
新时代粤港澳大湾区背景下"一国两制"的人才战略，
　　有关"爱国者治澳"的重要意义与测评思考………… 柳智毅（50）

三　主题发言

培育数字人才，建设数字湾区 ……………………………… 蒋北麒（53）
粤港澳大湾区产业发展与人才协同 ………………………… 刘善仕（57）
数智时代领导力的挑战与进阶 ……………………………… 李爱梅（61）
发挥大湾区人才政策溢出效应，助推广东全域
　　高质量发展 …………………………………………… 谌新民（65）
粤港澳大湾区科创中心建设问题与对策 …………………… 陈小平（69）
大城市中心城区如何提升人才竞争力的探索与实践
　　——海珠区聚焦规划重点产业，形成独特人才品牌 …… 李　桥（73）
人工智能的最新进展及其对人力资源发展的潜在影响 …… 李　杰（78）
增强人才工作创新协同，推动粤港澳高质量发展 ………… 蔡冠深（81）

论文选集

一　人才战略

基于三维分析视角的广东省高技能人才政策文本
　　研究 ……………………………………… 吴　凡　魏高亮（85）
粤港澳大湾区青年创新创业促进政策研究
　　——基于广州、深圳及珠海三地政策的质性分析
　　…………………………………………… 叶海燕　吴　艳（101）
粤港澳大湾区数字科技人才发展战略研究 ………… 梁善华（115）
新时代背景下国企人才管理的高质量发展
　　………………………………… 李　妍　章陈栋　黎晓丹（127）
基于就业质量提升的外来务工人员人力资本
　　投资决策研究 …………………… 梁栩凌　刘婉丽　刘莹莹（134）

二 人才高地

粤港澳大湾区基层人才高地建设路径
　　研究 …………………………… 孙殿超　刘　毅　张智颖（142）
论澳门特区建设国际高端人才基地的可能及其
　　实现途径 …………………………………………… 陈晓君（151）
佛山市顺德区人才高地建设的问题及对策
　　——基于萧鸣政教授《人才高地建设评价标准体系》的分析
　　………………………………………… 李永康　罗　茜（161）
全方位培养、引进、用好高层次创新创业人才 ………… 杨国庆（171）

三 人才评价

粤港澳大湾区人才开发评价指数研究
　　——基于广东省9市的实证分析 ………… 萧鸣政　张睿超（180）
粤港澳大湾区青年大学生就业能力测评与开发体系
　　研究 ………………………………………… 钟洁华　简浩贤（188）
高质量发展背景下大学生就业能力评价与提升研究
　　………………………………… 吴智育　刘紫嫣　刘泽璇（197）
人工智能应用对就业的影响研究综述 ………… 吴坤津　王　静（210）

四 人才开发

时不我待：科技人才的前瞻行为研究 ………… 郭晟豪　张哲瑞（219）
乡村振兴背景下粤港澳大湾区乡村人才队伍建设研究 …… 陈　亮（235）
乡村振兴背景下粤港澳大湾区乡村后备干部队伍建设
　　研究 ………………………………………………… 郭建平（244）
"零工经济"模式下的粤港澳大湾区人才协同共享发展
　　路径研究 ……………………… 顾文静　朱　婧　兰文涛（252）
内地对港澳法律服务业准入现状与问题
　　——基于大湾区联营律所及律师的实证研究
　　………………………………… 梁家桦　邝妍华　邱卓易（261）

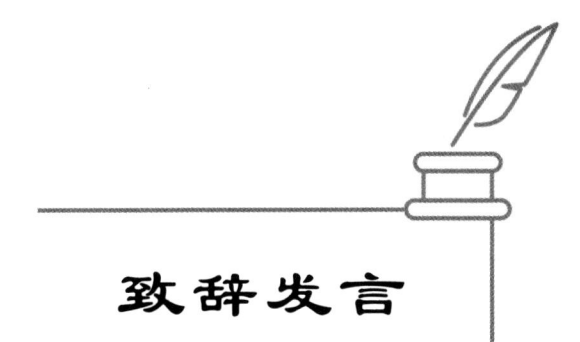

致辞发言

一　领导致辞

大力推进粤港澳大湾区人才高地建设，形成高端科创人才聚集中心[*]

杨红山

尊敬的郑贤操书记、于海峰校长，来自全国各地包括香港、澳门特区的各位领导，各位专家老师、同学们，大家上午好，很高兴和大家齐聚广东财经大学，参加广东财经大学40周年校庆学术年暨第三届粤港澳大湾区人才战略与创新发展论坛，在此，我谨代表广东省人社厅对论坛的成功举办表示热烈的祝贺，功以才成，业由才广。习近平总书记在党的二十大报告中指出，科技是第一生产力，人才是第一资源，创新是第一动力。要加快建设教育强国、科技强国和人才强国，坚持为党育人、为国育才，全面提高人才自主培养质量，着力造就拔尖创新人才，聚天下英才而用之。2023年4月，习近平总书记在广东考察时又指出，要推进粤港澳大湾区人才高地建设，形成高端科创人才聚集效应。广东省坚决贯彻落实党中央、国务院决策部署，紧抓粤港澳大湾区高水平人才高地建设的重大机遇，全面推进新时代人才强省建设，优化一系列优粤政策，打造一大批创新平台，提供一站式的服务保障，推动人才工作高质量发展。

2022年，全省专业技术人才和技能人才总量分别达到了891万和1850万人，建成博士后科研平台1249家，在站博士后超过1.2万人，

---

[*] 广东省人力资源和社会保障厅党组成员、副厅长、一级巡视员杨红山的致辞发言，收录时略有修改。

约占全国的1/7；建成人力资源服务产业园16家，人才驿站983家，修订了2.0版的人才优粤卡制度，建成并启用粤港澳大湾区广东人才港，人才强省建设迈出了新的步伐，为广东经济社会发展提供了强有力的人才支撑。

建设粤港澳大湾区高水平人才高地，是党中央赋予广东的重大机遇、重大平台和重大使命。围绕这一历史机遇，接下来我们将着力抓好以下三个方面的工作：一是加大政策支持力度。细化高水平人才高地重点任务分工方案，加大对湾区核心区域、三级九支点的政策支持力度，服务多中心、网络化的创新集群共同体。二是塑造国际竞争比较优势。指导广州、深圳、横琴完善并动态调整境外职业资格便利职业认可清单，拓宽粤港澳一试多证和直接采认职业工种目录合作范围。推动中外办学高校设立博士后科研工作平台，加快出台高技能人才队伍建设实施意见和技能人才培养促进条例。三是优化人才生态。对人才优粤卡17项服务事项采取清单制来抓落实，打造样板人才市区高水平运营、粤港澳大湾区广东人才港和国际人才一站式服务窗口，办好第二届全国人力资源服务业发展大会等系列的人才活动。

同志们，粤港澳大湾区高水平人才高地是与北京、上海同部署同推进的国家战略布局，这三个高地处于人才验证格局的最前沿。本届论坛以高水平人才高地建设、粤港澳大湾区人才协同战略、人才评价创新与高质量发展为主题，契合了大湾区城市群创新、人才集聚协同开放的建设思路。我们期待大家在大会期间深入交流，凝聚共识，为粤港澳大湾区的人才战略与创新发展贡献智慧和力量。最后，预祝本次论坛取得圆满成功。谢谢大家。

构建粤港澳协同和广东区域内部协同的双协同融合的人才高地

郑贤操[*]

各位领导,各位专家、嘉宾、老师们、同学们,大家上午好。当前全党正在深入开展学习贯彻习近平新时代中国特色社会主义思想主题教育,全省上下深入学习贯彻习近平总书记视察广东重要讲话、重要指示精神,为推进广东省经济社会高质量发展,在中国式现代化建设中走在前列、奋击前行。我们在这个关键时刻,来自国内外粤港澳三地的2000余名专家学者齐聚一堂,举办第三届粤港澳大湾区人才战略与创新发展论坛。粤港澳大湾区人才高地建设可谓恰逢其时,意义重大。在此,我谨代表广东财经大学向参加本次论坛的领导、专家、业界人士表示热烈欢迎和诚挚感谢。本次论坛的举办特别得到了省人社厅的大力支持。今天,红山厅长亲自莅临会场进行指导,充分体现了省人社厅对推进粤港澳大湾区人才高地建设的高度重视,以及对学校的充分信任和厚爱。在此,我谨代表学校再次向长期以来关心支持学校建设发展的省人社厅各级领导表示衷心的感谢。

今年4月,习近平总书记再次莅临广东视察,赋予粤港澳大湾区新地位、新任务、新使命。我们要认真贯彻党中央决策部署,把粤港澳大湾区建设作为广东深化改革开放的大机遇、大文章,抓紧做实、摆在重中之重,以珠三角为主阵地,举全省之力办好这件大事,使粤港澳大湾区成为新发展格局的战略支点、高质量发展的示范地。

中国是现代化的引领地,要推进粤港澳大湾区人才高地建设,形成

---

[*] 广东财经大学党委书记郑贤操的致辞发言,收录时略有修改。

高端科创人才聚集效应。总书记的重要讲话、重要指示，为做好新时代人才工作、推进粤港澳大湾区高水平人才高地建设指明了前进方向、提供了根本遵循。推进粤港澳大湾区人才高地建设，构建粤港澳人才协同和广东区域人才协同双协同融合的人才高地，是一国两制和港澳融入国家发展大局背景下，基于中国特色社会主义的制度优势和港澳地区高度国际化的发展优势，融合互补的发展格局，是党中央战略转化为粤港澳大湾区高质量发展优势的生动实践。

广东财经大学坚持立足湾区，服务湾区，是粤港澳大湾区建设发展急需的专业人才培养和科学研究重地。学校现有31个教学科研单位，66个本科专业，1个博士学位授权一级学科点，9个硕士学位授权一级学科点，1个硕士学位授权二级学科点，17个硕士专业学位授权点，34个国家和省级一流本科专业建设点。

近年来，学校前瞻谋划、超前布局，大力推进人力资源学科建设发展，引进了萧鸣政教授等多位知名学者。2021年1月，成立了粤港澳大湾区首个专门从事人才研究的科研机构与智库平台——粤港澳大湾区人才评价与开发研究院。2021年7月，设立了国内首家人力资源学院。学校发挥专业团队的人才优势、人才资源和学科优势，聚焦粤港澳大湾区人才开发与研究的重点、难点，在粤港澳大湾区人才发展与广东人才发展研究领域取得了突出的研究成果。参与筹备省委人才工作会议，承担省委政策研究所委托项目——广东建设高水平人才高地研究，多篇报告获得省委、省政府领导批示及党政部门采纳，为粤港澳大湾区高质量发展提供人才支持与治理策略。当前，学校正朝着建设大湾区一流财经大学的目标前进，将以更高站位、更高标准、更高要求，不断推动新时代人才工作开创新局面，为更好地服务粤港澳大湾区高水平人才高地建设贡献广财智慧和力量。粤港澳大湾区人才战略与创新发展论坛是广东财经大学重点打造的品牌学术论坛，是学校深入学习贯彻习近平总书记关于人才工作的重要精神和习近平总书记视察广东重要讲话、重要指示精神的生动实践。在广东省人力资源和社会保障厅、广东省科技厅等支持下，2021年、2022年学校连续两年联合中国人力资源开发研究会、中华人力资源研究会等单位共同举办粤港澳大湾区人才战略与创新发展论坛。论坛围绕粤港澳大湾区高水平人才高地建设与发展进程中的问题和挑战深入研讨，得到中国人才研究会、中国人力资源开发研究会、中组部、科技部、人社部、中粮办、北京大学以及香港、澳门等机构的热烈回应，来自 20 多个省市特别行政区的 200 多位厅级领导与专家学者参会，历次会议线上线下参会人员累计超过 73 万人，在内地及港澳台地区形成了较高的知名度和影响力。

本届论坛围绕高水平人才高地建设、粤港澳大湾区人才与协同战略、人才评价创新与高质量发展等主题进行线上和线下的交流研讨，助力粤港澳大湾区人才高地和新时代人才强国战略的深入实施。希望各位专家学者各展所长，在交流研讨中碰撞思想火花，结出创新硕果。最后，预祝本届论坛取得圆满成功，祝愿各位领导、各位专家身体健康、事业进步，万事如意，谢谢大家。

发挥人力资源开发研究会效能，助推粤港澳大湾区人才高地建设[*]

李 震

尊敬的各位领导、各位专家来宾老师、亲爱的同学们，大家上午好，非常荣幸能够再次与广东财经大学携手共同举办第三届粤港澳大湾区人才战略与创新发展论坛。本次论坛被列为广东财经大学40周年校庆学术年的重要活动，我们备受鼓舞。在此，我谨代表中国人力资源开发研究会对广东财经大学四十周年校庆表示真切的祝福，也对参加本次论坛的领导、专家、企业界人士表示热烈的祝贺。我们非常荣幸地和广东财经大学举办了三届粤港澳大湾区人才创新论坛，一次办得比一次好。刚才贤操书记也回顾了三次活动的盛况，中国人力资源开发研究会愿意付出全部的努力，和广东财经大学一起把粤港澳大湾区人才战略创新论坛办好，把它真正办成落实习近平人才思想、贯彻落实习近平关于大湾区重要指示以及重要战略部署的平台，探索在大湾区这样一个区域经济发展最活跃、最有发展潜力、最具前沿发展能动力的区域里打造一个人才创新机制和人才体制改革的一个学术平台，一个汇集全国人力资源和人才方面的专家，同大湾区各个人力资源研究领域的机构和专家一起，共同探索大湾区人才战略与创新发展的思路以及成果交流和经验交流的学术平台。

我相信，在大家的共同努力下，我们的论坛会成为中国人力资源开发界一个标志性的盛会。中国人力资源开发研究会成立了30年，长期以来在人力资源管理界发挥了重要的桥梁纽带作用，在全国学术界、企业

---

[*] 中国人力资源开发研究会副会长李震的致辞发言，收录时略有修改。

界具有广泛的社会基础，联系着众多业内和跨界领域的各种专家。在中国人力资源研究会 30 多年的努力期间，对于推动中国人力资源开发事业，无论是在理论研究、学科建设、政策研究以及实践中都起到了一些作用。中国人力资源开发研究会现在有 9 个分会，其中萧鸣政教授领导的人才测评分会，也是我们学会里头最活跃的一个分支机构，多年来团结全国在人才测评、人才选拔以及人力资源管理的各个领域的专家，做了很多有益的工作，开展了一系列学术研讨和学术交流活动。

我相信在萧鸣政同志的领导下，人力资源测评分会会越办越好，会对人力资源学科的理论研究和实践发挥越来越多的作用。在新时代新起点，中国人力资源开发研究会一定要坚持创新发展，继续遵循开发、创新、融合的基本要求，弘扬理论联系实际的科学方法，不断创造理论上的丰富成果，解决实践中的投资难题，一如既往地为中国人力资源开发事业做出我们应有的贡献。最后预祝大会圆满成功，谢谢大家。

二 主旨发言

粤港澳大湾区高质量发展、创新与企业家精神[*]

赵曙明

我想跟大家分享的主题是"粤港澳大湾区高质量发展、创新与企业家精神"。党的二十大报告里,习近平总书记专门把教育、科技、人才作为三位一体,提出了科技是第一生产力,人才是第一资源,创新是第一动力,人才对高端发展非常重要。随着经济的演变,从农业经济、工业经济、信息经济,到未来的智能经济和生物经济,每一个阶段都代表了一次关键的革命。在移动互联网、大数据、人工智能,尤其是在 ChatGPT 这样的技术背景下,如何有效整合资源,特别是人才资源,显得尤为关键。

数字经济 digital economy 的起源,是 1996 年美国的数字之父 Don Tapscott 开始在其所写文章、论文及著作中提出数字经济的发展、网络智能的发展,他认为数字经济是指以使用数字化的知识和信息作为关键的生成要素,以现代信息网络作为重要的载体,以信息通信技术的有效使用作为效率提升和经济结构优化重要的推动力,涉及一系列经济活动。面对这样的变革,企业不仅要关注外部的市场环境、行业发展和人才供需,还需关心其内部的战略调整、组织结构、管理模式及员工技能需求。数字化转型和资源整合成为企业发展的关键。而在这一切之中,人才是最为关键的,它构成了企业数字化转型的基石。

---

[*] 南京大学人文社科资深教授,商学院名誉院长赵曙明的主旨发言,收录时略有修改。

再看粤港澳大湾区高质量发展。二十大报告里专门讲到实行高质量发展是中国"式"现代化的本质要求之一，是全面建设社会主义现代化国家的首要任务。粤港澳大湾区是国家经济发展的重要增长极，以占全国不到0.6的土地和不到6%的人口，创造了全国24%的GDP。特别是截至2022年6月份，中国市值500强公司当中有109家粤港澳大湾区上市公司入围，合计市值达19.72万亿元。粤港澳大湾区也拥有很多国家著名的孵化器、创新空间及研发机构。观察长三角和珠三角共36个城市高端发展的水平，基于创新、协调、绿色发展、开放发展、共享发展五个维度比较来看，深圳、上海、广州高质量发展，排名居前三。从区域分布、地理位置来看，广东和江苏两省的普通地级城市的高质量发展频繁出现在前十名之中。从人才状况来看，粤港澳大湾区人才教育水平相当高，本科学历的比例高达60%，其中985、211高校毕业生在粤港澳大湾区的比例为36%。3—8年工龄人才最多，年龄段主要集中在25—35岁的人群占比高达60%。从人口构成看，广深两地在大湾区的人才总量中占据了76%。从粤港澳大湾区的人才情况来看，该区域面临哪些挑战？首先，尽管大湾区在高端制造业、能源和化工等领域的人才供给相对充足，但新兴产业的人才需求和供给之间的矛盾依然显著。广州、深圳、香港、澳门等城市历来是人才高度集中的地方，但在大湾区的其他地区，人才分布相对不均。广深两城独占了大湾区八成的人才需求，这导致了这两地的人才竞争异常激烈。其次，不仅人才分布不均，从医疗资源的角度来看，该区域也存在发展短板。

根据2020年的统计数据，大湾区在制造业尤其是信息技术产业方面的人才需求相对较大。为了应对这些挑战，人才政策持续推动大湾区"软联通"，初步扩大了港澳大湾区职称评价和执业资格的认可范围，并推动了大湾区"就业通""社保通""人才通""治理通"工程。各个城市也积极出台人才激励计划，创建"一港一圆一卡一站一库"的人才服务体系，全面提升人才服务水平。

最近毕马威咨询公司的调研分析讲到大湾区的机遇，大湾区为企业和人才发展提供了无穷的机会。中国内地和香港特别行政区的人才往往因为更好的发展前景，更广阔的工作视野，希望移居大湾区城市工作。调查显示，73%的受访者表示希望迁移到大湾区工作，他们追求更好的职业发展、更广阔的视野以及更优厚的薪酬待遇。这说明大湾区为人才提供了巨大的发展机会。而从人才政策层面，与港澳的人才交流政策也发生了积极的变化，特别体现在粤港澳大湾区杰出人才、科研人才、文教人才、卫健人才、法律人才和其他人才的交流和合作上。

在人才引进方面有很多优惠政策，发展面临挑战的同时也有很多机遇。关键是需要发挥企业家精神，不管是企业家，还是学者，都需要发挥企业家精神。在粤港澳大湾区发展中，强调了中国共产党人精神谱系的伟大精神，要把企业家精神纳入各方面的教育，让企业敢干、敢闯、敢投。大湾区高质量发展一定要重视科技人才的引进和培养，因为任何的发展都需要靠人才，创新高质量发展需要靠企业家。熊彼特曾讲过，创新是经济发展的引擎，东西方经济史表明，创新为创新企业和创新国家带来了巨大的经济利益。习近平总书记再次强调，创新是引领发展的第一动力。十八大、十九大到二十大专门讲到创新驱动问题，加快实行创新驱动发展战略，坚持面向世界科技前沿、面向经济主战场、面向国家重大需求，面向人民生活健康，加快实现高水平科技自立自强。彼得·德鲁克曾经讲过，经济开始从"管理型"经济向"企业家"经济、"创新"经济转变，企业唯有重视创新和企业家精神，才能再创企业的生机。在企业的发展周期当中，从创办到发展到扩张、到衰退到死亡，通过它的整个生命周期，可以看企业创办之始怎么活下来，讲究效益。在第二个发展阶段，需要靠人才，特别是讲究质量、高质量地发展。之后企业到成熟阶段，需要去创新。所以不管是高质量发展还是效益发展，到了后面关键还是要靠创新发展。习近平总书记对企业家精神和企业家的作用多次召开座谈会，习近平总书记希望企业家增强爱国情怀，勇于创新，诚信守法，承担社会责任，拓展国际事业。熊彼特专门讲到企业家精神的问题，企业家精神是一种经济首创精神，是"不断推出心理生产组合的过程"。新的组合包括开发新的产品，采取新的生产方式，开辟新的市场，寻求新的供给来源，特别是实现新的组织形式。管理学大师彼得·德鲁克提到，创新是企业家精神的特殊手段。创新行为赋予资源一种新的能力，使它能够创造财富。德鲁克已经把企业家精神确定为社会创造精神，并把企业家精神系统地提高到了社会进步的杠杆战略的地位。彼得·德鲁克在1985年写了《创新与企业家精神》。他讲成功的企业家不论其个人动机如何，金钱也罢，权力也罢，好奇或想出名也罢，都设法赋予资源以创造财富的新能力，创造与众不同的价值，满足新的不同的追求。企业家往往突破旧的生产方式，创造新的生产方式。企业家的创新，最主要的是管理创新。

国家保护企业家，企业家更要自重。企业家必须承担管理的责任和企业的社会责任。管理学大师彼得·德鲁克专门把使命、愿景、价值观定义为管理的三大任务，创造绩效、做好事、不作恶，千万不能坑蒙拐骗、假冒伪劣。2020年11月12日，习近平总书记专门到南通视察张謇的故居，提出企业家要向张謇学习，他赞扬张謇是民营企业家的先贤和楷模。据2021年的数据显示，南通张謇企业家学院已经为5万名企业家提供了培训。

企业在追求发展时，要勇于承担责任，这是企业的核心价值所在，企业不仅仅是制造产品，更是要创造价值。从企业的生产要素重新组合来讲，从低知识、低效率的要素组合，走向高知识、高绩效的要素组合。早年我就提出了企业家需要具备"四识"，即：知识、见识、胆识和共识。首先是知识，企业家没有知识，就无法驾驭市场，无法管理好组织。第二是见识，知识是书本的，光有知识是不够的，我们要把知识变成自己的见解，用于实践；第三是胆识，要通过大胆的实践来创造更多的价值，把企业做大做强做优。第四是共识，企业家需要有社会责任。创新靠创新人才，靠企业家。习近平总书记专门讲到高质量人才队伍建设的问题。创新靠创新人才，投资人才就是投资未来。现在有一种说法，人才投资在农业经济时代是"加数效应"，工业经济时代是"倍数效应"，知识经济时代是"指数效应"。有人统计，美国钢铁大王卡耐基投资产业资本成为百万富翁，用了近100年时间，石油大王洛克菲勒投资资源资本成为千万富翁，用了近50年时间，微软的比尔·盖茨投资人才资本成为亿万富翁，用了不到10年时间。

为什么需要考虑人才的问题？在企业初创期，如何生存问题，一定要考虑产权明晰、管理规范。在企业发展和扩张的第二个阶段，一定要考虑人才问题，企业需要大胆地吸引使用人才。到了第三个阶段，企业成熟阶段，我们就需要考虑创新问题，产品创新、服务创新、管理创新。管理人才要给干得久的人股份，给干得好的人位子，给想干的人机会，给能干的人舞台。我们要发挥人才的作用，特别是要培养"四高"的人才队伍，高自律性、高素质、高积极性、高协作性。从整体看，大湾区的发展，需要从"四高"人才的培养着手，需要花大力气。彼得·德鲁克讲过，管理是使命，管理是一门科学，但是管理亦是人，管理的成功就是管理人的成功，每种失败是管理人的失败，是"人"在管理，而非"势"在管理。一位管理人的思想、献身、正直及风格决定了管理的好坏。从这个角度来看，未来国家高质量的发展主要是靠企业家群体，改革开放四十多年的成果，也得益于企业家群体的贡献。

作为学者，我希望社会各界不要给企业家太多的压力，企业的边界就是在合规合法的框架内运营，希望整个社会给承担太多角色的企业家鼓励和支持，给予勇敢冒险的企业家重新尝试的机会。

粤港澳大湾区人才高地建设中的人才战略思考[*]

萧鸣政

建设粤港澳大湾区高水平人才高地,是党中央的战略部署,是粤港澳大湾区社会经济发展的内在需要,更是广东省委省政府施政的重要目标。但是,关于高水平人才高地怎么建,我查阅了目前国内外的相关文献资料,到目前还是没有成熟的办法。

关于人才高地建设,我觉得它是因地、因事、因人,还有因势来建设。根据这个原理,我想第一要了解高水平人才高地的标准特点,第二要分析粤港澳大湾区的优势和不足。要基于这两点来提出相关的人才开发战略,发挥粤港澳大湾区的优势和弥补它的不足。下面给大家报告的内容包括三个方面:第一是高水平人才高地的特点与要求,第二是人才高地建设中粤港澳大湾区的优势与不足;第三是如何进行人才开发。人才高地简单地说就是各类人才愿意聚集的地方,而且是能够各展其才、各显其效。人才高地,我认为,它的标准和特点有六个方面,第一是人才数量的高密度,第二是人才级别的高水平,第三是人才结构的高质量,第四个是人才工作的高活力,第五是人才产出的高效益,最后是人才发展环境的高品位。有了这6个标准,这样的高地一定可以高下去。粤港澳大湾区得天独厚的优势是什么?优势背后的不足是什么?这是建设人才高地的关键点。明确标准要求是基础,分析优势与不足是关键,提出相关的人才开发战略是核心。粤港澳大湾区的优势与不足,体现在以下

---

[*] 北京大学人力资源开发与管理研究中心主任、广东财经大学人力资源学院院长、教授萧鸣政的主旨发言,收录时略有修改。

四个方面。

第一个方面是不同制度、三种关税、三种货币的多样性以及人才流动的隔阂性问题。香港制度主要属于英国系,澳门属于葡语系,广东是中国大陆,属于社会主义体制机制。三种关税,三种货币这一多样性的好处是它可以吸引世界各个国家的人才过来,从而有利于人才高地的国际化建设,但是另一方面多样性也影响了人才的协同与合作。三项制度下,比如过关,相互之间要签证。我 2016 年给澳门特区政府做公务员职称建设课题,大约前后两年,每次去只能签证一次,时间不超过 7 天,这就影响了人才的流动。而且湾区内部的城市分工不够明确,基础设施重复、产业结构雷同、港口功能重叠,相互竞争激烈,导致难以统一科学定位与协调。目前的问题是,人才合作体制机制不顺畅,合作动力不平衡,合作中市场化运行机制不足,人才公共服务平台不理想,同时影响了人才的自由流动。

第二个是人口经济规模的优势和地区内部差异过大的问题。就北京、上海,还有粤港澳这三大高地相比,粤港澳 GDP、人口总量、相关资源远远要超过北京和上海。以 2022 年为例,上海市人口是 2490 万,GDP 总量 4.46 万亿元,人均是 18 万元,北京人口总量是 2180 万,GDP 总量是 4.16 万亿元,人均是 19 万元,粤港澳人口总量是 8669 万,GDP 总量 13 万亿元。无论是 GDP 总量还是人口总量均是上海、北京的 3 倍左右。有钱又有人,这样的大湾区肯定有广阔的发展前景。但是粤港澳大湾区总量优势的背后却是内部发展的巨大差异,属于全国经济社会内部发展最不平衡的地区,粤港澳大湾区 11 个城市之间的差距达到 22 倍之多,广东省 9 个城市之间的差距也达到 12 倍,差距大大超过了北京和上海。这就会产生内耗,产生了内部的不平衡性,这是第二个问题。

第三个问题是人才规模优势和地区分布以及环境差异问题。就国内三大高地比较来讲,无论是人口总量、人才总量,粤港澳大湾区都超过了北京与上海,北京市人才总量是 780 万人,上海市人才总量是 675 万人,粤港澳大湾区人才总量是 1832 万人。但是大湾区在高层次人才的数量上不如北京和上海。大湾区城市之间的人才分布差异明显。香港、深圳、广州这三个城市的人才数量加起来占到了整个大湾区人才总量的 80%,其中广州和深圳达到了 75%。地区发展靠人才,而大湾区人才分布不平衡，这是第三个问题。

第四个问题是三地人才虹吸效应加剧与负面不良竞争问题。粤港澳同属岭南地区，香港与深圳、澳门与珠海都是一河之隔，非常近。因为地理位置的毗邻就产生了个人行为影响效应，行为影响效应表现在语言表达、生活习惯以及行为方式以及思维方式基本是一致。因为生活方式相同，生活需求相同，导致产业和商业的模仿，产业和商业模式趋于一致，人才需求也一致。人才的政策就趋同化，导致粤港澳三地之间的政策雷同，相互竞争产生了压价或者加码性的人才竞争。面对这几方面的问题，我想提出下面关于战略地开发五点思考。

第一，要建立国家级的协调机构与机制，突出国家战略引领，发挥市场调节作用，鼓励社会力量参与人才工作，推动人才在大湾区内自由流动。因为上次调研发现三个地方因为体制不一样，谁也领导不了谁，所以我建议要从行政上去建立机构。

第二，要建立一体化的发展体制，发挥人口、人才与经济规模的优势，缩小地区发展的差异问题。

第三，要差异化战略发展与政策引导，解决人才虹吸效应加剧以及负面不良竞争的问题。

第四，要共建科研平台、成果转化与产业聚集的高端人才发展的三大平台，打造国际人才引才聚才与工作的特区。

第五，要以专业化的人才培养与高质量的人才服务工作来支撑高水平人才高地的建设。

目前大家误认为人才工作没有什么专业性，就像饭店服务员一样，什么人都可以干。据我统计，全国规模性的主要机构有1万多家，在从事组织人事的30多万干部中，人力资源专业出身的占比不到10%，而这10%人力资源专业出身当中的90%，基本是基于工商管理学科培养出来的。也就是在小池子里训练海军，让开轿车的司机培养开军舰的司机，导致人才工作效能不高，这就必然要影响新时代人才强国战略的深入实施。广东财经大学的党委与校领导及时作为、敢于作为，于2021年批准成立了中国首家人力资源学院，培养人力资源专业化人才，为粤港澳大湾区高水平人才高地建设做贡献。

香港科技大学（广州）创新人才培养模式与实践分享[*]

伍楷舜

我跟大家汇报的题目是港科大广州的创新人才培养模式与实践的分享。我首先简单地介绍一下香港科技大学（广州），以下我把它简称为"港科广"。实际上整个建校时间是非常短的，今年的6月16日我们将迎来建校一周年的纪念庆典。2020年的11月开始打下学校的第一根桩，整个学校的建设都是在疫情期间完成，2022年9月1日正式开学，建设期还不到两年，感谢广东省政府和广州市政府的大力支持，才能让港科广在规划时间之内如期开学。

今天主要给大家讲一讲港科广的人才培养理念和定位目标。第一，我们的建校目标是希望通过香港科技大学和香港科技大学（广州）两校之间在学术和行政，还有知识转移方面的增效和互补来推动整个香港科技大学的整体发展，从而为大湾区培育国家所需要的跨领域、多元化的高端人才。建校的构思是采用全新的学术架构，彼此相关联但是没有重叠。即香港科技大学清水湾本部有的专业就不再在广州校区重复设置，避免相互竞争。传统的学校，包括广财等国内的传统高校都是以学院和学系为主导的人才培养架构。但是，在港科广没有学院和学系的概念，采用全新的架构。主要目标是希望基于港科大现有的成绩和积淀，来塑造未来高等教育发展的新模式。希望通过两校真正的融合来实现"1+1大于2"的效应，在学科融合、项目教学和科创引领方面有新的突破。

具体地来讲，在香港清水湾本部校区，有理学院、工学院、人文社

---

[*] 香港科技大学（广州）协理副校长、教授伍楷舜的主旨发言，收录时略有修改。

科，以及工商学院等，但在广州这边并没有相应学院的设置，以避免与香港形成人才引进方面的冲突，从而导致竞争关系。港科广的设置是要错位发展，其新型的架构符合现在人类社会最贴近的专业场景，港科广的学科架构设置包括功能、系统、社会以及信息四个学群，这四个学群实际上就是符合目前社会最急需的几大学群。同时两校也是统一的，有联合的学术协商机制来保障学位课程等学术事宜达到相同的标准，并且也鼓励两校合作和两校互聘，现在已经达成了初步的协议，从而帮助实现人员和学生长期有效的交流。

关于港科广学科架构设置的四个枢纽详情如下：功能枢纽包括先进材料、地球与海洋大气、微电子、可持续能源；系统枢纽包括生命科学与生物医学工程、智能交通、机器人与自主系统、智能制造；社会枢纽包括金融科技、创新创业与公共政策、碳中和与气候变化、城市治理与设计；信息枢纽包括人工智能、计算媒体与艺术、数据科学、分析和物联网。这些枢纽下相对比较前沿的方向设置可以根据当前的社会急需的状况来进行动态调整，而且所设的专业方向基本不在国家招生传统的一级学科目录里。以计算媒体与艺术为例，听起来是艺术专业，报考该专业的确实有许多包括美术学院、电影学院的学生，但是该专业的老师很多是计算机专业的老师，其目的是希望能够通过不同学科和专业的学习背景真正实现交叉的融合。

在人才培养方面，刚刚提到了不设学院和学系，只设枢纽和方向。实际上中国的教育是存在很大的问题的，中国教育部门都知道这些问题，但是难以改革。大家经历过高考都知道，高三备考一年参加高考，备考期间完全没有对大学各专业有所了解和准备，而进入大学之后，则按照填报志愿专业学习，且大学转专业非常难，只有专业排名前几才能有机会，这是很有问题的。所以港科大（广州）整个设计是希望在一张白纸上面建设，从根开始进行改革。具体操作就是，在大学刚入学阶段不分专业，前两年是打通的培养，第三年是根据自己的兴趣爱好去选择相应的导师和专业。另外推出比较有特色的叫做课程超市，学生可以根据自己的兴趣和自己的项目来自由地组合选择课程。大家都学过传统的大学课程，学计算机的操作系统一连学一个学期，从头学到尾涵盖所有的知识点，但实际上真正地用到的知识点有多少，学生实际上掌握多少，或者学生需要多少是并没有考虑到的。正是考虑到学生需要的只是其中的一部分知识，所以课程超市在打造课程模块的时候，是专门把专用的知识点提取出来，让学生进行自由的选择，从而能够让学生更高效地进行学习。港科大（广州）还包括项目化的、沉浸式的教学，是结合国外最新的育人理念来进行展开的。

除了本科生教育以外，港科大（广州）在硕士生培养方面也有自己的特长。硕士是有"红鸟"硕士班，红鸟的挑战营现在已经开始报名了。第一期打算招400人，但报名人数有4000多，目前还在面试当中。关于红鸟硕士，可以举个例子进行对比，在内地考研都是有方向的，例如考数学的硕士，就考数学相关的几门课程，读研期间则学数学方向，同理，考计算机专业的同学学计算机方向，考人文科学的同学学人文科学方向。但是红鸟硕士与这一传统培养模式不同的是，在这里任何学科的学生都可以考进来，且不分专业，无论是学法律的、学艺术的或是学计算机的都可以考进来。入学后没有统一的科目与专业，按照学生自己真正的想法来分配导师，这是基于每个人实际上一开始并不知道自己的兴趣点，特长也没有发掘出来，比如我自己招过一个学生，他本来是学文科的，但是他进校以后发现对计算机很感兴趣，后来就转做计算机了。如果学生一开始就把专业确定下来，则不能发挥学生自己本身的兴趣和特长，所以需要开展项目式创新型的教学。

以"红鸟"硕士班一个具体的项目来举例，该学习项目关注的大方向是人类未来健康保健技术，其交叉学科项目包括医疗健康、物联网方面，其论文研究涉及的方向涵盖了之前提及的几个学域的重点方向，包括物联网技术、临床医学、生物医学工程、穿戴式设备、传感器技术、数据科学与人工智能、公共政策研究和产品设计等。学生一旦要涉及做项目，就会真正地融合到很多学科的知识，学生会积极自学，因此在这一模式下是希望能够产生突破的。

另外我再介绍一下在没有院系的架构下办公楼的设置。在传统的学院设置下，以广财为例，学校会有计算机学院的大楼，传媒学院的大楼等，这也是国内学院通用的设置方式。而港科广的区别在于，所有老师的办公室都是随机分配，比如学生去找计算机学院的老师，旁边则是生物医药专业的老师或者化学方向的老师，即老师的办公室是打通的。其目的是从根本上来实现交叉突破，学生一开门就可以跟不同领域的人进行交流，从而真正地实现融合学科和交叉学科的理念。

最后，关于人才和科研队伍建设方面，港科广现在实行全球招聘制，且要求比较高，全球招聘率为3.67%。在研究生和助理教授方面也实行很严格的标准。同时学校即将推出与香港本校的联合博士后的引进计划，希望通过分别在两个校区各待一年，来推动整个博士后的师资队伍、研究助理、教授等等研究人员和人才的引进，从而加大引才的力度。这是知识转移体系方面怎样在南沙校区落实的体现港科大的办学模式。因为南沙方案里专门有一条提到能够把香港科技大学的成果通过南沙校区实现在内地的转化。为实现科技成果转化，港科广还开设了很多技术攻关的项目、成立了相关的联合实验室，以及其他培养业界所需人才的措施，时间关系我就不再一一展开。

港科大（广州）的愿景是希望能够重构面向未来的人和教育，打造新型的教育模式。众所周知，现在很多改革难以实行，是因为受限于已经设置好的整体架构。港科大（广州）希望在全新的框架下，能够实现对未来教育场景的重构。而我们的目标是希望能够由学生主导，而非教师所灌输，学生能够自主地定义学习过程和学习节奏。研究生的第一门课叫做 decide thinking，内容涉及怎么样去做设计思维，去自我教育，并尝试独立设计。在这一理念下通过灵活的课程体系和组织形式（例如创客等其他形式），最终实现全面发展育人目标。

合作共赢——澳门人才发展战略[*]

周昶行

面对复杂的地缘政治和国际形势，人才的流动也受到了巨大的影响，世界各地都掀起了抢人才的风潮，拥有国际视野、具备自主创新能力的国际化和产业化人才成了区域竞争的重要对象。澳门作为粤港澳大湾区的重要成员和国内外双循环的交汇点也首当其冲，在激烈的人才竞争中求存共赢。国家对澳门特区的重要要求是要推动经济适度多元发展，加强"一中心、一平台、一基地"的建设，并提出了推动粤港澳大湾区高水平人才高地建设的重大战略目标。在一国两制的成功实践下，澳门充分发挥本地社会和经济的原有特色，并保持中西文化交融、多元文化并存的环境。国际人才在澳门汇集，多种语言和不同价值观在这座城市交流，逐步演变为如今充满魅力的国际化都市。作为自由贸易港和开放型经济体，澳门与全球100多个国家和地区保持贸易往来，为来自世界各地的投资者提供理想的营商环境。澳门的低税制，包括职业税和所得补充税均以12%封顶，是重点原因之一。为配合建设世界旅游休闲中心的目标，澳门正积极推进"1+4"产业适度多元发展，推动大健康、现代金融、高新技术、会展商贸和文化体育等四大产业发展。为助力相关产业建立强大的人才梯队，特区政府目前正积极筹备新的人才引进制度，希望有序地引进澳门发展所需的紧缺人才。澳门特别行政区立法会已经在上周表决通过人才引进法律制度法案，法律将在2023年7月生效。人才引进制度的宗旨为优化澳门的人口结构，提升整体竞争力，以提高城市的创新和国际知名度。制度的目标引进人才有三种：一是高端人才，

---

[*] 澳门人才发展委员会秘书长周昶行的主旨发言，收录时略有修改。

即取得国际公认杰出成就或在各领域做出重大贡献的人士；二是优秀人才，是指有利于澳门经济适度多元和在专业领域中表现卓越的领军人物；三是高级技术人才，即能支持重点产业发展或者属于澳门紧缺的专业人士。未来人才和他们的家属团均可获得澳门身份。高端和优秀人才可以以移动方式服务澳门，这等于他们的居留许可期不取决于在澳门通常居住。此外，符合资格的人才和他们拥有超过50%股权的公司可以申请所得补充税和其他的税收优惠。在澳门从事科研开发的人员也可以向澳门科学基金申请科研支助。

教育是人才工作的重要一环。澳门现有10所高等院校供学生选修不同专业。教育部给予澳门中学生保送内地知名大学的名额，每年有1000多个，这对于每年全澳4000多高中毕业生是1/4的比例。此外，为了迎合国际人才子女就学需求，特区政府鼓励建立不同类型的学校。目前已有两所优质国际学校，今明年将会有两所新国际学校落成和招生。澳门一直是培养和输出世界级优质人才的基地。澳门旅游学院的"款待及休闲管理"学科在最近的QS世界排名亚洲第一，世界第十。澳门大学作为本地最具代表性的大学，共有11个学科进入ESI前1%之列。同时，澳门教育部门和高等院校充分利用大湾区和横琴深度合作区的资源，在横琴设立了研究中心、产学研示范基地和培训基地等，助力产业发展。

为深化琴澳和粤港澳大湾区合作，特区政府推出了一系列政策支持。像今年出台的横琴金融30条，将促进合作区与澳门的金融市场、金融技术建设互联互通，使现代金融业、跨境贸易、投资和融资更便利。未来10年，澳门博彩及旅游业的发展将进入新的台阶。6家综合型度假村将按计划落实各项非博彩项目，在未来10年投资1000亿澳门元，重点发展会展、娱乐表演、体育盛事、文化艺术、健康养生、主题游乐等10个范畴，通过举办高水平活动和打造标志性项目，提升澳门的国际形象和对国际游客的吸引力。澳门将突破制约，抓住时代机遇，主动融入国家发展大局，希望通过粤港澳三地的人才交流和创新合作发展机制，进一步提升湾区的国际竞争力，落实建设湾区高水平人才高地。

区域一体化发展中人才集聚与协同创新发展[*]

刘帮成

2018年,党中央将长三角一体化发展上升为国家战略,2019年作为长三角示范区,大家都可以看到重要政策在创新地实践中。从那时候开始,我们团队很荣幸受有关政府部门的邀约,持续地关注区域人才一体化的推进情况。不管是粤港澳还是长三角,我们都会看到很重要的问题是围绕着领域中人才的重要性展开,或者是说在特定区域中人才的重要性价值。新发展格局下的区域人才一体化和高质量发展,一定是希望围绕着高质量发展的终极目标来开展,那么实现高质量发展的过程则关键看人才。各位专家都有共识,都在关心有效的人力资源,即人才是非常有限的,或者说人才在一定的时空领域当中是相对固定化的东西。我们不能逃避的问题是,在粤港澳、长三角、京津冀这几个主要的区域发展示范区,在区域一体化推进的过程中,都需要人才,但人才在一定的时空领域当中是有限的。

我们的公共政策制定者在想办法如何把不在特定区域的人才吸引到特定的区域当中,或者通过政策制定进行深度挖掘或者如何让这些有限的人才资源在特定的时空中价值、效能更大化。我相信这从某种程度上讲,是在尊重人才成长的一般规律、周期性与各个方面情况下,或许这是比较行之有效的一种策略,我姑且把它称之为是一种内涵式的、深度挖潜式的在区域一体化中人才开发的两个主导策略。

---

[*] 上海交通大学国际与公共事务学院副院长、教授、刘帮成的主旨发言,收录时略有修改。

我们团队接到有关部门的委托，评估人才一体化的推进当中的成效。2022年9月份，在党的二十大召开之前，江苏、浙江与安徽三个省的省委书记和上海市市委书记齐聚上海发布了示范区的人才一体化推进成效展，10月份二十大结束以后，11月份长三角三省一市的有关部门就专门召开对外新闻发布会，隆重详细介绍过去3年究竟形成了多少条，以及哪些是自主创新的、哪些可以进行扶植到全国各地的人才相关政策。大家都共同承担着中央的重大战略任务，可以相互学习，共同借鉴。

我的核心观点就是区域人才一体化是保障区域一体化高质量发展的关键。特别是基于刚才对人才在特定时空当中的相对有限性，会是什么样的情况。大家都关注人才、人力资源，会发现人才也好，人力资源也好，相对一般的要素来看，虽然都说它是关键的战略要素，但是实际上它不光仅有好的也有不太好的地方。不太好就是相对一般的要素来讲，怎么能够把它的粘制性以一体化推进，或者是比如说刚刚赵老师提到的有积极性，怎样让人才都有积极性，能够选择到地方来进行工作、创业。也就是人才或者人才要素下面其他要素的能动性，无形当中对于管理者就提出了更高的要求。

我们团队这几年受有关方面的委托一直在关注长三角区域人才一体化问题的研究。这次我们团队专门对粤港澳协同发展做了二手案例、二手数据的分析，也希望借助今天的平台交流，来探讨究竟两个区域在履行中央政策当中哪些方面可以互学互鉴。长三角示范区的数据今年已经是第四年的发布，实际上主要是通过四个维度，从人才战略一体化、人才服务一体化、人才大市场，以人才共享的四个维度来分析示范区人才一体化的推进情况。我们团队就把2018年作为原点来进行数据分析。从我们团队这几年收集的数据来看，长三角示范区人才一体化发展总体态势是上升的，其中人才战略一体化、人才服务一体化、人才大市场三维度确实拥有大量制度创新，但是内核的人才共享维度还是比较弱的。前面萧老师发言中也有提到如何做好人才情况共享工作。实际上，这是目前在人才一体化中最短板的地方。

从长三角"示范区"区域一体化实践过程中对外公布的数据来看，截至2022年11月，三省一市围绕科技和教育方面共有112项制度创新成果，38项全国复制推广。由此可见，三省一市确实是在认真推进区域一体化发展，而没有停在空中。我们团队对粤港澳的二手案例数据构建了区域协同创新发展的情况，发现，粤港澳三地区域发展一体化进展很快，可以看出许多方面的推进比想象中的好，但是，实际上人才一体化的现实效果还是不太尽如人意的。但相关数据分析结果至少说明了一点，人才集聚度对粤港澳区域一体化的协调推进是具有显著的价值与作用的。

粤港澳大湾区高水平人才高地建设中服务与管理战略人才开发机制创新[*]

王建民

最近一段时间一直在思考一个问题：在粤港澳大湾区高水平人才高地建设，国家战略人才力量建设，以及国家人才强国战略实施中，是哪些工作人员在承担领导者、执行者和作业者的重要职责，发挥着战略性、主导性和主体性的作用？通过研究认识到，这是一支服务与管理国家战略人才的战略人才队伍，可以界定为"服务与管理战略人才"。进一步研究意识到，这支战略人才队伍的开发机制有待创新，事关重大，势在必行。我的报告分为四个部分来汇报研究发现和主要观点。

第一部分，关于服务与管理战略人才"画像"——概念的界定。仔细思考，可以把服务与管理战略人才概念定义为：在国家战略人才力量建设中，发挥人才规划制定、政策落实、条件保障、指导监督等主导性、主体性和战略性作用的国家工作人员，即在各级国家机关、事业单位、国有企业干部、人事、人才部门从事高层次人才服务与管理公务工作的人员。

定义中"国家工作人员"和"公务工作"关键词，界定了服务与管理人才队伍的政治性、组织性、战略性和公务性。意味着这是一支在"党委统一领导，组织部门牵头抓总，有关部门各司其职、密切配合，用人单位发挥主体作用、社会力量广泛参与"的党管人才工作系统中发挥作用的人才队伍；在中央和地方各级党委人才工作领导机构

---

[*] 北京师范大学人才战略中心主任、教授王建民的主旨发言，收录时略有修改。

"管宏观、管政策、管协调、管服务"统一指挥、协调下，为实现国家科教兴国战略、人才强国战略、创新驱动发展战略目标，贯彻落实中央领导讲话精神和制度化人才政策，在国家战略性人才资源的开发、获取、配置、使用与激励等环节，承担专业化服务与管理职责的人才队伍。

在党的二十大报告中，习近平总书记提出，"深入实施新时代人才强国战略""坚持党管人才原则""加快建设世界重要人才中心和创新高地""加快建设国家战略人才力量"，这对国家人才工作的服务与管理者提出了更高要求，期望在新时代新征程完成新任务实现新目标。

第二部分，关于新时代新征程服务与管理战略人才胜任力要素理论模型构建。借用胜任力模型方法，尝试构建了胜任力的要素的理论模型构建。首先，我对胜任力模型构建有前提研究基础。完成过几个采用相关方法的课题，指导三位博士生研究战略性新兴产业创新主体胜任力模型构建问题，顺利通过毕业论文匿名评审和答辩。其次，我对研究对象有长期的外部观察和内部调研。因为我曾担任北京市第十二、十三、十四届人大代表职务15年，作为九三学社干部参政议政履职15年，对中央和地方党政机关、国有企事业单位的组织人事人才工作制度和运行机制有比较深入的了解。第三，借鉴其他专家对党政领导干部胜任力相关问题研究的成果。主要有三项：一是萧鸣政教授2010年出版的《党政领导人才素质标准与开发战略》著作。萧鸣政教授团队以2000多位各级"领导人才"为研究样本进行了多方法、多维度数据采集，开展了党政领导人才素质标准的定量研究，构建了"我国党政领导人才素质标准模型"；二是第二项成果是北京双高人才发展中心专家谷向东、王璞2015年发表的《党政领导干部胜任素质模型的探索与构建》一文，分别研究了局级、处级、科级干部胜任素质模型；三是中国人事科学研究院任文硕研究员，2022年12月在"人才强国战略实施中人力资源科学发展论坛"上的主旨演讲中阐述的"公务员素质要求与工作实践"。最后，对党和国家对于国家工作人员的要求做了梳理。党政领导干部属于公务员，而公务员是"服务与管理战略人才"中关键的和最重要的组成部分。无论是在组织、人事部门工作具有公务员身份的人员，还是在事业单位和国有企业中从事高层次人才服务与管理公务工作的人员，都属于法律意义上的"国家工作人员",政治意义上的"国家干部";其中,大多数人员是中共党员。无论在哪一类岗位从业,符合"新时代好干部标准"是构成胜任力要素的基本要求。

综合考虑,理性演绎,我提出新时代新征程服务与管理战略人才胜任力要素理论模型。主要由政治立场、思想品德、知识与经验、政策执行能力、调查研究与学习能力、跨文化沟通与协调能力、宏观人才规划与开发能力、微观人才服务与管理能力和国际(境外)人才开发能力9项要素构成。

第三部分,审视服务与管理战略人才资源主要开发方式与存在的问题。回顾服务与管理战略人才资源的开发历程,可以确定,中国人民大学劳动人事学院"人力资源管理"专业的发展与学科建设最具有代表性和先进性。据介绍,该学院1993年将"人事管理"专业改为"人力资源管理"专业,在国内首创人力资源管理专业本科人才培养。1994年设立全国第一个劳动经济学博士点,到2003年建成了"全国唯一"的人力资源管理专业学士、硕士、博士完整培养体系;2021年获批全国唯一"人力资源开发与管理硕士专业学位"授予单位。根据中国人民大学2023年硕士和博士生招生专业目录,劳动人事学院招收的硕士研究生和博士研究生的代码是1202Z1,属于工商管理类(1202);公共管理学院招收代码为1204Z2的"公共组织与人力资源"专业博士生,属于公共管理(1204)学科。

根据我们的经历和调查了解到,北京师范大学从2002年开始招收工商管理类"人力资源管理"专业本科生,在行政管理专业下设人力资源管理方向培养硕士和博士研究生。2013—2022年,建设了自主设立的交叉学科人力资源管理硕士、博士点;2023年开始,调整为公共部门人力资源管理。首都经济贸易大学劳动经济学院,在应用经济学(0202)设二级学科"人力资源开发与人才发展(0202Z1)"专业培养硕士和博士研究生,在工商管理(1202—企业管理(120202)专业招收"组织行为与人力资源"方向博士生。北京大学政府管理学院在行政管理学科设"人力资源开发与管理"方向,培养硕士生和博士生。

在上述四所高等学校中开展的人力资源管理专业人才培养模式,具有国内普遍性和典型性。本科生培养属于工商管理学科,研究生培养设置在劳动经济学、应用经济学、工商管理或公共管理学科。根据我们的实践和调查，人力资源管理专业本科人才培养，所学课程大体上一致，一般主干课程包括经济学、心理学、管理学、组织行为学、战略管理学等基础课程，以及人力资源管理模块战略规划、招聘选拔、绩效管理、薪酬福利等专业方向课程。在研究生培养方面，各学校所学内容大同小异，但在毕业论文选题方面体现导师团队的研究方向和学术特点。

毋庸置疑，我国人力资源管理专业人才的开发历经30年的发展，在数量、质量、层次和结构方面持续优化，为满足国家经济和社会发展需求，做出了重要的贡献。但是，如果我们按照新时代新征程对服务与管理战略人才胜任力的新要求和高标准来判断，以现行的人才开发模式，难以满足目标人才开发的需求，相关问题主要表现为以下五个方面：

第一，创造公共价值的使命与目标，难以在实现经济利益最大化目标的专业教育与培训中得到有效发展。

第二，聚焦市场微观组织与个人行为的学习与研究，难以成就学习者的宏观视野与公共服务与社会治理的能力。

第三，在西方国家情境中基于工商管理逻辑发展的实务技术与方法，难以塑造本土人才的政治素质、文化要素和工作胜任力。

第四，教材中体现的学科范式确定性、准确性程度不高，创新性、本土化、现实性有所不足。

第五，在学术论文和毕业论文的研究与撰写中，采用微观组织和个体行为实证化研究方法的趋势明显，简单套用西方文献中的模型、量表以及数据采集方法不当等问题有所出现。

第四部分，基于自主知识体系建设的数字化开发机制创新与政策建议。鉴于现行人力资源管理专业的人才开发模式，在培养目标、课程设置、教材建设、学习与研究方法的选择等方面，都难以满足新时代新征程对服务与管理战略人才胜任力的新要求和高标准，立足中国自主的知识体系建设与发展基础，借鉴国内外相关专业人才培养的经验，针对胜任力理论模型研究中得出对知识、技能和能力构成要素，应用数字化和人工智能教育技术与工具，创新创建国家服务与管理战略人才开发机制，具有战略性、紧迫性和现实性。

在国家战略人才建设高度综合考虑服务与管理人才开发的实用性、

可行性和有效性等因素，提出五点建议：首先，加强高层设计，优化制度安排，纳入党员干部或公职人员学习教育规划。其次，创建高水平师资专家库，有组织开展教学内容资源数据库建设的筛选修订与创新编著工作。第三，充实完善或重新创建在职工作人员的数字化自主学习平台。第四，设置公共管理专业类"人才开发与管理"本科专业，培养基础性专业人才。广东财经大学人力资源学院，已经开始招收"人才开发与管理"方向本科生，属于国内高校首创。最后，设置"战略人才开发与管理"硕士专业学位，培养高层次专业人才。建议在高等学校设置公共管理类、公益性的"战略人才开发与管理"硕士专业学位，培养符合国家战略目标和公共价值追求的高层次服务与管理战略人才。

粤港澳大湾区人力资源服务业
高质量发展研究[*]

任文硕

我今天的主题是聚焦于人力资源服务业。在这之前，各位专家有从高地的角度，有从战略的角度，有从个体的角度，有从区域一体化的角度谈粤港澳大湾区的问题。从人力资源服务业的角度谈高质量发展，高质量发展是区别于过去的高速发展，高质量发展更多地聚焦于三项变革。第一个变革就是质量的变革，由过去求数量到今天的求质量。第二个变革是动力的变革。过去更多的是追求一种速度，或者是各个方面是一种简单的变革，而现在是要高速的、集成化的动力的变革。第三个方面就是效益的变革。今天的发展，想要建成中国未来100年的社会主义现代化强国，要实现目标，不能按照过去按部就班的效率往前走，必须追求一种高质量、高效率、高动力，这是今天谈的高质量发展动力本身的内涵。

萧鸣政老师在谈到高质量的人才高地的时候谈了六个要素，当时我听了之后也非常受启发，我觉得在人力资源服务业这几个方面对于我们也非常受启发。人才的高密度，数量的高密度，到质量级别的高水平，从人才初步的低端，到人才结构的更加合理，达到一种高质量。另外，每个人充分释放自己的活力，发挥自己的潜力，这个时候最后的效益就能倍增，人力资源服务的环境等等这些都和人力资源服务业有关，这个是今天想要和各位分享的主题，具体的内容主要是以下四个方面。第一个方面是介绍粤港澳大湾区人力资源服务业的发展现状。第二个方面，

---

[*] 中国人事科学研究院绩效管理研究室主任、研究员任文硕的主旨发言，收录时略有修改。

针对国家战略的人才高地建设，人力资源服务业服务于粤港澳大湾区人才高地建设的问题在哪里？第三个方面，我们要知己知彼，要站在巨人的肩上。在国家其他的典型区域，包括国际上其他的湾区，他们的政策举措对于我们有什么借鉴。最后是通过整个借鉴对我们的启示。

简单来说第一个方面，粤港澳大湾区人力资源服务业发展的现状。今天在座有不少是人力资源服务业的朋友，今天下午的分论坛，其中有个论坛就是关于人力资源服务业的，粤港澳大湾区人力资源服务业的现状大概是什么情况？总体概括，第一个方面就是我们的政策知识体系是持续的、健全的。在短短两年的时间内，从国家的人力资源服务业高质量发展的十四五规划之后，广东省下发了十四五的规划，并且广东省在2022年2月份就下发了推进新时代人力资源服务业高质量发展的若干措施，在此之后，广州市和深圳市在2022年的12月份和2023年的2月份分别下发了推进人力资源服务业高质量发展的措施，且深圳市在2022年的4月份也提出了十四五服务业的规划，体现了对省里政策的落实。从全国来看，大湾区广州和深圳是走在全国前面的，同时区域的行业规模也不断地扩大。从数据上可以看到2022年广州市人力资源服务业发展的状况，无论是从人力资源的整个的规模、从业人员以及年营业收入都是在大幅度地提升，特别是深圳市，居全湾之首，在湾区人力资源服务业当中，起了领头羊的作用，形势是喜人的。同时，我们产业园区的集聚效应非常显著，在湾区的内陆，广州和深圳分别有两个国家级的人力资源服务业的产业园，这个产业园对于人才的集聚和人力资源高质量发展是起到了非常好的集聚作用，效益非常明显，为整个粤港澳大湾区的经济建设发挥了作用。同时，产业持续发挥的潜力也非常大。通过七普的数据发现，到广州来真的感觉年轻化，特别是深圳，整个的人口很多地方都是负增长的时候，我们的人口增长的数量，深圳、广州、佛山、东莞、惠州等等都是在增加的。因此，整个人力资源的基数就有巨大的潜力，并且平均受教育年限10年以上的数量也非常多。无论是人口的基数，还是高层次人才的基数都是大的。但是也必须看到粤港澳大湾区人力资源服务业存在的问题。萧老师提到，整个湾区的整体的发展差异性非常大，萧老师关于整个湾区的人力资源指数表明，广东是2.21，香港是7.53，澳门是0.74，可以看到澳门和香港之间差距有十倍。在大湾区"9+2"内陆地区，广州和深圳非常的突出，两地在九个城市的人力资源服务业的整个招聘需求占比接近80%，其他的就业数量就非常低。这里体现了内陆地区的不平衡，以及整个粤港澳的不平衡。相对湾区内陆其他地区来讲，无论是政策还是人力资源服务业的规模、数量、质量、效益，差异度还是比较大的，这是相对差异性的问题。

另外就是标准化建设不够成熟。湾区是一个整体，区域内各个城市彼此之间的人力资源服务业的标准化是不够的，他们之间的融合度是不够的。

另外一个方面，在人力资源统计上我们没有统一的口径，在这种情况下湾区要形成合力的大市场，彼此口径的差异就造成了彼此之间的障碍。总体来说感觉，国家的其他地区包括京津冀地区做得是非常努力，做得是不错的。刚才复旦大学刘老师谈到区域一体化的时候，他谈到了长三角地区。我多次看到长三角地区经常性地在一起开会，经常性地在一起高端的交流，制定共同的政策、共同的规则。我有的时候到长三角感觉像到了欧洲，它不像我们是两个高点，其实它地理位置很低，且每个小的区域内都很强，而且他们有非常强烈的互通意识、共赢意识，都是值得借鉴的。除此之外，川渝地区等等也成为后起之秀。

最终，基于我们的优势和存在的问题，基于国家的高质量发展的政策要求，我总体感觉，对大湾区的政策借鉴和启示主要是有这么几个方面。第一个就是可以有差异，但是不要有差距。有差异，也就是要有顶层设计，整个这些地区各自为政，能不能打通实现高端的交流，把各个地区形成联盟，在联盟下形成湾区一体化的统一的政策体系。我们各个地区有布局，不是说整齐划一，有布局但是不要有差距，就是有高有低各自发挥自己的水平。第二个方面就是要创新，但是不要失去标准。无论是园区的建设，还是人力资源的各方面工作，都需要创新，同时，又必须建立人力资源统计的一致化和人力资源服务业的各类标准。比如说人才测评师的建立，这种标准是不能失去的。因此，要创新，同时也要标准。最后一点就是要共建，更不能失去共赢。共同建设大湾区，是要大湾区的每一个城市，整个地区服务于国家的大战略，每一个城市都能够获得人力资源的最大收获。

粤港澳大湾区人才高地建设：珠海实践与探索[*]

李腾东

一 珠海参与粤港澳大湾区高水平人才高地建设的内涵和定位

2021年在中央人才工作会议上，习近平总书记作出了"在北京、上海、粤港澳大湾区建设高水平人才高地"的重大战略布局。今年4月习近平总书记来广东视察时再次强调要推进粤港澳大湾区人才高地建设，形成高端科创人才聚集效应。

学习贯彻总书记的重要要求，准确把握好珠海参与粤港澳大湾区高水平人才高地建设的内涵和定位，我们有三方面认识，概括为三个关键词。

第一个关键词是"大湾区"。从广东本身看，广东省经济总量、人才规模长期位于全国首位，高等教育、科技创新资源丰富，具有显著的先发优势。从服务港澳看，人才高地建设布局于大湾区而不仅仅是珠三角，就是要突出服务港澳经济社会长期繁荣稳定发展，更要引领港澳更好融入和服务国家发展大局。从特色优势看，大湾区最大的优势就是国际化和开放性。

第二个关键词是"人才高地"。建设人才高地，首先意味着要当高原，人才要集聚，要对标世界三大湾区，对标人才密集区域，汇聚一批规模宏大、素质优良的人才队伍。其次，要育高峰，特别是要有一大批顶尖人才，比如战略科学家、科技领军人才、创新团队等。最后，要促

---

[*] 广东省珠海市委组织部副部长李腾东的主旨发言，收录时略有修改。

发展，国家之间的竞争，归根到底是人才的竞争；实现高质量发展，关键要靠人才引领驱动。因此，人才高地建设要把握全球人才流动的新特点、新趋势，推动与全球人才共享中国发展机遇，集聚全球人才支撑湾区高质量发展，服务中国式现代化。

第三个关键词是"珠海"。珠海参与大湾区人才高地建设，一定要立足珠海实际，突出珠海特色，把握好三个"要"。第一，要服务国家战略。珠海首先要在服务"一国两制"国家大局、促进澳门经济适度多元发展、支持服务横琴粤澳深度合作区建设上展现更大作为，这也是珠海特区的初心和使命。第二，要建设人才跨境门户枢纽。湾区最大的特色是国际化，珠海作为唯一与港澳同时陆路相连的城市，最大的优势也是国际化，珠海要用好这一核心优势，进一步便利人才出入境、停居留，打造国际人才来大湾区发展的"第一站"。第三，要服务湾区发展。珠海作为珠江口西岸都市圈的核心一极，必须在高地建设中牵引带动珠江西岸加快发展，推动东西两岸融合互动，促进湾区协调发展。

二 推进珠海参与粤港澳大湾区高水平人才高地建设的实践

围绕上述关于高地建设的内涵和定位，在近年的工作实践中，我们逐渐总结明确了以下工作理念和工作思路。

一是坚持协同发展观。珠海参与人才高地建设的主要导向，是要与澳门、横琴合作区人才工作协同发展。一方面，从政治角度看，服务澳门、支持横琴，服务"一国两制"大局，是珠海经济特区的初心使命。另一方面，从实际发展看，澳珠琴单独发展均缺乏竞争力，只有共赢合作，将澳门的特殊国际优势、横琴的制度开放优势和珠海的资源禀赋优势有机结合，才能形成"1+1>3"的协同效果。

二是坚持产才融合观。党的二十大报告首次提出教育、科技、人才一体化布局，我们现在推幼人才链与产业链、创新链融合，核心是重塑人才工作的指导理念，不是简单地就人才论人才，而是要在产业发展、城市建设、区域高质量发展的背景下，谋划人才工作。本届市委市政府提出了"产业第一、制造业优先"的鲜明导向，确立了集成电路、新一代信息技术、生物医药与健康等"4+3"产业体系,在人才工作方面,我们针对性推动加强相关领域的人才招引力度,推动人才口的资金、项目向重点发展产业布局,重点引进培育产业创新高层次人才、创新创业团队、技能人才、青年人才4支队伍。

三是坚持市场主导观。从经济学角度看,人才也是一种资源要素,在市场化的环境下配置才最合理、最有效。因此,对人才的引进、培养、使用,要顺应产业发展需要,尊重市场经济规律,从行政思维、政府主导模式,转向市场思维、企业主导模式,核心是体现在人才引进、使用的主体责任上,要以企业为主,厘清"有效市场、有为政府"的角色定位和职能分工。

四是坚持结果导向观。在传统的人才评价中,我们往往通过外在的标准,比如是不是院士、拿了什么奖项等头衔性、荣誉性指标,为人才贴标签。从实际效果看,人才能否真正发挥作用,不是看人才戴了什么帽子,最终还是要看实际做出的贡献,因此,珠海参与粤港澳大湾区高水平人才高地建设,推进人才评价体系改革创新,关键在于"反四唯""立新标",坚持结果导向。

五是坚持人才友好观。现在全球、全国都开始了新一轮的抢人大战,近期,美国、英国、日本、新加坡等都推出了新的人才引进政策,上海对人才落户的学历、年龄、社保等要求松绑,福州、无锡等城市全面取消落户学历要求,各类人才奖补屡创新高。在这种激烈人才竞争下,大湾区,特别是珠海,如何能取得先机,保持持续发展的优势,需要对城市与人才的关系进行深度思考。我们学习其他先进城市经验后认为,对城市和人才的关系,要由以往以城市为主视角,把人才视为配角的思维,调整为双主角的思维,把城市和人才放到对等关系上。经过反复调研、提炼,我们形成了"城市对人才更友好""人才让城市更美好"新的人才工作理念。基于此,前不久,我们出台了《珠海人才友好型城市"十四五"发展规划》,这也是全国地方城市中,首部从人才视角转向城市视角谋划人才工作的综合性规划。

下一步,珠海将围绕以上理念,积极加强全球优秀人才的引进,抓好本土人才的培养,接续人才的服务保障,努力成为全球人才的逐梦之地、圆梦之城。在这里,珠海向全球人才发出诚挚邀请,欢迎人才与珠海来一场双向奔赴之旅,共享湾区人才高地建设机遇!

利用粤港澳大湾区的特色优势
以点带面推动人才高地建设[*]

吴培冠

我今天分享的题目是利用粤港澳大湾区的特色优势以点带面推动人才高地的建设。粤港澳大湾区我觉得它有非常明显的特色，就是叫一国两制、三套法律体系、关税区和四大核心城市。通常来说提到这几点的时候都是把它作为挑战或者是困难来看待，包括在粤港澳大湾区建设纲要里也会提到这是非常大的挑战，但是我认为这几点正是粤港澳大湾区非常明显的优势或者是特长。要打造人才建设高地，像刚才萧鸣政教授讲的六个特点的高地，我觉得要有突破点。因为从2019年《粤港澳大湾区发展规划纲要》颁布到现在，从中央到地方各级政府都出台了相当多的政策来推进人才高地的建设跟人才的一体化等，以及包括资格、税收等很多措施都出台了。

但是我倒觉得到了这个阶段，应该要考虑一下要从哪点去突破，真正地能够最后把人才高地建设起来。我在省市、全国政协做了有20年了，有很多机会参与从全国到地方层面的调研，结合其中的调研和这些年的工作经历，我有很多想法，所以要找点在哪。很多地方都提人才高地建设，广东省各级政府也提出了建设各种高地，包括金融、中药、汽车等领域。但是我觉得这些东西要突破相对来说有很长的路要走，并且困难很大。

我想到说这里有很重要的点，叫涉外法律服务人才。我觉得可能是大湾区人才高地建设其中能够取得突破的点，因为我目前没有非常多的

---

[*] 中山大学管理学教授吴培冠的主旨发言，收录时略有修改。

研究，更多的是观察和思考，所提出来抛砖引玉，希望引起大家的兴趣。同时我接下来以后也会做一些深入一点的调研，之后会给政府那边提，直接给他们提建议。

为什么是社会法律服务人才，而不是像金融。因为在中国，金融肯定上海、北京有非常天然的优势，你要说在这一块上全面地超过，应该是相当长的路要走，并且困难相当大。但是涉外法律服务人才这一块应该是非常有机会，因为讲得不好听，目前我觉得整个国家在这一领域是有点山中无老虎，你只要是稍微出色，再配合的粤港澳大湾区的独特优势，有可能是能够是脱颖而出的点。结合我之前在全国层面的调研发现的问题，这个方面全国水平目前都不高。

其次，我觉得涉外法律服务人才非常符合国家的战略要求和现实的需要。整个国家在这一块相对来说水平比较低，人才很缺乏。而且粤港澳大湾区法律人才相对是比较丰富的。一方面，中国的法律人才北京、上海、广州、深圳是排前四的，再加上香港、澳门的很多都具有国际化背景的法律服务人才，总量多，占比高，正好利用了我说的独特优势。从相关调研数据发现，香港这一领域人才很多，澳门也不少。另一方面它非常符合国家战略要求和现实需要，它能够非常切合服务国家战略的要求。刚才李腾东部长引用的最新习近平总书记的重要讲话指示精神，以及我这里引用的在几次中央全面依法治国委员会的会议指示精神都非常强调人才怎么培养，讲得很细。因为我跟法律界的人士也交流过，国家目前大学里法律人才培养的课程体系建设、专业设置等等都是非常不够。当然它不够有很多原因，但是，政治这一块是很重要的。《粤港澳大湾区发展纲要》第十章里提到共建粤港澳合作发展平台，里面也很具体地提到要加强法律事务的合作，加快法律服务业的发展，研究粤港澳律师在珠三角9市执业等。现在国家已经出台政策，港澳的律师已经可以在珠三角拿到资格执业了。

进一步说怎么样去发挥优势。因为现实我刚才讲了，目前国家涉外法律服务人才非常的紧缺，现在发生了大量的涉外的商事、民事等法律的案件，很多都是要求助于国外的法律机构来做，特别是在英国。能发挥好香港这一块的优势的话，大湾区应该逐渐能够把这一领域打造成国家层面的高地或者是高峰。就刚才讲的优势和现状，香港和澳门的涉外法律人才相对来说非常丰富。

　　整个大湾区的对外开放水平，对外贸易、港口、船务业务等等都是在国际领先的水平，它具备打造好涉外法律人才高地的条件。从司法厅的数据也看到，目前已有超过 200 位的港澳律师在珠三角大湾区执业，但是相对来说人才还比较少。刚才任文硕老师也提到说这些年大湾区很大的优势是很多人口还是净流入的，但是，从人才流入的行业里看不到法律，我估计是归到了服务外包中介地方，相对来说，这一块还有非常大的发展空间跟合作协作的空间。

　　最后，就是简单提建议。首先要加强顶层设计，制定相关的目标和具体的规划。很重要的是要避免人才的虹吸效应，尽量地推进溢出效应。同时，四个核心城市很明显会有竞争合作的关系，通过什么样的方法机制能够让大家协作，而不是说竞争。第二要加强合作，国家这方面的人才非常缺乏，至少可以通过像广交会之类打造有名牌的服务平台来做全国的这方面人才培养的基地。第三就是用各种的刚性、柔性的方法，将大湾区这方面的人才充分地作用充分地调动起来。

"破四唯"背景下人才评价体系的构建与思考[*]

于海波

我今天的题目是"破四唯"背景下人才评价体系的构建与思考。

这个问题的来源是来自最近几年党中央提出了"破五唯"的问题，但是立什么？怎么立？到现在为止，无论是理论还是实践界都是在探索，所以大家要重视两个文件，去年6月22日，中央全面深化改革委员会第二十六次会议审议通过的《关于开展科技人才评价改革试点的工作方案》，这个已经非常清楚告诉我们接下来的人才怎么评价的问题。第二个就是在2021年8月2日的时候，国办发布的《关于完善科技成果评价机制的指导意见》，也特别强调了关于科技成果怎么评价的问题。由此可以看到，关于在人才事业当中，人才高地建设也好，人才中心的建立也好，人才评价是永远绕不开的问题。

怎么评价呢？"破四唯"也好，"破五唯"也好，怎么做一直是很困惑实践和理论界的问题，我今天简单做几点汇报。第一个是在人的评价当中一直存在很多的悖论，就是很多问题一直在左右摇摆。但是无论评价在什么时候，什么地方，都绕不开三个结果问题，第一个是评什么，即评价的内容；第二个是怎么评；第三个就是结果怎么用。因此今天给大家汇报三个核心内容，悖论和未来的一点点思考。基于前几年在中央组织部颁布干部考核条例之前为中组部做的一点服务，以及前两年为"十四五"人才规划的一点思考给大家做一点简单的汇报。

在人才评价当中一直存在三类方面的悖论。第一个就是人才评价工

---

[*] 北京师范大学政府管理学院党委书记、教授于海波的主旨发言，收录时略有修改。

作需要有使命吗？当然需要。我们通过党中央的文件当中已经看到了，之前特别强调以评价来看评价，今天应该要跳出评价之外看评价，到底评价的使命是什么？文件当中讲到的就是国家目标和使命导向，具体来谈的话，成就人才是人才评价的使命。

在评价悖论当中还有第二类叫做人才评价内容方面的三个问题。第一个就是到底评结果还是评过程，过去太看重结果，忘记了人才整个工作的过程。第二个就是过去特别看重定量的结果，而忘记了定性的结果，比如说今天讲的是国家重大科研任务的完成问题。第三个就是在很长时间当中，在关于人才的理解评价的时候，过分强调了表象的结果和工作的成果，忘记了人才整个工作的本质。

第三，在方法方面也存在三个方面的悖论。第一就是过去往往看重内行、同行的评价，而忽略了整个社会市场，包括外在的社会、整个环境对人才的评价。第二个悖论就是过去特别看重短期的结果，忘记了人才的成长、科研人才的重大项目的完成是需要长期的。第三个就是过去往往强调对共性的评价，忘记了不同类型、不同类别的人才是有个性的。

在此基础上，我们认为人才的第一个问题就是人才评价的使命是什么？2022年颁布的《关于开展科技人才评价改革试点的工作方案》（以下简称：《工作方案》）特别强调的就是要发挥激励作用，坚持谁使用谁评价，以用定评、评用相适，科学使用评价结果，合理衔接科技人才的激励，引导各类科研人员服务国家、潜心研究、尽职尽责、作出贡献，这就是国家目标和使命的导向。在内容方面，过去思维特别偏重结果，偏重数量，而往往做的是荣誉学术，而没有真正把握到学术，包括科研本身的本质规律。在方法方面，太注重了内在的、内行的评价，短期的成果以及共性的成果，忘记了社会的评价长期的完成以及个性化的表现。《工作方案》总结，人才评价"破四唯"之后，存在新标不到位、评价方式创新不到位、资源配置评价改革不到位、用人单位评价制度建设不到位等突出的问题。

在此背景下怎么做，在评价内容，即"评什么"方面，相关政策文件已经告诉我们了，叫四位一体的评价指标。第一个是能力，就是关于人才完成重大任务研究的能力以及技术创新和集成等各方面的专业能力。

第二个特别强调贡献，比如说对国家经济、安全、技术、社会等各方面的实际贡献，以及学术成果带来学术的贡献和产业化之后带来的产业经济的贡献。第三个叫做创新的价值，比如说基础人才特别强调突破关键的核心技术、原创性的科学研究以及技术的重大突破等等，叫创新价值、能力和贡献三个方面。但是在文件当中还特别强调了作为中国特色的人才评价，一定不要忘了非常重要的基点，就叫做以德为先，比如说科学精神与道德。目前党的文件已经明确谈到了对人才评价有四类指标，一是德，即科学精神和底线的学术道德；二是创新价值；三是能力；四是贡献，即从外界看来，从人才之外看来，对于当时与对未来的经济社会各个方面的贡献程度。这是第一个关于"评什么"的四位一体的体系。

第二个关于方法方面，第一要分类评价，可以看到科技人才评价改革试点的方法当中，把科技人才分为了四类，第一类叫做承担国家重大攻关任务的人才，第二类是基础研究类人才，第三类是应用研究和技术开发类人才，第四类叫做社会工艺研究类人才。对于人才的评价要分类评价，不能统一而做。在评价主体上要特别强调多元主体。过去往往特别看重所谓的同行评价，虽然不能够否定这个模式，但是除了同行评价之外，一定要强调政府的评价、社会组织的评价、企业的评价、投融资机构的评价，甚至可以要培育第三方的评价，以多元评价来整体评价人才的各方面表现，在评价主体上要强调多元化。第三个在评价周期上尤其要强调要科学确定评价的周期，要符合人才发展和研究的真正的本质规律。比如说在科技人才评价当中特别强调对于基础类的人才的评价要强调要低频率，要强调长期评价，不能在半年三个月一次评价了，低频的评价、长期的评价，这是在方法上三个方面的思考。

在结果应用上可以看到第一点就是无论是在哪一类人才的评价当中，党的文件当中特别强调了对人才评价定位是什么？就是在人才的各个方面的，无论是晋升还是流动，还是薪酬待遇各个方面进行倾斜，即人才发展倾斜。但至于怎么倾斜，要去试点，要去改革，要去探索。同时也要强调，对参与国家重大的研发计划，对于基础的研究做出诸多贡献、在整个国家当中作出贡献的等等不同类型的人才，一定要在各方面做人才发展的倾斜。第二个叫非功利化，明确强调了不能以所谓的论文的数量、什么影响因子来直接定什么职称，定什么待遇，要回归人才发展的本源，要回归科研规律的本源。第三个是特别强调在人才评价当中要进行价值的引导，人才评价的使命是要成就人才的，价值引导，引导更多的人投入到国家重大任务的研发、国家各方面的贡献的潮流当中去，而不是对于所谓的人才本身什么东西的认定。所以说，各个组织、各个行业、各个地方是不是可以考虑对做出重大贡献的人才，给予比如说以前和现在正在做的破格绿色通道等这些方面的机制的设计。

《工作方案》特别强调人才和时代的融合、创新和价值的贡献。比如说在对于科技成果评价当中，特别强调了五位一体的价值，就是人才做出很多科研成果之后，我要强调它的科学价值、技术价值、经济价值、社会价值、文化价值等等。文化价值强调什么？强调科学家精神，强调创新的精神，这第一点要回归它的本质，第二点在评价内容方面，在评审方面，一定要去研究探索建构四位一体的分类评价的指标体系。第三个在评价的方法方面，一定要强调多主体协同的、多策略、多方法的，以科学周期来进行的人才评价，特别强调中长期的评价，还强调后续的评价、后评价等等这方面的设定。总而言之，对人才的评价在新的时代要强调以试点、做总结、做推广，这是螺旋式循环上升的人才评价的分类治理体系。

无论怎么样，人才评价永远是具有挑战性的领域，它本身就是不断追求对人才评价进行真善美衡量的过程，很难是一蹴而就的。这就是今天给大家汇报的关于对于"破五唯"或"破四唯"背景下人才评价的一点点思考。人才评价是不断进行多元治理的一套体系过程。

基础学科人才培养、基础教学中数学教学的探索与启示[*]

张景中

社会经济的发展需要科学技术的支撑，对人才的需求迫切而强烈，数学教育受到更多的重视。数学教育怎么做好，全世界都关心，但是，几十年来持续争论，莫衷一是。为了数学教育，要把数学变容易，是教育数学提出的观点和任务。教育数学主张不仅关注教学方法，更要关注教学内容，研究更有力的解题方法，寻求更有效的知识结构。基本的想法是熟悉了就容易，简单了就容易，想通了就容易，直观了就容易。我们不是先有了这些想法才去做的，而是在教学实践中发现了这种做法的好处，把它总结出来得到这些想法。

比方说几何解题难，世界各国最近几十年来都把中学教材的几何内容减少了很多，因为题目太难做了。我们发现了把几何解题变容易的有效方法，例如面积消点法。举个例子，大数学家华罗庚在1978年《全国中学数学竞赛题解》前言中谈到，有一道赛题扩展一下，就包含了射影几何的基本原理，并且写出了用初中知识的证明，有20多行，用到了三角函数。用面积法，只用小学知识，一行就解决了。最近在柯朗的名著《什么是数学》里，我看到了这题目的原型。这件事情，丁石孙先生在回忆录（《有话可说－丁石孙访谈录》）里就提到，他第一次见华罗庚的时候，华罗庚很得意，说他用初等方法证明了射影几何基本定理，写出来不到一页。他没想到可以短到1行！这说明数学的方法不断地在发展。

---

[*] 中国科学院院士，广州大学计算机教育软件研究所所长，中国科学院成都计算机应用研究所名誉所长张景中的主旨发言，收录时略有修改。

又过了十几年，到 20 世纪 90 年代，这方法发展成为机器证明，可以处理成百上千道题目！

三角，学生认为比较难。我们发现，基于面积关系引入正弦，利用面积计算得出正弦定理，利用面积计算推出和角公式，得到勾股定理等，把三角变容易了。美国有一个数学教育家，他在一本书上有两次说到勾股定理的证明不能用三角，但我们否定了他的论断，在几何知识很少的情况下就能引入三角，并且很简单地推出了勾股定理。这是 20 世纪 70 年代我在新疆教中学数学时所发现的方法。学生说三角难，我说矩形面积公式知道不知道？都说知道，长乘宽，很简单。我说如果矩形 ABCD 长为 3 宽为 2，面积当然是 3 乘 2 乘 1，后面这个 1 是单位正方形面积。如果矩形变斜成了平行四边形 ABCD，3 乘 2 还是 3 乘 2，后面乘的就不是 1 了，要打个折扣，它是边长为 1 的有一个角为 A 的菱形的面积，给它起个名字叫 sinA，就得到平行四边形的一个面积公式；取一半就是三角形面积公式，简单地整理一下，就得到了正弦定理，这就把三角变简单了，从初三和高中的知识变成初一可以学了。这是 1974 年发现的，1980 年我在中国科学技术大学教书的时候发表了文章，到了 2007 年开始又进入课堂。最早是宁波崔雪芳老师，她开始只试验了一节课，发现效果很好。发表文章介绍了。在 2012—2015 年，在做广州市科协支持课题时，张东方老师做了连续 3 年的初中两个班的实验，效果非常好，中考优秀率百分百。后来四川和贵州进一步做的实验，在农村山区，效果都相当好。2020 年，李尚志教授主编的《新思路数学》初中实验教材出版，把面积方法和重建三角都写进去了。已经有十几个省 100 多所学校进入教学实验。这个问题，国际上著名数学教育家弗赖登塔尔早就提出来，怎么能把三角提前两年？这是我后来才知道的。

高中学向量，用向量解几何题怎么变容易？很简单：从原点 O 出发到 P 点的向量用 P 点来表示，向量 AB 就用 B − A 表示，几何事实的表达就变得简单了。比方说 A + B = P 就表示"OAPB 是平行四边形"，A + B = 2M 就表示"M 是 AB 的中点"，A + B = 3G 就表示"G 是三角形 OAB 的重心"等等。"ABCD 是平行四边形"可以表示为 A − B = D − C，移项得到 A + C = B + D 就表示"AC 和 BD 的中点重合"，这就证明了"平行四边形对角线相互平分"及其逆；这样大量定理的证明一行就出来了。

我的一位博士生把它作为博士论文的主题，发现这样的表示容易用于机器推理，不少定理的证明可以写成一行，往往解答比题目还要短，写出来这样的解答之后，容易还原为向量的表示，也就提高了向量解题的能力。

微积分能不能变容易？这个问题长期让人们感到困惑。美国普利斯顿微积分读本里说，如果没有极限概念，微积分将不复存在，但没有给出证明！在数学里没有给出证明的就不要相信，我们发现不用极限概念仍然可以建立微积分。例如，瞬时速度和平均速度之间的关系是什么？是不是必须用极限说明？这个问题我想了 50 年，最后想通了，很简单，平均速度必然在某两个时刻的瞬时速度之间，这是孩子们都能理解的道理，为什么长期都想不到？当我想到了这点之后，马上拿着笔来试一试，用这个道理能不能求导数？要求 x 平方的导数，我就尝试把 $v^2 - u^2$ 除以 $v - u$，求出来是 $u + v$，它在 $2v$ 和 $2u$ 之间，这就得到了一个函数 $2x$，它正好是 x 平方的导数！这样常见函数的导数都能算出来了。不学极限也可以把导数计算出来了。这是学生的好习题，值得研究的好课题。这么简单，我为什么 50 年才想到？我是 1954 年进入北大学微积分的，到了 2004 年我才想出来，不用极限可以求导数。基于这简单的不等式，就生长出新一代的微积分。很多人就怀疑了，如果可靠，大数学家几百年之内早就想出来了，这不一定可靠，不敢相信。最近，这种不用极限的微积分已经通过了 Coq 机器验证，《中国科学》发表了有关文章，还出版了有关专著（郁文生等：《分析基础机器证明系统》，科学出版社）。

所以说，重视基础理论研究确非空谈，数学基础理论是基础的基础，前人反复探索的地方仍然会出现新知识，数学教育有新思路任重道远。下一步可以做很多事情。初中优化教材，扩大实验；高中可以对向量微积分进行实验；大学微积分入门教学可以进行探索讨论，进行效果的跟踪，进行数据的整理分析、理论探索、学术交流。长期困扰世界的数学教育的难题将在我们这一代或者下一代得到突破。

坚持"四个突出",推进粤港澳大湾区高水平人才高地建设[*]

魏建文

我想跟各位汇报一下人力资源和社会保障部门在粤港澳大湾区人才高地建设的一些实践。大家都知道总书记今年4月份到广东,对粤港澳大湾区的人才高地给出了"一点两地"的定位,就是说使粤港澳大湾区成为"新发展格局的战略支点,高质量发展的示范地,中国式现代化的引领地",为粤港澳大湾区指明了方向。

今天是粤港澳大湾区人才战略的论坛,我相信在各位专家、各位老师高水平的思想碰撞,肯定能够产生很多丰硕的成果。我下面要讲的是"四个突出"来促进粤港澳大湾区人才高地建设。第一个是突出人才培养,促进大湾区人才快速成长。人才是粤港澳大湾区的基础。二十大报告里把科技、教育、人才三位一体作为全面建设社会主义现代化国家的基础性、战略性的支撑。突出了人才培养这几个方面,第一个方面突出了新时代的专业技术人才的培养和培育。现在全省的专业技术人才达到891万人,其中高层次人才88万人,在座的都是这891万的范畴。第二个就是博士后在培养高层次人才,广东的博士后现在在站达到有1.2万人。现在这一块在广东来讲发展是很快的。第二个方面是突出高技能人才培养,现在全省技能人才达1858万人,其中高技能人才达到631万人,为全省制造业提供了很强大的技能人才来支撑。第三方面就是为粤港澳大湾区青年来内地就业创业提供了很好的舞台。全省现在构造了"1+12+n 港澳青年创新创业基地孵化体系"平台,也欢迎港澳青年多

---

[*] 广东省人力资源和社会保障厅二级巡视员魏建文的主旨发言,收录时略有修改。

到内地来创新创业，融入大湾区的建设。

第二个突出就是突出人才评价，使大湾区人才能够脱颖而出。大家都知道人才评价在广财一类的高校来讲，就是职称评审，在职称评审这一块做出了很多创新的举措，同时跟粤港澳大湾区的专业人士进行资格互认。现在全省已经完成了27个系列的职称评审工作，包括大学教师，中小学老师，还有工程系列的工程师，反工程系列就有32个专业领域，同时还跟港澳的八个领域的专业人才进行资格互证。现在港澳有3000多人在大湾区执业和就业。

第三方面就是突出实施"湾区通"工程，促进大湾区人才融合发展。这里有几个"通"，其中一个就是"就业通"，现在港澳的专业人才到内地就业是一视同仁的，原来就业都有门槛，现在都没门槛了，把门槛都打通了。第二个就是"人才通"，就是刚才讲的职业资格互认与职称评审互认。最近跟港澳的很多社会组织在探讨怎么使港澳的专业人士来内地获得职称认可，正与省科协进行紧锣密鼓的工作。第三个就是"社保通"，现在港澳到内地的就业创业社保问题已经基本解决了，同时还对接港澳的社保制度，现在在内地投保有20多万。第四个就是"治理通"，就是劳动关系这一块的，港澳的专业人士到内地或者内地的专业人士到港澳，都必须建立劳动关系，机制体制都进行了衔接和对接，叫治理通。由这几个"通"来把人才的创新创业进行融合。

最后就是突出营造人才生态，促进大湾区人才的创新创业。这块目前就建立了"一港一园一卡一站一库"人才服务保障体系。"一港"即粤港澳大湾区人才港的体系，大家如果有兴趣，可以到东风路的粤港澳人才港去参观，已经是非常好的平台。同时在前海、横琴和南沙建立了分港。"一园"，就是人才创新创业园和留学人员的创新创业园，现在全省21个市都有这个平台。"一卡"就是现在推的人才优粤卡，对高层次人才都发了人才优粤卡。还有"一站"，是现在在粤东西北花了力气建立了"人才驿站"，现在几乎全省都有人才驿站，就人才到各地都有服务站所，最后就是"一库"就是指人才库。

通过"四个突出"来推进粤港澳大湾区的建设，相信在广东、香港、澳门各级各单位的共同努力下，粤港澳大湾区的人才高地建设一定能够不断地向前推进。

新时代粤港澳大湾区背景下"一国两制"的人才战略，有关"爱国者治澳"的重要意义与测评思考[*]

柳智毅

主要向大家报告三个部分，第一是"一国两制"顶层设计的顶层人才的战略，顶层人才战略就是"爱国者治澳"。今天早上周昶行秘书长讲的人才引进这一块，主要是经济人才和产业人才方面，澳门以"一国两制"基本国策为指导，是粤港澳大湾区重要的组成部分。在这一方面的人才战略最顶层的就是"爱国者治澳"，"爱国者治澳"也是一国两制的核心要义，没有半点含糊的。第二方面就讲一讲爱国者治澳的标准测评和思考。最后就讲我的想法。

国以才立、政以才治与财智、业以才兴，关于人才的重要性我就不展开了。我想讲的是习总书记多次强调的是国家发展靠人才，民族发展靠人才，人才是治国兴邦的第一资源。对澳门来说，"一国两制"的成功实践，行稳致远靠的当然是人才，靠的是顶层的人才，这顶层的人才就是有具体的要求，这是"爱国者治澳"的人才。经济发展需要人才，产业多元，这是任务，也需要人才。刚才我说了，周昶行秘书长早上提出来的，我们正在努力做的是经济人才、产业人才的引进和发展。我现在讲的是最顶层的、最高层次的爱国者治澳人才。澳门是粤港澳大湾区重要的组成部分，习近平总书记在今年"两会"的时候强调，推进强国建设离不开香港，也离不开澳门的长期繁荣稳定。港澳的长期稳定离不开全面准确贯彻"一国两制"，但全面贯彻"一国两制"的核心关键就

---

[*] 澳门大学战略级规划办公室、澳门经济学会理事长柳智毅的主旨发言，收录时略有修改。

是"爱国者治澳",或者"爱国者治港"。"爱国者治澳"或者"爱国者治港"是"一国两制"的一个核心要义,其根本是"一国两制"的一个顶层的人才战略,更使"一国两制"发挥示范作用。这一方面我们讲得比较多,但具体怎么操作还是没有太多的具体的说法,尤其是爱国者,谁是爱国者?怎么来测评,怎么来评价。"爱国者治澳",其实它是两块。除了需要他有爱国的心、爱国的情怀,更重要的是,他要有治澳或者治港的能力。这是澳门人才之中的最顶层的板块。萧鸣政老师也经常说到:"火车跑得快,全靠车头带。"治澳人才就是整个澳门社会的火车头。反之也经常说到:将帅无能,累死三军,这是很严重的。"爱国者治澳"是顶层的人才和顶层的一个战略,是整个澳门长远一国两制,行稳致远、长期繁荣稳定是最核心最关键的因素。

怎么来评判爱国者治澳?爱国者?谁是爱国者,其实早就不是新鲜的事物。这个也是很早之前就已经提出来了,时间关系,我也不去展开了。1984 年,邓小平同志已经提出来"爱国者治澳"的要求。标准是什么?2021 年,中央港澳工作办公室主任夏宝龙对"爱国者"给出了三个标准:一是爱国者必然真心维护国家主权、安全、发展利益;二是爱国者必然尊重和维护国家的根本制度和特别行政区的宪制秩序;三是爱国者必然全力维护香港的繁荣稳定。时任国务院港澳办副主任邓中华,现在是全国港澳研究会的会长,他也对"爱国者"提出了"六点""五个真心"。还有当时任中联办副主任的罗永纲也提出了关于"爱国者治澳"的标准。这些标准如何测评?应该是人力资源开发、人力资源测评、人才评价领域的专业,这是非常关键,怎么去操作关系到"一国两制"行稳致远,关系到港澳长期繁荣稳定的,因为它是顶层的最高层次的人才战略。如何测评?当时我们副主任也提出来,要有效地甄别谁是真正的爱国者,把那些不是爱国的,或者是披着爱国的外衣的潜伏者、伪装者——要踢出去。这又是讲到人才测评、人才评价的专业了,如何来找到这些伪的爱国者?如何来测评?这是非常困难的。我们平时讲的很多都是理论性的东西,事实上老古语都讲了很多。见骥一毛,不知其状,见画一色,不知其美,这是说明了人才评价的难度,难处在哪里?它是很关键,很重要,但是很难。

萧鸣政老师"人力资源素质结构模型"中的"品德素质"其实是讲

爱国者的要求，"智慧能力"其实就是治澳能力的要求，如何来评价？模型我们都知道怎么来把握，怎么来评价是最难的，古代孟子的察贤辨奸论，到现在还是在用，如何评价他是好人还是坏人？贤才还是奸才、庸才？左右亲信说好，不要相信。360度的人说得好，也不要相信，也不一定是真的。所有人说得好，我们再去考察他，再去评价他，用现代的人才评价的方法、工具、理论来去评价它，这就是所说的评价人才是不是爱国者，有没有具备治澳能力的一个基础的考量。

治澳能力也有新的要求，党的二十大报告明确提到要支持港澳发展经济、改善民生，破解社会深层次的问题，所以治澳的能力必须具有破解社会深层次问题的能力。第二，要更好发挥作用，为国家、为中华民族伟大复兴更好发挥作用，做更多、更新、更大的贡献。治澳人才不仅要解决澳门的问题，还要为国家、为中华民族复兴作出贡献、发挥作用。所以，评价治澳人才的时候就要考虑两方面，一方面要测评人才到底爱不爱国，及爱国程度如何，这也是有难度的。除了爱国之外，另一方面你还要有治澳的能力，治澳能力有新的要求，就是你要解决澳门的核心问题之外，还要为中华民族做贡献，发挥作用。我的考虑就是治理澳门需要政治立场必须坚定，具备政治判断能力，政治领悟能力，但是这些看都是比较虚的。如何知道他有没有政治领悟能力？有没有决策能力？这是需要从专业去考量的。曾经在萧老师指导下，我对澳门人力资源开发、澳门人才的培养也写了几本专著，有一定的基础，但目前我在思考的是如何更好地发挥作用。

2022年我就在论坛里提出在人才战略方面，澳门要发挥的作用，加快助力国家建设高水平人才和创新的高地，今年在"爱国者治澳"方面，不能够单凭澳门本身的条件来解决的问题，我们需要主动提出澳门所需、湾区所能来帮助澳门。因为澳门就是湾区很重要的组成部分，没有澳门不能够叫粤港澳大湾区。澳门的顶层人才战略就是"爱国者治澳"，但爱国者治澳最关键的是如何来评价人才是不是爱国的，有没有治澳能力。在这方面就需要测评，这方面最好也在现在广财萧老师这边了。我们提出来，要帮助澳门，还有进一步地来加强"爱国者治澳"人才开发的选拔、测评、任用，考虑在澳门这边设立测评分会，在澳门来做调研项目。

三 主题发言

培育数字人才，建设数字湾区[*]

蒋北麒

党的二十大有三个词，我相信大家都已经耳熟能详了，这就是发展、创新与人才，它们之间的相互逻辑关系在这里我就不多说了。在2021年9月召开的中央人才工作会议上，习近平总书记明确提出，加快建设世界重要人才中心和创新高地，这为未来实施新时代人才强国战略指出了明确的方向。现在问大家什么是人才？关于这个问题，我相信学术界已经讨论过很多次了，但是人才的概念一定不是一成不变的，而且也不是放之四海而皆准的，它一定带有很强的时代特征和地域特征。

从当前来说，我们建设数字中国、数字湾区，对此影响最大的技术是什么？对于湾区的社会发展、经济发展，影响最大的技术是什么？肯定是以大数据、人工智能为代表的数字技术，当然延伸出去的话，还包括虚拟现实、区块链、数字孪生等。从人才群体角度来说，影响最大的是哪个群体？肯定就是数字人才。我们现在的主要工作是实现高质量发展，主要的两个关键途径，一个是发展数字经济，一个是共享经济。围绕着发展数字经济和共享经济，从未来人才发展的角度就能够看出三个明显的趋势。

第一个趋势——从知识结构上看，数字素养将成为人才的基本能力，数字技能将成为人才的基本技能。香港科技大学伍楷舜校长也特别谈到了要广泛推广数字素养教育。在今年二月，党中央、国务院印发了《数

---

[*] 中关村创享人力资源大数据联盟副理事长蒋北麒的主题发言，收录时略有修改。

字中国建设整体布局规划》，其中明确提出了要强化人才支撑，要全面提升领导干部、公务员的数字思维、数字认知和数字技能。而这三个方面综合起来，我们称之为数字素养。

第二个趋势——从人才结构来看，数字人才的重要性在不断地上升，数字员工将成为企业中的重要力量。那么什么是数字人才？什么是数字员工？这两个，我先埋一个伏笔，我后边再跟大家来一起来讨论。

第三个趋势——从人才的获取方式来看，将由拥有人才转向共享人才。我们知道移动互联网技术跟数字技术的发展，对于人才学习、人才能力提升以及人才价值的实现都发挥了重要的作用。现在作为人才来说，它可以同时为若干个组织机构做出贡献。以前人才使用权跟所有权是一致的，拥有人才才能使用人才。而现在人才使用权跟所有权可以分离，"不为所有但为所用"的用才理念已经被越来越多的组织机构所认可。

接下来，我们重点讨论一下数字人才和"数字员工"这个话题。目前数字技术对人才发展的影响是越来越大，越来越多了，而且越来越深入到不同的领域中。从人才标准到人才开发，从人才培养到人才评价，数字技术的影响几乎是无处不在。今天我重点分享两点，第一点是如何用好"数字员工"，第二点是如何培育数字人才？先看第一点如何用好"数字员工"，什么是"数字员工"？2023年春节期间国内上演了一部大片《流浪地球2》，相信有不少人都看过，里边有一个情节给大家留下了比较深的印象，就是航天中心面试吴京的一段剧情。在这段剧情中，大家记住了叫一台550W量子计算机。这台计算机依托后台的大数据支撑，向吴京提出了非常尖刻的一些问题，差点把吴京逼疯。实际上这台在大数据支撑下拥有了人工智能的计算机就是一类"数字员工"，可以称其为"数字面试官"。而所谓的"数字员工"就是拥有了人工智能的白领机器人、高端机器人。以前我们提到机器人总是蓝领机器人，比如生产线上一些机械臂，当然还有特殊环境机器人，比如说管道泄漏、危险地方的救援救灾、到地震塌方里边去营救、去探索。但是现在已经越来越多地发展出了第三类机器人，就是高智能的白领机器人，也就是我们的"数字员工"。

当然从技术发展角度来说，对白领机器人影响最大的有两项技术，第一项技术的话就是RPA技术，全称就是机器人流程自动化。它是一种软件技术，可以使软件机器人像人一样在不同的系统之间来完成数据的录入、提取、验证等等的操作。我们知道在企业经营管理中，有很多重复性的、带有规律性、规则性的工作，这一部分工作未来逐渐会被 RPA 技术、RPA 机器人所替代。大家都知道 IBM 它有一个三支柱模型。HRBP、COE 专家中心，还有 SSC 共享中心。在未来像 SSC 这一类重复性的，追求效率而不是追求专业性的这类工作和岗位就会逐渐由 RPA 机器人所替代，这项技术目前已经在企业实践中得到了广泛的应用。比如，从外企德科在企业内部使用 RPA 机器人的情况来看，RPA 已经渗透到了人力资源管理的 6 大模块。除了 RPA 技术，在今年三月份开始，ChatGPT 犹如一场飓风席卷全球，对很多工作都产生了很大的影响。所以 ChatGPT 技术成为对白领机器人影响最大的第二项技术。刚才我谈到的《流浪地球 2》里的"数字面试官"，实际上就是量子计算技术，RPA 技术和 ChatGPT 技术的完美结合的结果。现在 ChatGPT 已经应用在企业内的多个方面中，比如说在市场推广、客服服务等方面已经发挥了非常重要的作用，他的工作效率远超自然人。随着数字技术的发展，相信未来将有越来越多的"数字员工"进入到各个工作岗位，给在企业中的自然人员工带来了很大的挑战。如何用好这些"数字员工"？这个问题成为了我们这些人才政策的制定者，学术研究者，企业管理者都必须正视和重视的问题。在数智时代，我们充分发挥"数字员工"的作用，让它为经济发展和社会发展做出更多更大的贡献。

　　第二个话题是培育数字人才。从人才的发展方式和发展方向来看，主要有两个方向，一个方向是专业化发展方向，我称之为"向上走"，读完学士、读硕士、博士、博士后，最后进入到科研院所来从事专业研究工作，这是一类人才，但是这类人才的路相对来说比较窄，人才的数量和需求也不是很大。而主要的一类是走复合化发展的道路，我称之为"向前走"，瞄准市场需求，不断地去迭代自身的能力结构，使自己成为一种跨界的、应用型的，在市场上很容易实现价值的这样一类人才。可以说大部分人才都是要走复合化发展道路。从发展角度来看，数字人才肯定是属于复合发展的应用型人才里边非常重要的一类。国家提出了数字中国建设的整体战略、整体方案，数字人才的重要作用不断上升，成为了目前最重要的人才群体之一。数字人才是什么？我简单地将其归为三大类，数字技术人才、数字工程人才，还有数字技能人才。

在2022年4月中央财经委第十一次工作会议上，习近平总书记提出了三类重要人才，科学技术人才、高技能人才、卓越工程师。而对应到数字人才的话，就是我们所说的数字技术人才、数字技能人才和数字工程人才。从数字人才来说，我今天重点谈一下数字技能人才的培养。技能型人才现在面临很大的挑战，从技能型人才成长过程来看，需要经过教育、实训、评价、认证、就业、发展这几个环节，这些环节不可能由一所职校、一家企业，来完成，需要全面整合政产学研各方的资源，凝聚各方面的力量。其中，培养应用型、技能型人才特别要发挥企业的作用，如何让头部企业在人才培养的供给侧发挥作用，这已经成为我们培养技能型人才非常关键的要素。在这方面近几年国家也很重视，在十四五规划里边也特别强调了，2022年4月新版的《职业教育法》也公布了，其中将职业教育跟普通高等教育放到了同等重要的水平上。在2022年9月，新的《国家职业大典》也公布了，首次标注出了97个数字职业，占整个职业的6%，由此能够看出数字人才已成为非常重要的一类人才。2022年12月，中共中央办公厅、国务院办公厅印发了《关于深化现代职业教育体系建设改革的意见》，提出探索省域现代职业教育体系建设新模式，打造市域产教联合体，打造行业产教融合共同体。其中特别提出了三个词，产教融合、职普融通、科教融汇。由此可见，国家对职业技能教育越来越重视，数字技能人才更是非常重要的一类技能人才。

当前数字中国建设已经成为重要的发展方向，作为我们这些人才工作者来说，培养数字人才也是摆在面前的重要工作，我们必须全力整合各方资源，打造数字人才成长的智慧生态，加快数字人才成长。

让我们大家共同努力，培育更多的数字人才，建设好数字湾区。

粤港澳大湾区产业发展与人才协同[*]

刘善仕

我今天的主题也是围绕着粤港澳大湾区的话题展开讨论。我会简要提及一些关键点。粤港澳大湾区的人才战略定位可能是国际人才的吸引和集聚。我非常认同这一点，今天我也想从国际人才竞争的角度来谈一谈，怎么去解决粤港澳大湾区所面临的问题。

这个话题主要是从 2023 年承担的一个任务说起，《管理学季刊》做了一期靶子论文，加拿大有一位华人教授董林雪英，她关注的话题是一些比较大的宏观的话题，就是国际人才竞争。她在国内就邀请了四位专家一起来对这个靶子论文进行评论，我也是其中一个，所以我就想结合她的一些信息做一些评论。在董教授的论文里边，她主要提出来这个问题是，中国现在的国际人才竞争的困境。大家也知道，这些年，尤其是疫情这几年，我们的一些外部环境有很大的变化。尤其是像美国通过在经济、技术、贸易、人才方面对中国做一些围堵，就导致我们董教授提出来的所谓的这个系统性危机，当然也把人口老化等这些因素当成中国人才管理系统性危机的一个要素。

那么外部环境的分析这个没有错，但是最后的一个结果，我觉得就跟美国他们的一些预期也有很大的偏差。我在文章里边讲的三个悖论，第一个是说美国想限制西方国家对中国的投资，但是，中国目前还是世界一些发展中国家投资的首选地，这是第一个悖论。第二个悖论就是科技人才回流，尤其是华人科学家回流，那么这些年是一个高峰，尤其是2021 年达到了 1490 人，是 20 年以来人数最多的一次，这个也是一个悖

---

[*] 华南理工大学工商管理学院教授刘善仕的主题发言，收录时略有修改。

论。第三个就是留学生回国的比例也创下了新高，怎么去理解这种现象，里边还有很细的一些原因。但是我认为，人才流动并不会受某些政策的影响，而是有其内在的一些逻辑。人才管理里面我们讲人才流动，是跟薪酬走、跟事业走。因为中国能够提供给海外一些国际人才好的事业氛围，所以，我觉得可能主要是这么一点，导致目前的这个情况，这是我的一个理解。所以，基于这个现象，我们怎么去看这种人才流动的国际人才竞争的一个内在的逻辑。

我们提出了国家人才供应链韧性的概念，人才供应链是沃顿商学院彼得·卡普利教授提出来的一个概念，尤其是库存理论提到要把控好一些关键的环节、一些控制点，才能去保证这个供应链的顺畅。那么韧性，它主要包括两个层面，一个是恢复反弹，就是一个系统受到打击以后，它首先要恢复反弹；然后第二步是发展超越，这个就构成了我们讲的一个系统的韧性。那么作为国家人才供应链的系统，它的原理也是一样的。正是因为在人才流动的背后，实际上是我们的产业发展为人才提供的事业平台和发展机会，构成了人才流动背后的一个逻辑。那么就是说，韧性的一个原动力主要是由硬实力和软实力两部分构成。硬实力主要是指在产业分工、组织和战略等方面的比较优势。那么在这方面，大家可以比较容易理解，像我们国家现在这种产业的格局，还有国家的这种体制，就决定了我们在这方面是有一些优势的。第二个方面，软实力这个理解可能会有不同。在西方国家，他们软实力比较强调的是意识形态和价值观。而我们国家主打的软实力主要是大国担当、社会责任。那么像我们国家现在走出去的一带一路，包括开办孔子学院等，这些都是我们在承担一种社会责任、大国担当的这么一个软实力，是我们想去打造的。但是，这种策略现在也被西方国家污名化。这个大概是我们去理解一个国家人才供应链韧性的几个关键的要点，那么我们最关键的是对于国家来讲，怎么去打造这种韧性。

那么下边就是从人才链与产业协同的角度来做一些分析。那么产才协同这个大家提得都很多了，就是从微观的机制来讲，有三种最主要的机制。一种就是我们理解的中介观，什么意思呢？就是我们人的因素，就是人力资本要对产业链升级做出贡献的话，它可能会通过一些技术吸收能力来发挥作用，这个很容易理解。比如我们中国的高铁，它是一个非常成功的案例，为什么我们中国高铁的技术能够攀升到国际领先的水平，最主要的是我们在引进外资的过程中，国家铁路局整合了4家比较强的企业，然后分别和不同的外资企业合作合资，通过这些企业来进行技术的吸收、技术的创新，从而使得我们这一块就是这个达到了比较高的水平。这是一个最好的例子，就是我们要引进外面的技术，要去消化我们有没有这种人才、有没有这种能力去消化，这个是第一个机制。第二个机制是匹配观。那么什么意思？就是说，我们要去做一些技术创新，比如我们国家目前这个数字支付的技术、新能源汽车的技术、光伏面板的技术，这些方面我们都在国际上达到了领先的水平。那么我们是怎么做到的？实际上就是一种匹配观。因为这些行业相对来讲对这个技术的要求并不是很高，大家可以看得到，我这里讲的是我们去产业化的技术要求不是很高，那么所以我们实际上是选对了一个很好的技术产业类型，然后我们国家又有这种制度政策，它再跟人的因素匹配起来，就使得我们这些产业达到了一个比较高的高度，这个是匹配观。那么这两种观点实际上都是在讲人力资源、人才在这个里边的作用。但是，有一种引起误解的观点，认为有了人才就可能有一切，这个是不对的。

我们今天讨论粤港澳大湾区人才和产业的问题。那么我想问大家，人才，深圳有优势吗？没有的，对不对？广东也没有优势，北京有优势，上海有优势，但是，为什么深圳它能够成为我们国家创新创业的中心？我觉得这个值得我们去思考，并不是说简单的匹配观，或者说中介观就能解决这个问题，所以，我们提出了整合性的观点。什么意思？实际上，我们在这个做产业链升级的时候，一定要有产业战略，我们跟现在的产业相匹配的人才，它不能够帮助我们实现超前的这种发展，也就是产业链的升级，所以我们既要超前规划，又要引进创新，这个就是我们整合的观点。那么在这个整合的观点里边有一个很重要的东西，就是我们一定要有人才蓄水池。于是，我们就提出了产业—平台—人才三轮驱动的人才竞争模型，我们认为人才产业协同，它是一个动态的市场化的一个过程。它除了产业和人才两个因素以外，很重要的是平台，这个平台既包括创新平台，就是我们一些研究院、研发机构，也包括创业平台，就是我们现在各个地方搞的这种孵化、创业中心、产业园等等，那么这些它有一个超前性，所以它能够把一些超前的人才作为蓄水池把它储备起来。因此我们认为，平台是非常重要的。那么这三轮驱动产业主体，它一定是获得国家人才竞争优势的源泉，一定是我们人才的特点，一定是产业的比较优势，这个也是我们现在各个地方政府要去打造这种创新创业中心一定要去做的工作。

那么最后是我们讲的产业人才，一个国家产业的升级单靠我们内循环我觉得是不够的，一定是现在一个时髦的替换，就是说，这个外循环加内循环，我们一定是通过外循环来引进一些纵向延伸的这种产业来，然后来带动这种内循环，一定是通过这么一种方式。这就是我今天给大家分享的一个观点。

数智时代领导力的挑战与进阶[*]

李爱梅

我利用这个简短的时间,把我们对数智时代领导力的挑战以及进阶做一些思考,包括以下三方面:第一,数智时代组织管理遇到的新挑战;第二,如何实现数智技术赋能领导力进阶;第三,怎么样回归领导力的初心和本源?是我们今天想给大家分享的一个话题。

我们首先看一下数智时代组织管理的一些新的挑战。我们大家都知道,在最近的这个5年左右的时间,大数据、云计算、区块链和算法等这些智能机器都引入到我们的组织当中,那么组织管理的数智特征尤为凸显,我们会发现数字驱动的决策基础,数据分析以及数据挖掘已经成为在数智转型当中又一个新的赛道。第二个,技术的创新,人工智能和物联网运用也给组织带来了新的效率和创新。经以数智技术的客户导向,以及组织为了面对这种快速的变化所进行的一些敏捷性的组织转型,都给我们带来了非常深远而持久的影响。

那么我们在管理的挑战中一直以来有两种声音,一种是机器的威胁论,一种是人机的协同论。机器威胁论,我们就担心智能机器会执行人类本应该承担的任务,所以会取代人类,会带来大量的失业的危险。在昨天,暨南大学开展了"数智赋能:推动制造业的高质量发展"为主题的学术圆桌会议,当时就有政府的领导特别关心自动化的产生带来的失业的问题、身份认同的问题,以及带来组织当中一些风险不可控的现象,那么这都是在这种威胁论里面我们关注到的现象。还有一种认为,人机的协同,人类和智能,各有优势,怎么样地去发挥所长,更好地实现繁

---

[*] 暨南大学管理学院副院长、教授李爱梅的主题发言,收录时略有修改。

荣，所以怎样地推动协同、推动管理创新也是一个新的挑战。

当这种智能机器参与的数智时代已经成为不可逆转趋势的时候，我们领导者如何在数智时代发展进阶？这是我们思考的第二个问题。那么在这里我们是提炼了一些概要性的思考，数智时代它会怎么样地赋能领导力的哪些方面？对领导力它会产生一些什么影响？以及领导本身和组织本身会带来一些什么样的转型和思考。

首先，数智技术它能赋能领导的是一些硬技能方面，比如说它可以通过数智技术更好地让领导进行一些决策的参考，它有了一些大数据，有了一些非常客观的数据，以及这个市场的一些及时的反馈、决策的参考，从而对工作更好进行监督。这个工作监督，我想我们在座的各位都已经感受到了这种数智技术对我们的监督，还有领导进行任务的分配，这些都是通过数智技术可以带来的一些硬技能的提升。

第二个，它也可以给我们赋能一些软技能，比如说我们有更多的一些情绪识别的技术，然后我们会有更多的进行人际知识的数智技术，我们也有更多地进行一些互动沟通的技术等等。那么它对领导会产生一些什么样的影响？比如说在认知影响方面，包括认知的过程、认知的结果以及创新的思维；在人际的影响当中会有权力的威胁、信任的危机以及关系质量出现一些改变；然后在行为的影响方面包括变革性领导和授权型领导。我们在这里提出了一种数智领导力的一些概念。在领导层面的话，比如说数智化领导力究竟是什么样的内涵，怎么样的一个概念？以及领导在这个过程当中对不确定性的容忍度，在组织层面的一些组织文化的构念。

数智技术赋能领导力硬技能方面它有一些优点包括分析快、运转高速、绝对理性、不间断地工作等等。数智赋能领导力的软技能的赋能过程当中，更多的是可以识别情绪、态度，以及提供一些针对性的关怀和支持。我这里特别强调一个智能机器在这个情感关怀方面的应用，我们最近在跟电信合作的一个研究，我们发现，在处理消费者投诉的时候，在作出一些决策安排的时候，包括一些招聘的过程当中，如果说我们拒掉了这个应聘者，或者说我们有不好的消息要去发送给我们客户的时候，特别是在那些竞争性的过程当中，如果由机器人来转达这样的，比如说：对不起，经过我们的面试，经过我们的复试，您可能还没有达到我们单位的要求。我们只能很遗憾地通知您，您这次面试没有通过。我们会发现，当这样的负面信息由一些智能机器来传达的时候，其实客户和消费者会更多地理解和接受。但是，当一些好的消息，积极的消息要由人来传播的时候，他会带来更好的积极体验。他感受到在这次面试过程当中，他很好地达到了自己的预期，他也感觉在这个过程当中提升了自己的能力，沟通过程非常好。所以说，这也给我们提醒，其实在组织当中一些人际冲突的产生，很多时候既基于人也是由于人，有些时候是由人产生的好感觉，也有些时候是由人带来的一些冲突。

第二个思考是对于数智技术赋能领导力的进阶，我们关注的是这个智能机器它究竟是强化还是削弱了领导者的领导力？非常遗憾，我们在调查当中，很多的研究都发现，受访者都认为很多事情机器人可以做得更好，所以领导者的影响力会受到削弱，而且在这种信任的过程当中，有些时候也是更信任机器人。然后在领导力的决策过程当中，由于领导可能过度地会去依赖机器决策，反而会削弱他自身作为领导者的判断、直觉以及整合性的预判能力，这是我们强调的它对领导力会带来的一些影响。

那么在这个过程当中，领导者怎么样在数智时代更好地去进阶？我们有两个观点，一个是它提高了一个不确定性处理的能力，因为我们有了一些大量的数据，有了大量的这些智能算法，可能会使我们在这个方面的话会得到一些提升，但是同时它也会降低领导者的开放性能和创新精神，因为总是依赖于这个大数据提供的一些客观依据，不敢甚至不愿意去冒这种创新和开放的一些风险。那么在这个数字时代这种领导力协同里面，我们提出了两个方面的协同，一个是"人—人"协同的领导力进阶。我们谈到在"人—人"协同的过程当中提到了建立共享的愿景和目标，促进开放和积极的沟通、激励和奖励团队的协同，这个是我们以往都有的。但是我们发现，还有一个组织当中开始有"人—机—人"协同，那么在这个过程当中可能要理解智能机器的潜力和限制，整合人与机器的角色和任务分配，动态地评估和调整"人—机—人"协同的模式。那么最后的话，我们谈到了在数字时代领导力进阶在决策方面的一些发展，比如在技术数据驱动的决策方面，可以进行一些理性的、常规的决策；怎么样利用我们自动化的决策知识系统来预设规则和算法，利用智能机器达到我们增强管理决策的一个功能；还有就是利用算法和预测模型对管理决策进行一些趋势预测，提高决策的精准性和可实现性。

第三个思考是，在这样的一个时代里面，领导力要回到他的初心和本源。第一个初心就是绩效发展，不管是政府、市场、消费者还是客户，我们都会知道财富和绩效是我们组织发展当中大家追求的第一个目标。那么健康和福祉也是我们在新的时代下高质量发展的情况下必须追寻的初心和本源。因为我们在调查当中发现，在这个时代里面，大家人与人之间的这种两极分化，尤其是在职场当中的两极分化非常严重，身体健康的威胁带来非常大的挑战。比如说有一部分员工他在底层的，他觉得反正我是卷不动的，我就躺平，我就倦怠。那么还有一些职场精英，他们在疲于奔命，在整个中高层的阶层里面，他也感到非常累，健康问题经常爆发。所以说，在这个过程当中，职场当中的两极分化越来越严重。第三个的初心就是科技向善，能够在利用智能机器不是说来更好地监控我们的员工，监控的同时要更好地因材施用，促进员工的成长，所以，我们也提出了数智领导力进阶的一个 5C 的模型。但是，因为时间原因，我们今天就不做过多的介绍了。

发挥大湾区人才政策溢出效应，助推广东全域高质量发展[*]

谌新民

区域经济增长不均衡影响全域的高质量发展。党的二十大提出区域协调发展和高质量发展是我们重要迫切的任务。那么外省的同行们一讲到就是广东经济很发达，这个概念是非常不准确的，广东的经济总体上还好，体量在全国也是第一，但是，如果用人均概念或区域概念的话就不一定了。况且我们广东的人均财政在全国已经排到二十几位了，所以我们要分析广东在发展过程中有这样那样的问题，寻找广东均衡发展或者高质量发展中的一些新的视角，刚好契合我们今天的这个题目。党的二十大提出，要高质量发展，要共同富裕，也赋予了浙江区域均衡发展和共同富裕的示范区。但浙江的情况跟我们广东不好比，有一个跟我们广东比较好比的地方是哪里？是江苏苏南苏北的均衡发展的经验，对我们广东在粤港澳大湾区建设这种国家重大战略的背景下，有没有什么启示？长期以来，广东省委省政府对区域间发展不平衡的问题很重视，几乎每一届都非常重视，但是改革开放 40 多年了，那么这种不均衡的状况还是非常明显，改善了但是不大。为什么？如何破局？那么我就想到能不能够以共享自贸区的人才政策作为切入点，我自拟题目的时候，我就想如果粤港澳大湾区的一些人才高地建设中的人才政策，能不能够把它扩大或者说放大地使用，来为我们区域间均衡发展做一些工作，这是当时的背景。

那么区域发展不均衡为什么难以改善？我们先看一下我们广东 GDP

---

[*] 华南师范大学经济管理学院教授谌新民的主题发言，收录时略有修改。

的数据，我做的数据我总感觉还不够，广东省的数据和我们珠三角及其粤东、粤西、粤北的数据一比较的时候，看着就很难受了。你说广东发展大家没什么意见，你看2019年的时候已经破10万亿了。2022年的时候在疫情影响下已经是12万多亿了，但这12万多亿里面，珠三角地区就10万多亿，我们粤东西北地区太少了。再看看珠三角地区的各个城市的GDP数据，广州、深圳一马当先，大家都可以理解，其他地方也还行。我前不久调研到了肇庆的这个靠近广州的那几个县，比较偏，那跟广州跟深圳相比，一看广、深这个数据就好。那再看看我们这个粤东西北地区的GDP数据，除了汕头的数据好一点，粤东西北地区的其他几个地方都不理想。所以讲，只能说广东的珠三角地区的核心区，或者说粤港澳大湾区的核心区是比较发达的，粤东、粤西、粤北地区的话还是有待于继续努力的。好了，看完了这个以后，我们比较江苏了，那么江苏的这个GDP实际上到2022年的时候，人家已经是12万两千多，江苏多少人口？8000多万，我们多少？一亿两千多万，所以这个比较有意思的是看苏南苏北，因为我现在跟常州大学的张梦中副校长在合作一个国家社会基金重大项目，我去了他那两次，感触非常深。原先苏南苏北的差距是非常之大的，现在去看看，苏南很发达，苏北的进步也很快。我这里是讲GDP，等一下我们再讲人才的问题。假如我们珠三角地区和粤东、粤西、粤北的差距达到了接近苏南、苏北这个水平，广东当然不能让珠三角退一步，珠三角也前进，粤东、粤西、粤北前进得更快一些。那广东是什么样的状况？这是GDP的比较，那么GDP后面它肯定是要有资源，要有人口做支撑。

萧鸣政老师也讲到了虹吸效应。那我看看我们珠三角地区的常住人口数的比较，来看一看广东省常住人口数的比较，人口的差距不是很大，东西北地区跟珠三角地区在常住人口方面差距没有GDP那么大，那这里面就有问题了是不是。我们看一下珠三角地区的各地市的常住人口，广州、深圳有些地方也比较少。我们再比较一下东西北地区的常住人口，发现东西北地区的人口数量跟它应有的产值的数量是不匹配的，为什么会出现这个情况？湛江人口多一点，湛江跟汕头是我们广东省的两个副省级中心。我们先比较一下苏南苏北，刚才我们比较了苏南苏北的产值，我们再看一下苏南苏北的人口。当然苏南的产值比苏北多一点，但是人口差距就没有那么大,那么人口跟产值之间这几年的发展应该是不错了。我们也不能光比较了,怎么办?

在人口、产值后面的支撑就是研发和科研人才。大家看看广东研发人员数据对比,无论是研发活动人员还是研发活动经费,广东省珠三角地区的数据都远远高于粤东西北地区。一个地方的经济要发展,肯定要有人才、研发费用投下去。创新也需要这个投入,这样的话就使我们感觉到在粤东、粤西、粤北到底是什么样的因素?所谓的人口不少,人才不多,经费没有办法进去,或者进去了以后没办法充分地发挥作用,那么珠三角地区的,我们有分区进行比较,广州市、深圳市一马当先,现在一讲到深圳,大家除了羡慕还是羡慕,是吧?你看他的经费多得用不完。当然深圳与广州等其他地方财政体制不一样,这个也可以理解。所以刚才说到深圳,尤其刘善仕教授讲的,那深圳它不光是有人才的,他政策还不得了。如果我们广州有政策,那是什么样的状态。那我们再继续看看粤东、粤西、粤北各地市研发活动经费和人员的情况,汕头好一点,汕头经济合作实验区最近发展非常好,而粤东、粤西、粤北各地其他地市在研发经费及大专及以上学历人员的数量方面都相对较弱。讲这些不是目的,这只是背景,再看看珠三角地区大专及以上学历人员的数量,大家看看。

在这么一种状态下,我们怎么办?那当然要注意正视目前的这种人口、资金、资源向珠三角地区聚集的虹吸效应,接着可能就产生马太效应。大家看一下规模以上工业增加值的数据比较。广东省规模以上工业的增加值、珠三角地区的规模以上工业增加值及粤东西北地区规模以上工业增加值的数据显示,珠三角地区也是远远领先于粤东西北地区的,当然粤东西北地区里,汕头要好一点。

这样继续下去的话,东西北地区和珠三角地区的差距如果不发生一种根本性的变化,不进行一种体制性的创新,那这种差距我们很难想象在短时间内得到根本性的变化。那怎么办?那就是今天我们要讲的破局,即能否发挥广东自贸区发展粤港澳大湾区人才政策的一种溢出效应。我这里把珠三角地区跟粤东西北地区的政策概括了一下,珠三角的人才政策指向性很强,力度很大,而粤东西北地区的人才政策,那相对说来就没钱,那没钱你怎么办?人才分级、给人才卡、积分等等。接下来,我们粤东、粤西、粤北，在目前的情况下，我们要充分地发挥两区，就是粤港澳大湾区和深圳社会主义先进示范区，特别是三大自贸片区的人才政策。说一千道一万，归纳到很多人才政策都非常好。我现在体会最深的就是"双15%"政策，而"双15%"政策能不能够用到粤东、粤西、粤北地区呢，是有的，在座同志们如果感兴趣，你们去仔细地研读《南沙方案》当中的第6条和第7条，那里面可以给我们很多的启示，假定我们能够把三区的政策通过某种人才体制机制创新，能够用到粤东、粤西、粤北去，我认为可能是破局目前人才产业在粤东、粤西、粤北没办法很好布局的可行的思路之一。我个人的感觉，我们可以衔接政府提出的在全省形成13个地级市的自贸区联动发展区。假如我们把"双15%"政策通过某种程度的体制创新赢了，首先赢得建成13个市的自贸区的话，能不能够使得人才"不求所有，但求所用"？跟先进的制造业或者说转移的产业结合起来，也许可能是我们促进东西北发展的一条可行之路。

我归纳出来粤东、粤西、粤北要发展，大概有四个途径：第一，营商环境，以高质量发展为导向，健全法治和形成公平统一的环境。第二，市场机制，提高资源的市场配置效率，大力发展人力资源的服务机构。我们的"双15%"能否有效地引导粤东西北地区？行政力量是可以的，更重要的是大力发展人力资源服务产业。第三，人才政策，吸引和激励人才发挥作用，扩大"双15%"税收政策效应。第四，公共服务，提供标准化的高效人才政策，助推粤东西北协调发展。通过这四个途径使粤港澳大湾区，尤其是自贸区三个片区的好的人才政策，助推区域均衡发展，为广东潜力的高质量发展作出贡献。

粤港澳大湾区科创中心建设问题与对策[*]

陈小平

我今天和大家分享的主题是关于粤港澳大湾区科创中心建设的一些问题与对策，就是粤港澳大湾区要建设科创大中心会面临哪些问题？哪些瓶颈？在这种瓶颈下我们应该采取哪些相关的对策？特别是在美国全面遏制咱们中国的背景下，那我们会怎么去应对？主要是两个大的方面，第一是主要的瓶颈，第二个是对策建议。

主要"瓶颈"，我们梳理出了六个方面，第一个就是部分发达国家对我省树立科技发展的壁垒，我省存在被低端锁定的风险，走出去创新面临外部制度性障碍。主要讲的什么呢？就是我们要想走出中国、走向世界，会遇到外部制度的障碍，特别是美国对我们的制裁。实际上中国要想成为世界的强国，还是有很多工作做的，不仅是内部的，要加强内部修炼，同时也需要外部的这种障碍的消除。那美国的话它是在这个方面有很大的遏制，毕竟我们要马上要赶超它了，那它肯定是不想放弃老大的地位。例如说经典的案例——华为，美国对华为制裁特别多，那我们也都知道。

第二个主要"瓶颈"是吸引和集聚全球创新资源的市场环境和生态系统尚不完善。这主要就是人才的，第一个讲的是外部。我们要走出去会面临什么样的瓶颈？第二个讲的是我们要把外部的优秀资源、高端资源、人才等等平台要聚集到咱们中国来的话，它会有什么困难？关于我们内部的问题，就是说生态环境，这一点我也是体会比较深刻。以前我

---

[*] 广东财经大学粤港澳大湾区人才评价与开发研究院副院长、教授陈小平的主题发言，收录时略有修改。

也在北京工作，现在在广州工作，就感觉北京和广州之间这种生态环境，特别是创新生态环境方面还是有一些差异的，各有优势，各自可以取长补短。当然有一些典型的案例，例如说有我们的这种吸引人才引进来之后子女的入学问题，那像北京的高考，那就比较相对来说比较简单，广东高考的竞争激烈程度就是北京的好几倍，对不对？就说国内，那这种环境还是很有差异的。

第三个方面是支持企业在全球布局，创新网络的专业化服务体系尚不健全，企业技术溢出的效应有待提升。那主要就是说我们要想践行全球布局，它需要一些专业的服务。第一说我们的一种法律顾问服务、人才服务、文化适应。那这个方面怎么去适应？我们要想进行全球布局，因为假如说要想成为世界第一，那世界第一的话，那就需要全球布局。像美国，我们也知道美国的空军军队在很多的地方都有布局，那咱们中国假如说要成为世界强国、世界第一大国、创新大国，那我们肯定也需要进行布局，华为去布局，腾讯去布局，那这个布局是需要一些配套的服务体系来跟上，这样才能让我们的技术溢出效应更加彰显。还是有一些困难的，这是第三个方面的瓶颈。

第四个"瓶颈"就是适应创新创业活动需要的资本跨境流动不畅，投融资的体制比较僵化。那不同的国家有不同的货币，像澳门、香港、内地都有不同的货币，那它有一些不同的金融体制。那我们这种资金的流动，不是像我们从北京到广东，我们的工资卡、银行卡都是可以随地支取的，那我们去了外地的话，那就不一样了，并且每个人、每个单位，你的资金取的每天的额度，每年的额度都是有限的。因为人才、资本、土地等等是财富的几大源泉，那金融资本是很关键要素，没有金融资本，那我们很难做成大事。第一说我们这个论坛要是没有省人社厅的大力支持，那我们这个论坛也还是有很大的障碍的。因此还是特别感谢省人社厅领导们的大力支持，在我们资金方面支持。一样的道理，我们想创新创业也需要大量资金支持，那这种资金的体制机制怎么去破除？这是第四个方面的障碍。

第五个方面是科技人才激励政策和服务保障体系有待提升，有利于全球创新创业人才跨境自由流动，来粤服务的制度还不是很健全的。在二十大报告里面指出，"科技、教育、人才是全面建设社会主义现代化的战略支撑",那我们这种科技人才里面对于科创中心建设也是起了举足轻重的作用。那我们科技人才会遇到资金流程方面的问题,像经费的报销,大家都很清楚,我们都是科研人员,经费报销,那你怎么报?那你像澳门我觉得很清楚,因为我以前也在澳门做过一些科研课题,他们的报销相对来说比内地报销要简单多了。那我们可能要发票,还有签字等等,像澳门,你吃个饭随便拿小票都能报销,那我们这个就是不一样的,就说科技人才这种激励方面、服务方面,该怎么去解决子女的入学、职称的评价?这种职称评价制度,关于说你的科研成果的问题,像到底是采用 SCI 还是 CSSCI 标准?科技人才评价、科技人才的激励以及科技人才的服务,都有很大的一个需要改进的空间。

第六个障碍是参与或者是主导全球科技合作的程度是有限的,适应和影响国际创新治理规则的能力滞后,尚未真正融入全球科技创新的网络,这也就是我们国际话语权,对于一些新"卡脖子"的技术,它的一些规则和规定,我们中国能不能制定?美国基本上是在牵头制定,假使我们能够做到中国在制定,广东在牵头制定,咱们的广东的制造业是特别发达,那我们的制造业要是能够加强原始创新,成为一个科研创新的强省,那就是更有话语权。但目前还是有一定的差距。因此主要的瓶颈还是需要再进一步地改进。

那根据六个"瓶颈",我们提出了五点的对策建议。第一个就是要加大政府和国际机构层面的国际科技合作力度,分领域、分步骤,有重点地推进我省科技计划对外开放。这个建议我觉得深有体会,前段时间咱们南沙的人才发展局的领导就跟我聊天,谈及关于人才领域的国际机构到底有哪一些。发现国务院网站上公布的国际人才的机构信息有限。在国务院官网之外还找到澳门的专才发展协会、香港的优才专业协会等等一些非常好的国际平台机构。所以说我们要想成为国际科创中心的话,就希望知道到底这种国际机构是在哪?就相当一个国际机构地图一样的,我们知道国际人才地图,那我们其实还要知道国际机构的地图在哪,每个国家它有哪些国际机构,然后这些国际机构它是谁主办,它的人员利润怎么样?可以采取哪些方面的业务合作?这是我们需要了解的。

第二个就是发挥企业和高校等创新主体的作用,建立多元、融合、开放的科技创新体系,实现创新要素自由流动,不断地加大国际科技合作的力度。像主要讲的就是企业的作用怎么发挥，高校的作用怎么发挥。像咱们粤港澳大湾区目前还是做的很有特色，香港科技大学就在南沙建了分校，这就是很典型地把国际的一些名校挪到咱们广东地区进行高校级作用的发挥。还有企业，我们未来是不是目前进行引进一些国际的跨国公司的研发企业，形成一种国际企业联盟，形成国际高校联盟。我们这个论坛也形成国际论坛联盟，这就是很有价值的一个项目。就是第二个方面的建议，怎么去发挥企业和高校的带动作用、主体作用。

第三个是完善吸引国际合作的先进的国家战略科技力量布局，大力促进开放性研发机构和创新平台的设立、集聚和共享。关于创新平台、新型研发机构，那我们需要了解到底是我们需要哪些新型研发机构，需要打造哪些高端的开放创新的平台。像目前广东也是有很多的平台，那北京有一些平台，还有其他的纽约、硅谷等等，日本的东京，我们也可以借鉴他们的经验，用他们的一些做法打造和集聚我们更加优秀的平台和研发机构，这是第三个建议。

第四个是营造良好的创新生态，主要两点，第一个就是国际人才社区的建设，第二个就是我们资金融资的体制。

第五个是构建多元的全球科技协作网络，不断增强我省的科技创新政策和国际规则的协调性。

大城市中心城区如何提升人才竞争力的探索与实践[*]

——海珠区聚焦规划重点产业，形成独特人才品牌

李　桥

今天想和各位老师、专家们分享我们这些年人才工作的一些实践案例，供各位老师参考，也是向各位专家学习。

习近平总书记在广东考察时提出，要推进粤港澳大湾区人才高地建设，形成高端科创人才聚集效应。作为粤港澳大湾区核心城市，广州市的中心城区，海珠区大院大所大校集聚，传统产业业态丰富。拥有包括中山大学、广东财经大学、中国电器科学研究院、中国电子科技集团公司第七研究所等在内32所高校、科研机构；产业上拥有全球性纺织产业链条源头中大纺织商圈和中国第一展"广交会"等丰富的会展产业集群。基于产业历史沉淀和陆续入驻的新产业链，海珠区在数字经济、人工智能、会展、时尚产业等方面具有明显优势，但也存在绝大多数中心城区在发展过程中的核心问题，即土地资源紧缺，产业老旧，老旧物业亟待活化等问题。

2013年，海珠启动琶洲人工智能与数字经济试验区建设。作为广深港澳科技创新走廊"三城一区创新核"，海珠筹备大量储备用地，以绝对性优势成为广州发展数字经济的主要承载空间。而如何抢抓粤港澳大湾区建设机遇，将人才这一第一资源，形成比较优势并转化为高质量发展动力，成为摆在海珠面前的重要课题。

---

[*] 中共广州市海珠区委组织部副部长李桥的主题发言，收录时略有修改。

作为大城市中心城区的海珠，充分发挥自身区位、产业、生态、科研院所集聚优势，创新人才服务机制，丰富人才服务措施，优化人才双创氛围，发挥优势，补齐短板，让数字经济人才成为海珠区最响亮的招牌，致力打造世界一流的数字经济示范区，为我国企业走出国门角逐世界市场提供良好成长土壤。

破题：聚焦重点产业，构筑人才优势，提升人才竞争力

围绕"集聚、平台、制度"三大核心点，海珠区多措并举打出"组合拳"，构筑人才优势，提升人才竞争力。

（一）抢占数字经济高峰　优化人才梯次队伍

自锚定建设世界一流数字经济示范区为目标后，区域内形成了人才战略共识，即集聚数字经济领域战略人才、以一流科技人才和创新团队，形成数字经济人才聚集优势。

一是打造创新引擎驱动融合发展。为此，海珠区积极向省、市谋取资源支撑，在琶洲设立了省数字经济与人工智能重点实验室（琶洲实验室）。通过与华南理工大学、清华大学等单位联合共建，引进了包括陈俊龙院士在内的一批人工智能创新领军人物，部署了19个研究中心、56项重大及重点研究项目。协同区域内32所大院大校大所融合创新，先后与中山大学合成生物国家实验室、广东财经大学人力资源学院等达成合作，打造了技象科技、少和生物等一批"产学研"应用标杆企业。依托琶洲实验室、百度飞桨人工智能赋能中心等科研机构、应用企业，聚焦"算法、算力、算量"人工智能发展三大支柱，将琶洲试验区打造成"中国算谷"，进而带动"三算"人才向海珠集聚。

二是创新核心人才开发路径。在数字经济产业引才工作中，我们以全球视野通盘考虑，打造"产业链—技术链—人才链"一体的数字经济人才开发路线图，深入调研目前区域内数字经济重点产业链人才链上的"断堵点"，全球搜索急需紧缺人才和平台的"坐标点"，再全力构建人才与海珠区的"关联点"，全面优化人才结构。构建"一图三目录一

库"，不断创新人才引进路径，为区域经济发展提供高质量的智力支持。

三是运用政策引领人才集聚。发布《海珠区数字经济十条》，将人才体制格局、平台载体建设、服务保障机制等方面一体统筹推进。出台系列人才政策，培育出致景信息、树根互联、速道等独角兽创新企业8家，云蝶科技等未来独角兽企业14家，汇集了一批数字人才团队。

四是联动名校集聚青年人才。全面加强与中山大学、武汉大学、澳门大学等8家高等院校、19家科研院所合作，线上线下举办"才汇琶洲·共赢未来"系列招聘活动，吸引数万名人才参加。与广财共建人力资源学院和数字经济学院，推动树根互联与广东轻工职业技术学院共建产教融合实训基地，不断提升职业教育产教融合水平。

（二）夯实人才平台支撑　厚植人才发展沃土

海珠区着力为人才创新创业以及合作交流搭建各类平台，促进产业链、创新链、人才链有机结合。

一是搭建人才引进平台。我们通过开展各类创新赛事，以赛引才、以赛选才。举办广州·琶洲算法应用大赛，首届汇聚海内外249家企业参赛，目前第二届已全面启动，超1000支队伍报名。举办海珠—中大（国际）创新创业大赛，凝聚青年创新创业，促进大校大所大院等科研机构创新成果转化。特别是我们还举办了"琶洲论剑"人工智能与数字经济人才猎头大赛，吸引30家知名猎头机构参与，集聚优质人力资源企业的同时完成183次猎企合作对接，挖掘一批高端人才入驻琶洲。

二是搭建人才服务平台。首创首席人才服务官工作机制。发挥海珠中心城区资源禀赋，聚焦人才服务需求，"零距离"响应、对接、反馈人才教育、医疗、安居等需求。首席人才服务官工作机制获评第五届全国人才工作创新最佳案例奖。考虑到数字经济人才需求多元化、年轻化、精细化等特点，我们链接海量市场资源，探索打造"海珠群贤码"，推动人才服务向交通、高端医疗、金融服务等领域拓展，为人才营造全心全意聚焦事业、无生活后顾之忧的发展环境。

三是搭建人才交流平台。推动广州国家级人力资源产业园琶洲核心园区建设，引进20家人力资源企业集聚发展，为数字产业企业和人才提供专业化支持。联合省人力资源协会举行首届广州人力资源博览会。指导成立琶洲智库、琶洲人工智能与数字经济产业人才联合会、促进人才交流。

四是搭建创新创业平台。打造"海珠创客坊",吸引辖内高校优秀毕业生集聚海珠创业,孵化企业近2000家,集聚创新创业人才7.5万人。联合金融机构举办产融对接活动,为超1000家企业提供金融服务,融资规模超50亿元;发放促进创业带动就业类补贴近1.6亿元,发放创业担保贷款153宗、2.2亿元。

(三) 着力制度机制创新　深化人才体制改革

海珠区围绕当前人才体制机制重点难点问题,深入推进重点制度改革创新,不断提升人才工作制度化水平。

一是健全"一把手抓第一资源"工作机制。树立管理就是服务的理念,将人才工作作为一把手的核心工作,让区委书记成为引才书记。印发《人才工作领导小组工作规则》,明确各单位人才工作责任,形成人人都是人才服务官的良好工作氛围。

二是创新人才评价机制。出台《支持创新人才集聚实施细则》,人才评定企业说了算,人才奖励与企业贡献挂钩。建立企业首席技师、领军算法师等技能人才评选制度,评选出5名优秀技能人才、10名领军算法师、25名海珠产业导师。引导辖内20家企业开展企业职业技能等级,认定鼓励近8000家企业开展学徒制培训、职工适岗培训和以工代训,输送源源不断的高技能人才。

经验与启示

广州十一个区,资源禀赋各异、发展定位不同,人才工作也应因地制宜。作为中心城区,立足自身条件,通过深入挖掘、盘活、撬动自身资源,将引才目标精准锁定在"数字经济"人才这一目标群体上,为城区发展提供了充足的人才基础,也收获了一些体会:

(一) 战略目标要明

习近平总书记提出,在北京、上海、粤港澳大湾区建设高水平人才高地,这是总书记对加快建设人才强国作出的顶层设计和战略谋划。近年来,我们始终坚定建设数字经济人才中心和创新高地这一战略目标不动摇,高位打造数字经济区域产业人才品牌。接下来,我们将加快形成人才资源竞争优势，为海珠高质量发展创造新奇迹、展现新气象。

（二）体制机制要活

近年来，人才发展体制机制改革，作为热门话题，一直受到大家的关注。我们实施首席人才服务官工作机制，创新人才评价机制，构建党建链、产业链、人才链和创新链四链融合，持续激发和释放人才创新创造活力。接下来，我们也希望能在政策环境上谋求更大突破，探索实施有利于数字经济人才潜心研究和创新的评价体系；着力构建开放型数字经济人才治理体系，加快建设数字经济顶尖人才社区等载体平台；着力在服务保障上抓提升，解决数字经济青年人才安居、创业上的各类问题。

（三）人才力量要聚

近年来，我们加快推动数字经济领域人才力量的汇聚，龙头科研机构示范效应显著增强，推动海珠成为具有强吸引力、凝聚力的数字经济人才小高地。我们在实践中发现，人才力量的集聚，离不开大平台和领军人才的带动。粤港澳大湾区要建设具有全球影响力的科创中心，一定要发挥好领军人才的"头雁"作用，特别是面对数字经济等新兴产业，要运用好领军人才搭建人才评价和标准，掌握专业人才评价的话语体系，才能引领一个产业站在前沿。

（四）引用育才要精

2035年我国要跻身创新型国家前列的远景目标，明确了我们一定要全方位培养、引进、用好人才。近年来，我们通过构建产教融合培养平台，鼓励引导企业联合高校开展多样化培养。通过给予用人主体充分的自主权，让人才有广阔的用武之地。我们发现，培养人才，一定要遵循人才的特点和规律，要把人才当作一种资源来进行研究与开发。如果人才没有发挥好第一资源的作用，创新这一第一动力就会衰竭无力。一个区域内，不仅要有培养人才的地方，也要有成就人才的土壤，形成区域内的自我循环与区域外的大循环，才能真正成为人才高地，凝聚打造广州高质量发展新高地的磅礴力量。

人工智能的最新进展及其对
人力资源发展的潜在影响[*]

李 杰

我主要想讲一下人工智能的发展和它对人力资源发展研究实践的潜在影响。

首先我想说一下人工智能行业的发展，这个术语大概是由一个叫约翰·麦卡锡的人在1955年最早提出来的，再泛泛地讲，人工智能是应用软件和算法去开发机器的智能，能够使其针对周围环境进行识别和响应，通过算法和规则，让机器能够利用数据并且从过去的错误中进行学习并不断地改进，这样机器能形成一种感觉上的智能。作为一个研究领域，人工智能已经存在70多年了，几乎是一个人的一生，但现在为什么又突然间变成了一个很热门的话题。这就是因为最近的一些新的发展，特别是在生成性人工智能的应用，它这个主要的技术是用神经网络的深度学习技术来培训，训练一个大型的语言模型。举一个例子，就是ChatGPT和Google Bard，最近在全球范围内引起了不小的轰动。以ChatGPT为例，它最早的时候是2022年11月30日公开发布的，仅仅用了5天时间就有100万的用户登录到平台上，而且在60天之内就达到了1亿用户，这个基本上是前所未有的，以前Internet也从来没有达到过这么一个普及速度。最主要的原因我认为是因为它改变了人类和人工智能的一个互动方式，因为他很容易，他是就像您和我这样的非人工智能专家也能够实时地与人工智能来进行互动，它使我们感觉到了一种前所未有的能力。有

---

[*] 美国伊利诺伊大学香槟分校教育学院教授、副院长，广东财经大学特聘教授李杰的主题发言，收录时略有修改。

点类似最初接触互联网一样，就是让我们感到一下我们的能力增加了很多。我最近听说百度也在开发一个叫 Ernie 的算法，但了解得不太多。

那我先来谈一下人工智能一些应用的案例。其实这个人工智能的应用早已超乎我们大家的认知，已经融入我们的生活中了。在企业里边，人工智能可以起到一种重构生产过程、创造创新和提高生产力的一种能效。例如通过增强现实的技术和交互式的界面，人工智能在制造业领域取得了很大的进展，它使企业员工能够执行各种高精度的任务，并在生产和设计之中进行集成，这个以前是做不到的。人工智能通过数字技术和传感器，它使工人能够更好地感知、监控和控制生产过程。人工智能还可以把工人从繁重重复的工作中解脱出来，这样就可以让他们做更多具有创造力的工作，以满足这个企业不断变化的需求。特别是像 ChatGPT 这种大型的语言模型，可以用来帮助企业领导做出比较明智、严谨和比较一致的决策，并且制定相关政策。但是同时我们也应该注意到，要实施由人工智能引发的创新，企业必须进行组织变革，才能适应新的人工智能让它起到实施的作用，这就需要我们培养一定要懂得人工智能应用的人力资源专业人员，这样才能有效地引领和管理这些组织的变革。

从个人的角度来看人工智能，它已经有很多不同的方式渗透到我们的生活中了，比如说智能手机、在线购物、社交媒体。而且我估计大家可能还记得在新冠疫情期间那些送货的机器人，所有这些都内置了人工智能的技术。上面我们谈了一些展示人工智能好处的例子，但是我们一定要知道人工智能也有很多局限性。其实人工智能本身就只是一门技术而已，它真正的威力在于它的数据的质量和可用性。相比人类在学习和决策方面所具备的应用常识的这种能力，人工智能是没有的。人工智能无法像人类那样构建心智模型，也没有能力观测到外部世界的离散和细微差别。相反，人工智能的系统只能使用统计技术和模式来实现它的能力，有时会产生和真正逻辑相违背的错误和难以预测的结果。就是人工智能还仍然无法理解这个因果的关系，也不能掌控文化的规范。另外，由于训练数据中存在好多偏见，人工智能往往还会继承人类的偏见，并缺乏透明度和问责制。比如说前一段时间 ChatGPT，就因为有的时候会提供让人听起来好像挺合理的，但很不真实的一个随机的错误，引起了很多的争议。

人工智能对人力资源发展的研究和实践有什么影响？首先人工智能

已经被应用到人力资源发展和管理实践中了，比如招聘、绩效管理、知识管理和学习发展。在招聘方面，人工智能可以替 HR 筛选简历评估候选人的技能，这样可以节省 HR 很多的时间。在绩效管理方面，人工智能可以帮助追踪员工的表现并提供改进的建议。在知识管理方面，人工智能可以帮助人来总结大量的信息和文本来帮助我们节约时间。在学习和发展方面，人工智能很有潜力来提供个性化的学习体验，识别技能的缺口，提供学习材料并跟踪学习的结果。因此就是人工智能将改变人力资源开发专业人员的工作，这个是没有质疑的，因为比如说人工智能可以帮助把重复性的工作自动化，然后让我们这些人能够更加专注、更具有战略性、创新性、创造性、增值性地工作。

　　作为我们人力资源开发行业的人应该怎么样去做？我认为就是作为人力资源开发专业人员应该研究如何利用人工智能来受益，这个方面应该做更多的工作和研究。比如说人工智能有潜力实现个性化学习，如果实现个性化学习，我们需要开发人工智能驱动的学习管理系统，根据员工的表现和现有知识提供个性化学习体验，这将是一个真正的个性化的学习体验，因为它会根据员工独特的学习节奏、深度和广度来进行不断地调整。人工智能也可以改善企业内的沟通和协调，使之更好地管理变革的过程，它可以让员工了解即将发生的变革并做好准备，提前学习变革后的工作所需要的必要技能，就提前准备可以使变革更为成功。第三，人工智能驱动游戏化学习，可以提供互动渐进式的学习体验。第四，人工智能可以支持个人辅导，可以解决两个 Sigma 的问题，消除学习的恐惧，并提供个性化的及时的学习机会，帮助员工不断更新技术和知识。最后，人工智能也可以通过提供准确和及时的数据来帮助企业做出更好的决策和计划。这些例子我是用来想说明一个问题，就是人工智能在人力资源领域里边有很多应用的潜力，我们应该深入研究这些应用，并探索如何将其应用在实践中来提高人力资源效率和个性化，还有创新。要做到这一点，需要人力资源专业人员和人工智能的专业人员合作。刚才李桥教授讲到琶洲的实验室就是一个很好的合作方，来掌握人工智能的应用能力，就可以驱动人力资源的行业改变。那我们在道路上还会有很多挑战，但有一件事我们是不会变的，人力资源发展意在释放人的潜力，通过新的研究，我们可以探索新的策略和实践，以增强我们的影响力。

增强人才工作创新协同，
推动粤港澳高质量发展[*]

蔡冠深

千秋基业，人才为先。习近平总书记多次强调要实施人才强国战略，明确指出进行人才的战略布局，在北京、上海和粤港澳大湾区建设高水平人才的高地。这对粤港澳大湾区进一步提升国际竞争力、打造国际一流湾区和世界级城市群具有重大的意义。我们看到，粤港澳大湾区正成为各路人才一展身手的好地方。各城市之间的联系日益紧密，资本、技术、人才、资讯等要素正在加速融合。粤港澳三地协同合作，在有关人才的体制和机制上进行了一系列的改革创新，取得了显著成效。具体而言，横琴粤澳深度合作区建设成效显著，新增705户已注册澳资企业，澳门居民数量大幅增长，尤其是澳门学生的数量较上年同期增长了66%。而前海深港现代服务业合作区建设也全面提速，在前海就业的港澳青年人数同比增长了两倍。前海去年1—11月实际使用港资49.07亿美元，港资企业同比增长了一倍多，带来了更多的专业人才。南沙政府也为人才安居提供全范围的一站式专业服务，推动人才引进工作取得了新的突破。我们粤港澳大湾区企业家联盟和香港新华集团也积极配合国家高质量发展战略，积极参与湾区人才高地建设。这包括：一是与北京双高人才资本集团共同成立新华双高人力资本中心，立足湾区，放眼一带一路，深耕人才服务事业。二是携手南沙，打造粤港澳大湾区国际青创中心。三是与粤港澳大湾区人才评价与开发研究院建立深度合作机制。

---

[*] 全国政协常委、粤港澳大湾区企业家联盟主席、香港新华集团主席蔡冠深的主题发言，收录时略有修改。

各位来宾，大湾区人才高地建设取得了可喜成绩。但汇聚各国人才，共同推进大湾区高质量发展，还有许多工作可做。我们建议创新三地政府协同的专责机构，健全统筹人才协同沟通机制，建立健全更加灵活的人才管理体制。此外，建议建立常态化的粤港澳相关部门会晤机制，构建三地多元主体共同参与的人才协同模式，促进三地人才市场的协作，优化人才结构与国际化程度，强化引育人才的政策支持，留住人才，稳定发展。我们还建议深化粤港澳高校联盟建设，推动人才协同培养发展，创新政校企三方协同培养模式，对接人才供给需求。与此同时，我们要进一步打破港澳人才申报职称的技术壁垒，推进粤港澳三地专家协同的职称评价体系，不断优化区域内人才互认机制。最后，我们期待进一步关注人才需求，提供更人性化的人才服务，加强港澳人才在粤安居、子女入学和医疗的政策支持与服务保障。

党的二十大的召开为我们开始建设社会主义现代化强国的进军号，高质量的发展更加需要中外大批优秀人才的共同参与，广开进贤之路，广纳天下英才，才能为实现中华民族伟大复兴，提供更为坚实的人才保障和强大的智力支持。祝我们的论坛圆满成功，期待与各位携手合作，共同为粤港澳大湾区人才高地建设作出贡献。

论文选集

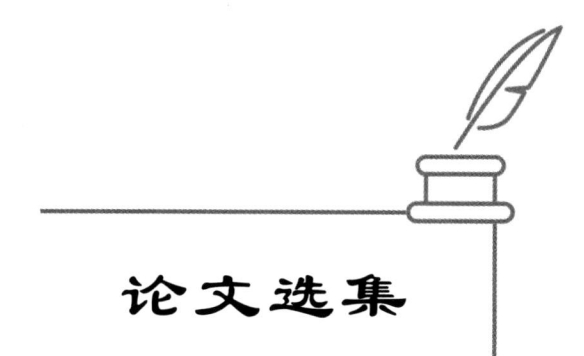

一 人才战略

基于三维分析视角的广东省高技能人才政策文本研究

吴 凡 魏高亮
（广西大学公共管理学院）

摘要： 高技能人才是助力产业转型升级，推动粤港澳大湾区建设的关键要素。高技能人才政策的制定实施，直接影响到高技能人才队伍整体建设与人才自身发展。政府作为人才政策的供给方，其所提供的政策应在政策工具、政策目标、政策效力等维度具有合理性。本文将选取2013—2022年间广东省高技能人才政策文本，先对政策历史演进趋势、政策发文部门及发文形式进行常规分析；再是建立政策工具、政策目标、政策效力的三维分析模型，分别从单维度与交叉维度分析广东省高技能人才政策特征。研究结果表明：广东省高技能人才政策需求型政策工具略显不足；政策目标轻人才创新与流动；政策效力低，政策可持续性不足。未来广东省高技能人才政策应增强政策拉力，发挥需求型政策工具作用；协调政策目标，促进人才创新；强化政策力度，发挥政策效用。

关键词： 高技能人才；人才政策；政策工具；广东省

高技能人才队伍的建设发展，离不开政策的引导和支持。政策作为国家为实现一定目标而制定的各种准则和规定，对于相关事项的发展起着指导调控的重要作用①。然而，政策从制定到执行生效是一个复杂的过程，需要考虑社会多方面因素，尤其是对政策相关者的影响。高技能人才作为政策的需求者，其需求的不断变化决定了高技能人才政策的动态性，加深了政策制定的复杂程度。政策需求动态性的存在与产业转型升级对高技能人才提出的新要求，都在不断减退政策本身的效用，政策目标与政策实际效用间产生了偏差。社会高技能人才需求量骤增却面临着高技能人才增长速度放缓，产业升级转型亟需高水平技能人才推动，而高技能人才队伍整体素质不高。

一 文献综述

目前，国内学者关于高技能人才政策的研究，主要存在以下几类研究方式。

第一类是以政策供给方为切入点，采用文本分析的方法，研究政府部门所供给的高技能人才政策。政策本身是这一类研究中的主要对象，通过探讨政策在发文时间、发文机构、发文类型等维度的分布特征或变化规律，来对政策整体进行梳理。李丽莉（2016）总结了自2001年以来吉林省高技能人才政策的制定与执行情况，并就进一步完善高技能人才政策体系提出了对策建议②。张大力等（2020）基于河南省78条科技政策，通过关键词共词网络分析发现高层次人才与高技能人才是地方政策关注的焦点③。米靖，赵庆龙（2015）分析了1978—2020年我国经济转型期中，四个不同时间阶段高技能人才培养政策的变迁过程与各阶段特征，并就全阶段高技能人才培养政策中存在的问题进行展望④。分析政策工具是政府用以实现特定政策目标的主要手段，能否选择恰当的政

---

① 罗尧成、冉玲：《我国高技能人才政策沿革、问题及其应对》，《中国职业技术教育》2021年第25期。
② 李丽莉：《吉林省高技能人才政策现状及完善对策研究》，《才智》2016年第26期。
③ 张大力、葛玉辉：《基于质性研究的河南省科技人才政策焦点分析》，《科技管理研究》2020年第9期。
④ 米靖、赵庆龙：《经济转型期高技能人才培养政策分析》，《中国职业技术教育》2015年第3期。

策工具是政策目标确定后影响政策实施效果的关键因素①。另一种同样是基于政策文本的研究，区别在于在分析政策过程中基于政策工具理论来展开分析。政策工具类型多样，从政府介入程度、政策工具自身属性等方面都能进行划分，不同政策工具所测量的政策属性也有所差异。刘亚娜等（2019）基于政策工具与政策目标维度研究了京津冀协同发展背景下京津冀三地政府2013—2018年出台的区域和地方性人才政策②。杨艳等（2018）通过构建政策目标、政策工具、政策力度的三维分析框架，来对上海市人才政策协同性问题进行研究③。

第二类是从供需适配的视角，对地方政府政策供给与政策对象实际需求的平衡状况进行研究。政策供给与需求受其动态性特征影响，使得政策实际作用与目标间存在一定偏差。敬永春等（2020）以检索2011—2018年四川省高技能人才政策作为供给情况，以256份访谈记录识别实际政策需求，进行政策供需现状分析，就政策缺失与过溢提出相应矫正政策④。也有部分学者是从政策需求侧进行研究，归纳现实需求，从而寻求政策改进。文昱、冯金强（2022）基于江西省电子信息产业技能人才供需和校企合作调研问卷，得出技能人才在人才政策、激励机制方面仍存在需求⑤。李志等（2015）采用文献分析、问卷调查以及访谈的方式对重庆363家企业技能人才队伍发展状况进行实证调查，发现人才队伍存在稳定性差、招聘困难、激励不足等现实问题⑥。

第三类是比较研究的方式，对国外技能人才队伍发展建设先进地区开展研究，通过挖掘标杆地区的培养经验，发现我国人才队伍建设存在

---

① 赵全军、林雄斌、季浩：《地方政府参与人才竞争的政策工具选择研究——基于"人才争夺战"的分析》，《浙江学刊》2022年第6期。
② 刘亚娜、董琦圆、谭晓婷：《京津冀协同发展背景下人才政策评估与反思——基于2013—2018年政策文本分析》，《天津行政学院学报》2019年第5期。
③ 杨艳、郭俊华、余晓燕：《政策工具视角下的上海市人才政策协同研究》，《中国科技论坛》2018年第4期。
④ 敬永春、杨婷、唐春勇：《高技能人才队伍建设政策供需适配偏差及矫正：以四川省为例》，《中国人力资源开发》2020年第1期。
⑤ 文昱、冯金强：《江西省电子信息产业技能人才供需现状分析与对策研究》，《科技广场》2022年第4期。
⑥ 李志、邱萍、蒋雨珈：《企业技能人才队伍"瓶颈"制约及解决对策——基于重庆市363家企业的调查》，《科技进步与对策》2015年第3期。

的不足，进而提出政策建议，为我国技能人才队伍建设所借鉴。田永坡（2016）对比美国、德国、英国、日本、韩国等发达国家的法律法案与人才政策措施，提出我国应进一步完善技能人才法律体系、建立动态的技能人才供需信息检测系统、建立多渠道的资金支持系统、构建良好的公共服务体系[①]。黄德桥、杜文静（2020）借鉴日本技能人才培养的成功经验，指出国内应该明确技能人才"应用"培养导向，还原"企业"培养属性，强化"企业导师"培养角色，充实"实践型"培养课程，突出"X证书"培养标准，才能更有效发挥企业新型学徒制对于技能人才的培养作用[②]。这类研究由于各国技能人才队伍发展建设阶段不同于基本国情上的差异，可能会存在政策建议不适用，矫正措施不匹配的情况。

因此，本文选取广东省高技能人才政策为研究对象，分析其政策发展历程与结构，从政策工具、政策目标、政策力度三个维度设计分析框架，识别广东省高技能人才政策特征，最后结合《广东省专业技术和技能人才队伍高质量发展"十四五"规划》的发展要求，提出广东省高技能人才政策优化与人才队伍建设的合理建议，从而实现高技能人才队伍建设政策的优化调整，并通过推广建设经验，为其他地区高技能人才发展所参考借鉴。

二 研究方法与量化模型

（一）政策分析框架

本文在借鉴目前已有人才政策分析框架基础上，结合高技能人才群体特征与政策工具在高技能人才领域的应用研究，政策工具视角下，增加了政策效力维度，构建"政策工具—政策目标—政策效力"为一体的人才政策三维分析框架。

（1）X维度：政策工具。政策工具作为实现政策目标的手段和方式，

---

① 田永坡：《国外技能人才开发的政策体系研究》，《中国人力资源开发》2016年第9期。
② 黄德桥、杜文静：《企业新型学徒制：技能人才培养的现实困境与应然路径——基于日本技能人才培养经验》，《成人教育》2020年第4期。

是政策目标与政策结果之间的桥梁①。政策工具现有分类主要从政府介入程度、政策工具自身属性及政策作用对象等,本研究在政策工具选择上借鉴 Rothwell 和 Zegveld 的分类方法,分为供给型、需求型、环境型②。国内学者在研究人才政策时,也在不同程度上对政策工具进行了细分,本文将政策工具细分为:

供给型政策工具:主要是通过各种要素、手段对人才发展事业增加供给、提供帮助,以达到推动人才发展目的。包括人才培养、人才信息支持、人才基础建设、人才资金投入、人才奖励、公共服务六类具体措施。

需求型政策工具:主要是指政府使用不同的拉动方式,来开拓并稳定人才市场。包括人才引进、人才管理、科技成果转化、人才市场、合作交流、产学研融合。

环境型政策工具:主要是指政府为了营造良好的人才发展环境,促进人才队伍建设可持续,从而采取措施优化人才成长所处环境。包括人才目标规划、人才法规管制、财税金融、策略性措施等。

(2) Y 维度:政策目标。政策目标是政府作为发布主体,期望通过各种类型的政策工具所应达到的政策效果。在政策目标的选取上,本文借鉴人才质量、人才规模、人才效应、人才流动四维度划分,在这基础上结合高技能人才群体特征,增加了人才环境与人才创新维度,两类目标分别体现了政府对于优化高技能人才发展环境与培养高技能技术、工艺创新的能力的期望。

(3) Z 维度:政策效力。政策力度体现了政策所具有的法律效力,一定程度上决定了政策的实际效果。借鉴彭纪生③等学者的基础上,形成政策效力量化评判标准。(如表 1 所示)

---

① 吕志奎:《公共政策工具的选择——政策执行研究的新视角》,《太平洋学报》2006 年第 5 期。
② R. Rothwell, W. Zegveld, *Reindusdalization and Technology*, London:Logman Group Limited, 1985, pp. 83 – 104.
③ 彭纪生、孙文祥、仲为国:《中国技术创新政策演变与绩效实证研究 (1978—2006)》,《科研管理》2008 年第 4 期。

表 1　　　　　　　　　政策效力赋分等级表

得分＼指标	政策效力评分标准
5	广东省人民代表大会及其常务委员会颁布的地方性法规
4	广东省人民政府颁布的规划、规定、条例等
3	广东省人民政府发布的暂行规定、决定、标准等
2	广东省人民政府发布的意见、方案、办法等
1	广东省人民政府发布的通知、通报、公告等

（二）高技能人才政策文本的选择与编码

1. 政策文本选择

为更进一步地了解广东省高技能人才政策特征与变迁情况，本文选取广东省自2013年至2022年十年期间发布的高技能人才政策作为政策研究对象。以"技工"、"技能"、"职业培训"、"职业教育"等为关键词，在广东省人民政府各主要官方网站、北大法宝数据库进行政策文本检索，经剔除重复、与研究主题关联性较低的样本后，最终得到政策文本37份（如表2）。

表 2　　　　　　　　　高技能人才政策文本表（略）

编号	政策名称
1	《关于推动实施产业技能根基工程的通知》
2	《广东省职业技能竞赛管理办法》
3	《关于做好失业保险稳岗位提技能防失业工作的通知》
4	《关于全面推行中国特色企业新型学徒制加强技能人才培养的通知》
5	《关于进一步加强高技能人才与专业技术人才职业发展贯通的实施方案》
……	……
16	《关于在工程技术领域实现高技能人才与工程技术人才职业发展贯通的实施方案》
17	《关于做好2019年广东省职业技能竞赛工作的通知》
18	《关于授予2018年广东省职业技能竞赛优胜选手"广东省技术能手"称号的通知》
19	《广东省劳动力职业技能提升补贴申领管理办法》
20	《广东省职业技能提升行动实施方案（2019—2021年）》

续表

编号	政策名称
21	《关于调整完善失业保险技能提升补贴政策规范失业人员申领职业培训和技能鉴定补贴有关问题的通知》
……	……
31	《港澳服务提供者在广东省前海南沙横琴独资举办非学历职业技能培训机构管理办法》
32	《关于职业技能鉴定所（站）的管理办法》
33	《关于表扬第43届世界技能大赛我省获奖选手和为参赛工作作出突出贡献的单位及个人的通报》
34	《关于技工学校设立审批的管理办法》
35	《关于进一步落实劳动力技能晋升培训政策的意见》
36	《关于2013年度农村劳动力技能培训转移就业目标责任考评情况的通报》
37	《关于加快提升劳动者技能水平服务产业转型升级的意见》

2. 政策文本的编码

基于上文中对三维分析框架的说明，在编码的过程中将政策文本从政策工具、政策目标、政策效力三个维度设置类目，最终共形成451条编码，其编码形式如表3所示。

表3　　　　　　　　政策文本分析单元编码表

政策编号	条目序号	政策文本分析单元	编码号
1	1	围绕我省战略性产业和现代服务业，通过"龙头企业出标准、出岗位、出师傅，院校出学生、出教师、出教学资源，政府出政策、出资金……	1-1-1
	2	支持产业技能生态链面向我省战略性产业和现代服务业，组织实施学生学徒制培训工作，为产业发展培养储备技能人才……	
	……	……	……
2	28	规范全省职业技能竞赛活动，健全我省职业技能竞赛体系，完善高技能人才培养选拔机制……	2-1-1
	……	……	……
37	451	各地要加大技能培训政策的宣传力度，集中力量定期深入企业开展政策宣讲和解释，运用媒体、网络等宣传渠道扩大政策覆盖面……	37-6-5

三 高技能人才政策文本的计量分析

（一）政策文本常规统计

1. 政策文本年度分布

从广东省高技能人才政策发文年度分布来看（图1），2013—2022年间，每年都有出台高技能人才队伍建设相关政策。十年间政策出台数量总体上呈现递增趋势，体现了在国家人才发展规划纲要的引领下，广东省地方政府贯彻落实中央精神，实施一系列高技能人才政策，为人才成长与才能发挥创造良好环境。从各年份政策数量分布来看，2019年作为关键拐点，该年份政策发文量达到了9项，在这之后几年内也保持较高的发文频次。

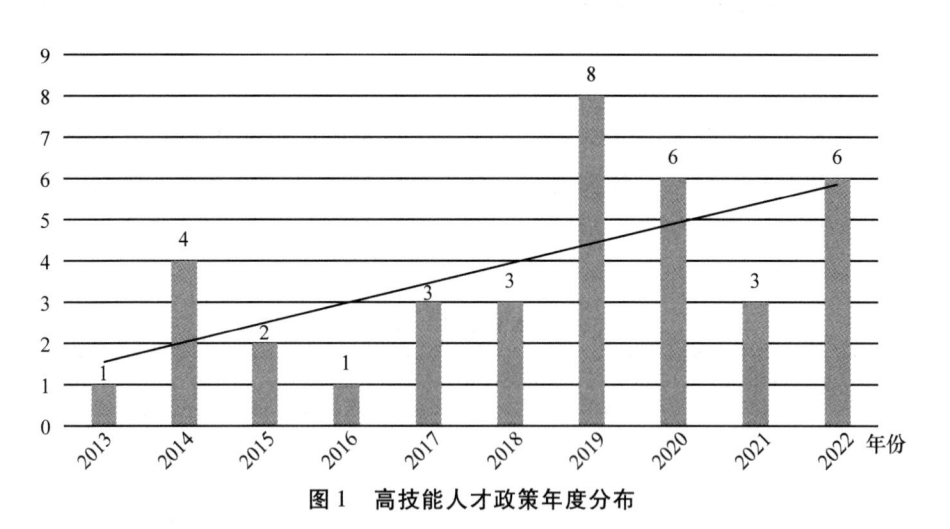

图1 高技能人才政策年度分布

2. 政策制定部门及发文形式

统计表明（如表4），2013—2022年广东省高技能人才政策共发布37项，其中单独发文28项（占76%），联合发文9项（占24%），政策发文单位共涉及11个，发文集中在以下三个部门：省人力资源和社会保障厅25项；省人民政府11项；省财政厅7项。省人力资源和社会保障厅作为高技能人才队伍建设的主管部门，负责高技能人才管理工作，编制高技能人才总体培养计划，同时统筹高技能人才能力考核、证书管理、技工院校管理等职责工作，承担管理高技能人才队伍的主要任务，亦出台了最多的高技能人才政策；从政策目标的提出，到政策制定过程再到政策出台发布，都需要地方人民政府的价值主导及精神引领，广东省高技能人才队伍建设在省人民政府的带动下，才能更快、更好地发挥人才效用，突显人才资源优势。

表4　　　　　　　　　高技能人才政策出台部门统计

高技能人才政策发文部门	联合发文	独立发文	总发文数
广东省人力资源和社会保障厅	8	17	25
广东省人民政府	2	9	11
广东省财政厅	7	0	7
广东省国资委	2	0	2
广东省工业和信息化厅	1	0	1
广东省总工会	1	0	1
广东省工商业联合会	1	0	1
广东省教育厅	1	0	1
广东省发展和改革委员会	1	0	1
广东省人民代表大会常务委员会	0	1	1
广东省农业厅	0	1	1

（二）政策文本的单维度分析

1. 政策工具维度分析

统计表明（见图2），广东省政府部门出台的高技能人才政策，三种政策工具中，供给型政策工具占比最高（占45.68%，频次为206）；环境型政策工具其次（占39.69%，频次为179）；需求型政策工具占比最低（占14.63%，频次为66）。

从细分后的政策工具维度来看：供给型政策工具中，人才培养65项（占14.41%），所占比重最高。人才培养旨在扩大技能人才队伍规模，提升人才素质能力，培养更多的技能人才转型为高技能人才，广东省技工院校146所，其中技师学院37所；在校生60.8万人，占全国的1/6，拥有全国最大规模的技工教育体系。而人才信息支持仅有9项（占

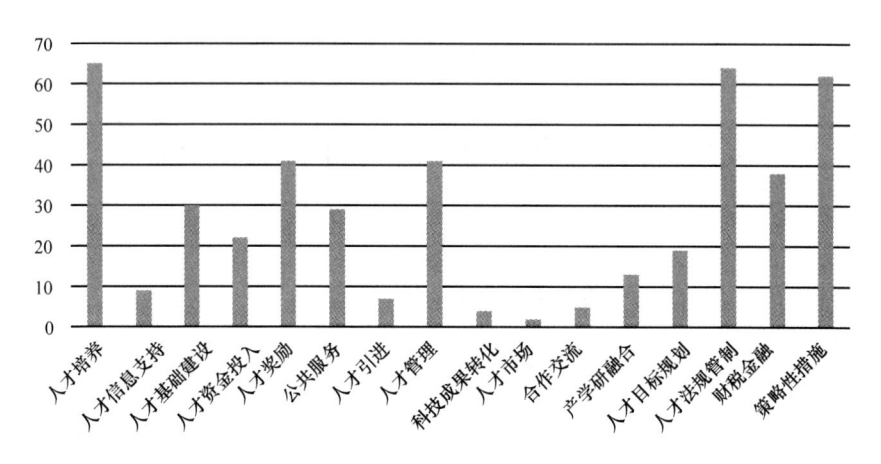

[图 2 政策工具分布图]

2%）。人才信息支持政策强调人才与相关产业信息的大数据平台与共享机制，为建立高技能人才库、交流共享与产业发展搭建信息数据平台；需求型政策工具中，人才管理 41 项（占 9.09%），所占比重最高。人才管理涉及以多样化措施对人才评价、人才选拔与配置、职称与编制等方面进行统筹管理，从而达到对人才跟踪与监督的目的。人才市场有关的政策条例仅 2 项（占 0.44%），机制健全、运行规范、服务周到的高技能人才市场是人才流动配置社会化、市场化的表现，能促进高技能人才合理流动；环境型政策工具中，人才法规管制 64 项（占 14.19%），制定规定条例来规范行业标准、合同关系、知识产权等方面，从宏观政策对市场进行引导，确保高技能人才系统环境有序运行。

2. 政策目标维度分析

从政策目标维度来看，451 条广东省高技能人才相关政策中（见图 3），以规范人才环境为目标的政策共 184 条（占 40.8%）；以提高人才素质为目标的政策共 149 条（占 33.04%）；以优化人才使用效能为目标的政策共 75 条（占 16.63%）；以扩大人才规模为目标的政策共 30 条（占 6.65%）；以促进人才流动为目标的政策共 8 条（占 1.77%）；以加速人才创新为目标的政策共 5 条（占 1.11%）。

目前广东省高技能人才政策目标主要侧重于提高人才素质和搭建有序人才发展环境，这与我国深入实施"制造强国"战略、广东省地方人

图3 政策目标分布图

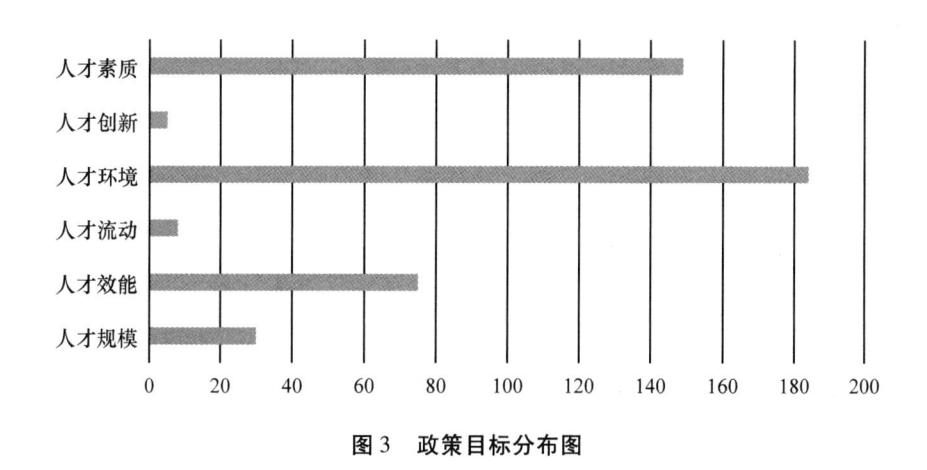

才优先发展战略不断深化密切相关。扩大人才规模的同时要注重人才素质的提升，加大对高素质技能人才的培养力度是提升地方区域竞争力的重要前提，在人才发展战略的持续作用下，广东省技能人才规模在全国各省中保持领先地位，高技能人才数量达到445万人。"制造强国"战略对高技能人才群体的能力素质提出了更高要求，智能制造、互联网、大数据与人工智能等新技术不同于以往传统生产模式，新技术、新业态的出现产生了新的人才缺口，着力提高技能人才教育质量，需要培养提升一大批既了解理论技术，又具备操作能力与创新能力的复合型人才。同时，加大培训力度，提高技能人才素质，实现由技能人才向高技能人才的转型，能加速高技能人才队伍规模壮大。

人才作为第一资源，人才竞争的背后实际是人才发展环境的竞争，良好的人才环境不仅能吸引、留住人才，同时是促成人才发展成长不可或缺的因素。广东省在人才发展战略上紧密对接粤港澳大湾区建设，相继推动人才评价机制改革、职称制度改革、高技能人才与专业技术人才职业贯通改革、促进劳动力和人才社会性流动体制机制改革，不断健全政策体系；在人才发展体制创新上，清理规范人才行政审批制度，建立以职业能力和工作业绩为核心的技能人才评价机制，落实"政府+企业"的评价模式，努力推进技能人才企业自主评价，实施"湾区人才"工程，推进粤港澳大湾区职业资格认可和技能人员职业资格"一试三证"考试，推动三地人才协同发展。

以提升人才效能为目标的政策比例也较高。发挥人才个体效能，通过优化人才配置方式、改进原本工作方法、创新人才管理机制，能基于原有人才规模上，发掘更多人才价值，带来更大的社会效益。但从整体来看，人才创新与人才流动的力度还有待提高，创新是提升人才竞争力、驱动社会发展进步的关键，激发人才创新活力，实现技术突破，才能更好地发挥高技能人才在实现制造强国战略过程中的中坚力量。

3. 政策效力维度分析

从广东省高技能人才政策的历史演进来看（如图4），总体上呈现增长态势。自2012年以来广东省历年发布的政策力度在2012—2016年间呈现出大起大落的趋势，并于2016年跌至最低值，自此年份起保持持续上升，出现了前所未有的增长速度，在2019年达到历史最高峰。广东省高技能人才政策的不断发力与完善促成了高技能人才队伍的发展壮大，但先后两次大起大落的现象在侧面反映出政府缺乏对人才发展的科学和系统性把握，对人才发展规律的认识还不够深入，因此在政策的持续性和连贯性方面还有待加强。

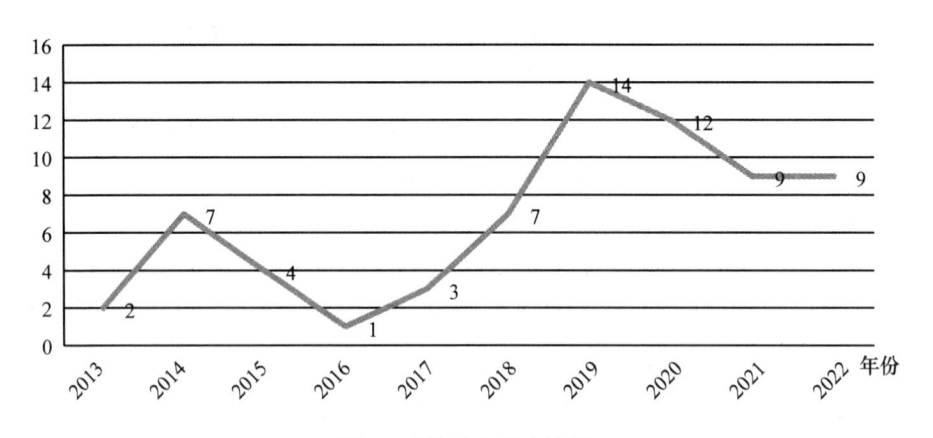

图4 政策效力历史演进

从广东省高技能人才政策效力总体分布情况来看（如图5），政策效力为4级（2.7%）或5级（5.41%）的比例较低，高政策效力的政策文件不足，政策效力为1级（56.76%）的政策比例占比大，可见广东省高技能人才政策以通知、通报为主要政策形式，政策效力总体上分布不够均衡。

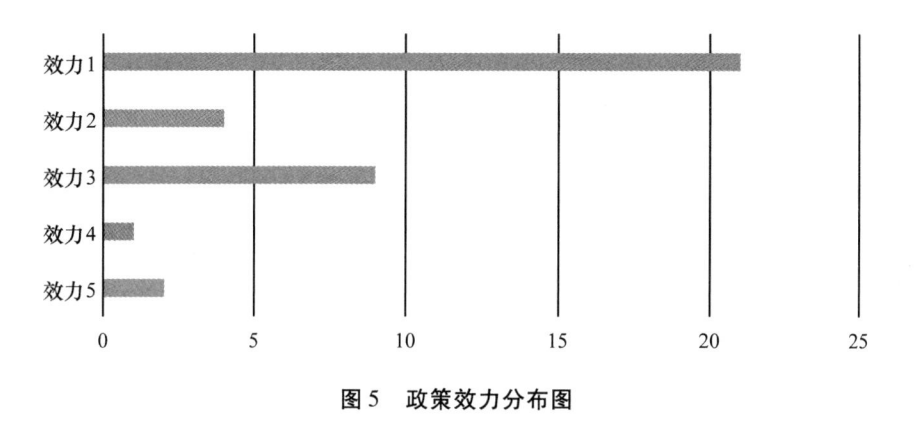

图 5　政策效力分布图

（三）政策文本的交叉维度分析

1. 政策工具—政策目标交叉维度

如表 5 所示，政策工具作为政策目标的实现手段，三种维度的政策工具基本覆盖了六个不同的政策目标。广东省在实现人才目标过程中，政府主要是运用供给型政策工具中的人才培养来推动人才规模的扩大；人才激励则是提升人才使用效能的关键手段；人才流动目标则主要通过人才引进政策工具予以实现；人才环境的优化主要是依靠环境型政策工具中的人才法规管制及策略性措施等手段，同时供给型政策中的公共服务措施为高技能人才发展提供保障，也在人才环境优化过程中发挥有利作用；人才创新则主要通过科技成果转化、合作交流、产学研融合等措施有效推动；人才素质的提高除了基于人才培养中各类型技术技能培训、理论知识教育外，也依赖于人才基础设施的建设、用于人才发展的直接资金投入以及表彰奖惩等有效激励制度。政策工具与政策目标的选择错配会使得政策工具在使用时目标不明确，最终无法达到预期成效，但总体而言，广东省高技能人才政策工具选择基本达到了与目标设置相匹配，并未出现错配的现象。

表 5　　　　　　　政策工具—政策效力二维交叉覆盖率分布　　　　单位:%

政策工具维度	政策工具细分	政策目标维度					
		人才规模	人才效能	人才流动	人才环境	人才创新	人才素质
供给型	人才培养	50.00	10.67				28.19
	人才信息支持		4.00		2.17		1.34
	人才基础建设	13.33			8.15		7.38
	人才资金投入	10.00	1.33		1.63		10.07
	人才激励		33.33		1.09		9.40
	公共服务	10.00			11.41		3.36
需求型	人才引进	3.33		75.00			
	人才管理		18.67	12.50	7.07		8.72
	科技成果转化		2.67			40.00	
	人才市场				0.54		0.67
	合作交流	3.33	2.67			20.00	0.67
	产学研融合		8.00		1.09	20.00	2.68
环境型	人才目标规划	6.67	1.33	12.50	6.52		2.01
	人才法规管制		1.33		32.07		2.68
	财税金融	3.33	2.67		3.80		18.79
	策略性措施		13.33		24.46	20.00	4.03

2．政策工具—政策效力交叉维度

从政策工具与政策效力的交叉分析统计表可以看出（如表6），供给型（206）与环境型（179）工具类型的政策条例在数量上占政策主要部分，而需求型（66）工具类型政策条例相对较少，但从政策效力上看，需求型政策工具的力度却是最大的，政策效力直接影响政策的推进程度与效率，需求型政策工具整体数量少，但具有较强的政策执行力。

表 6　　　　　　政策工具—政策效力二维交叉统计

政策工具维度	政策效力1	政策效力2	政策效力3	政策效力4	政策效力5	政策效力均值
供给型	81	58	165	4	200	2.47

续表

政策工具维度	政策效力1	政策效力2	政策效力3	政策效力4	政策效力5	政策效力均值
需求型	17	30	57	0	75	2.71
环境型	69	48	165	12	140	2.42

四　高技能人才政策文本优化建议

（一）调整政策工具频度，增强政策拉力

政策工具作用的发挥基于供给型、需求型、环境型三种政策工具协调使用。应着重发挥供给型与需求型政策工具的推力与拉力，环境型政策工具则是起到辅助支撑性作用[1]。广东省使用政策工具达成政策目标的过程中，主要是依赖于供给型政策工具的推动与环境型政策工具的支撑，需求型政策工具拉力作用发挥欠缺。需求型政策工具的作用体现在能够扩大人才市场，从而拉动人才事业发展。政府应以市场为指导，充分发挥市场机制，并通过服务外包、政府采购、市场化机制等措施来开拓和稳定高技能人才所适应的市场，为高技能人才提供发挥才能的空间，形成一个自由流动的人才市场。同时，加强对高技能人才技能知识交流的支持力度，鼓励高技能人才"走出去，引进来"，参加国际职业技能比赛，提升自身技能水平的同时，提升国际视野，以达到交流知识、完善技能的目的。

（二）完善政策目标结构，促进人才创新

创新能力是人才所应具备的核心能力，也是实现"制造强国"关键要素所在，人才政策创新目标的不协调，会直接影响广东省高技能人才创新能力培养。在粤港澳大湾区建设的背景下，广东省经济社会发展突飞猛进，高新技术产业引发工作技术含量提高，高技能人才使用高精尖设备仪器的频率不断增加，越来越多"卡脖子"技术难题亟需突破。技

---

[1] 张惠琴、邓婷、曹文薏：《政策工具视角下的新时代区域人才政策效用研究》，《科技管理研究》2019年第19期。

术的创新突破已不仅仅限于科技人才，而逐渐向高技能人才群体延伸，因此，要把培养创新能力纳入人才素质提升的范畴，政府需优化调整政策目标结构，多倡导高技能人才创新。在对高技能人才取得创新突破的配套支持上，应对取得重大技术突破的高技能人才予以充分奖励肯定，建立长效创新激励机制，同时利用资金投入、信息支持、基础设施建设等手段来保证高技能人才创新目标的实现，达到政策工具服务政策目标的效果。

（三）强化政策使用力度，提升政策效用

不仅是政策出台的数量、频次，每项政策所具有的法律效力也会影响政策的推进落实，直接决定了政策效果发挥。广东省高技能人才政策总体而言缺乏政策效力，政府在后续政策出台过程中，要适当加强政策颁布的力度，从而提升政策的法律层次。具体而言，需将已颁布的高技能人才政策进行整理，制定和实施全局性的人才政策，对应高技能人才事业发展的不同阶段，制定相应具体的人才政策。人才政策从制定、实施到政策效果的显现具有一定的滞后性，即政策对人才事业的发展需要一定时间才能发挥作用，所以政府在制定人才政策的时候要把握人才发展的趋势、长期战略及其实施后的效果，确保人才政策的持久性与延续性，推动人才政策实现体系化。同时，还需对现有的人才政策进行梳理，增强对政策体系的指导性，了解不同政策工具及其实施的政策力度之间的协调性，加强各个部门之间的沟通和交流，增加政策颁布所达到的效果，稳定、系统地推进人才政策的实施落地。

粤港澳大湾区青年创新创业促进政策研究

——基于广州、深圳及珠海三地政策的质性分析

叶海燕　吴　艳

（广州软件学院）

摘要：本文以政策文本分析方法为基础，借助NVivo11质性分析软件，选取广州市、深圳市及珠海市的青年双创政策作为研究样本，对三地的创新创业政策文本构建五个政策扶持维度：物质资本支持、人力资本支持、技术咨询支持、社会资本支持、公共服务支持。最后，将每个维度在三个项目之间进行比较，以确定在不同地区政策文本中各个维度的重点和差异。结合NVivo11质性分析，比较关键词和主题在三个项目之间的差异，以便更好地理解不同地区政策文本的异同点。

关键词：粤港澳大湾区、青年创新创业、政策

一　文献回顾

自从粤港澳大湾区这一概念被提出后，中国内地学者和港澳学者对推动港澳青年在粤港澳大湾区实现自身发展，开展了较为充分的研究。

（一）政策分析，主要研究政策背景与影响

朱尉和高建伟（2019）从青年政策发展的历史研究中提出青年政策是推动一国青年发展的重要保障[①]。李沐纯和张紫瑄（2021）对近三年

[①] 朱尉、高建伟：《新中国成立以来我国青年政策发展的历史脉络及逻辑梳理》，《高校共青团研究》2019年第1期。

的粤港澳大湾区青年双创政策文本进行分析，发现政策保障力度正在不断加大，各级地方政府积极参与形成协同治理模式，并发现政策碎片化、执行主体或政策内容交叉重复等问题①。李沐纯等（2021）运用知识图谱分析近十年的湾区青年双创政策文献，研究得出大湾区发展建设、青年创新创业策略以及青年发展等热点呈上升态势，表明港澳青年与中国内地的交融逐渐得到关注②。朱峰和陈咏华（2019）则认为在粤港澳大湾区战略视角下，建设青年发展试验示范区体现了大湾区战略的制度优越性和顶层设计前瞻性，揭示了青年人才聚集与大湾区建设之间互动的重要价值③④。傅承哲（2022）通过对港澳青年跨境发展政策文本进行内容分析，指出政策主体的决策过程在总体协同下的因地制宜思路，政策工具的应用实践应以时代为标准⑤。杨爱平等（2021）以政策工具视角下，以将政策文本划分需求型、供给型和环境型从而分析政策执行成效，并指出需要验证政策工具的使用效果以及优化其路径，并需要动态调整政策体系引导鼓励港澳青年前往大湾区创新创业⑥。魏至恒等（2020）认为，创业人才政策对一个地区创业人才的聚集和创新创业活动成效有促进作用⑦。

（二）创新与创业机会分析，研究粤港澳大湾区青年可以获得的创新和创业机会

魏立新（2019）通过探讨粤港澳大湾区战略下澳门青创孵化中心的

---

① 李沐纯、张紫瑄：《粤港澳大湾区青年创新创业政策的文本分析》，《特区经济》2021年第4期。
② 李沐纯、彭芸、张紫瑄、盛泽萱：《粤港澳大湾区青年创新创业研究的知识图谱分析》，《广州社会主义学院学报》2021年第1期。
③ 朱峰：《粤港澳大湾区视野中的青年发展政策研究》，《青年发展论坛》2019年第1期。
④ 朱峰、陈咏华：《粤港澳大湾区战略视角下我国青年发展试验示范区建设的想象力》，《青年发展论坛》2019年第1期。
⑤ 傅承哲：《政策工具视角下港澳青年跨境发展政策的时期特质与演进逻辑——基于1997—2021年政策文本分析》，《青年发展论坛》2022年第6期。
⑥ 杨爱平、温世琛、郭仙、陈慧纯：《政策工具视角下港澳青年融入大湾区发展的文创政策分析——以G市N区为例》，《广东青年研究》2021年第2期。
⑦ 魏至恒、徐鲲、鲍新中：《我国三大经济区创新创业人才政策与成效的实证研究》，《科技与经济》2020年第3期。

发展，提出孵化系统的优化路径，需要促进人才交流和人才引进，深化制度改革推动澳门的创新创业，并展望未来澳门青年的创业前途光明[1]。鄞益奋和刘家裕（2022）指出影响澳门青年创业积极性的阻力包括制度差异、创业意识不足和政策碎片化等，并认为优化政策体系可以从政策支持、制度、民生保障等方面出发，进而有利于澳门融入国家发展大局[2]。周王安等人（2021）对国内四大城市的双创政策文本进行分析，指出各地区政府的政策注意力集中在财政资金、成果转化和平台搭建三个方面[3]。

（三）资源对接与融合，研究如何利用各地的资源进行对接和融合，以及有效将这种资源转化为创新和创业的驱动力

李沐纯和盛泽萱（2021）通过对48篇港澳青年的访谈文本进行分析，指出创业收益、创业者本身、发展空间等因素会影响青年的创新创业实践，并提出构建创业服务体系、完善基础设施、财政资金支持等建议创造良好的创新创业环境，从而推动港澳青年的创新创业活动[4]。李沐纯和彭芸（2021）通过对创业孵化器的相关文本进行分析，总结出创业孵化器在服务上功能完备和形式多样化，在区域上发挥大湾区各个城市的互补优势，在资源上专业化程度的提高这三个优势，有助于建立起城市、孵化器与港澳青年的互动关系，并对青年融入大湾区具有积极意义[5]。陈铀和吴伟东（2021）通过对广州、深圳和珠海的政策文本比较分析，提出健全区域协调机制、增强人文关怀、多元社会主体参与等方面支持港澳青年在大湾区就业创业[6]。蒋雯静等人（2021）通过对广州

---

[1] 魏立新：《澳门青年创业发展的回溯与展望——以澳门青年创业孵化中心为例》，《科技导报》2019年第23期。

[2] 鄞益奋、刘家裕：《澳门青年粤港澳大湾区创业探析》，《广东青年研究》2022年第2期。

[3] 周王安、蒋雯静、崔雯绚、彭祥佑：《国内四大城市"双创"政策分析》，《科技管理研究》2021年第17期。

[4] 李沐纯、盛泽萱：《粤港澳大湾区青年创新创业的影响因素研究——基于创业菁英访谈的质性分析》，《特区经济》2021年第6期。

[5] 李沐纯、彭芸：《创业孵化器对粤港澳大湾区青年创新创业的作用研究——基于NVivo的文本分析》，《青年发展论坛》2021年第3期。

[6] 陈铀、吴伟东：《港澳青年跨境就业创业政策研究——基于广州、深圳、珠海的政策对比分析》，《青年探索》2021年第2期。

和深圳两地的创新创业政策分析得出城市的功能定位不同，因此对创新创业建设的资源分配与精力投入也不一致，指出双创政策的建设需要立足城市本身的资源禀赋和产业特色，发挥城市之间的互补优势，实现区域协调发展[①]。

（四）青年创新创业的实证研究，研究青年创新创业者的特征，以及这种特征如何影响他们的创新创业活动

张光南（2018）对 22 个典型港澳企业发展案例及创业者故事分析发现当代港澳青年的创业实践呈现了许多新的特点，深度剖析港澳青年创新创业的模式、资本运作等内容，并详细分析了其自主创新成功的动力因素和途径[②]。李华武和徐佳雯（2022）对大湾区青年进行问卷调查，双创平台的建设存在政策赋能、项目运行机制与青年融合交流等都存在不足，并提出双创平台建设需要多方协作交流，青年人才双创平台的构建有助于港澳青年自主创业以及向大湾区注入新动能[③]。何铭欣（2023）以史密斯模型为理论基础对双创政策的扶持效果进行实证分析，指出现行双创政策执行过程的四个层面均存在问题，提出完善政策系统性与申请标准、提高政策普惠度以及政策宣传等建议[④]。

以上文献为厘清青年创新创业政策提供了研究基础，但依然存在案例对比分析的研究空间。基于此，本文的研究对象选定为广州、深圳、珠海三个城市作为分析案例，通过质性分析，试图分析出不同城市在青年双创政策方面的异同点和特点，从多个维度和角度来分析政策文本，发现政策中的优点和缺陷，有助于政策制定者和决策者了解不同城市的政策现状和特点，提供参考和借鉴。

[①] 蒋雯静、陈建新、彭祥佑：《粤港澳大湾区创新创业政策分析——基于广深两地的实践与展望》，《青年探索》2021 年第 6 期。

[②] 张光南：《港澳青年内地创业：企业案例·创业者故事·政府政策》，中国社会科学出版社 2018 年版。

[③] 李华武、徐佳雯：《粤港澳大湾区青年人才创新创业服务平台构建：现状、问题与对策》，《珠江水运》2022 年第 9 期。

[④] 何铭欣：《基于史密斯模型的粤港澳大湾区青年创业政策扶持效果探究》，《商展经济》2023 年第 1 期。

二 分析思路与案例选择

打造粤港澳大湾区，建设世界级城市群，丰富"一国两制"实践内涵，加强港澳青年来内陆交流与合作，离不开青年的引领与发展。本文选取粤港澳大湾区其中的广州市、深圳市和珠海市来作为研究青年就业创业促进政策发展的对象，其中选取从 2019 年到 2023 年广州市 12 份政策文件、深圳市 7 份政策文件、珠海市 12 份政策文件用 nvivo11 软件进行质性分析。通过编码分析得出广州市、深圳市和珠海市近年来颁布的政策以物质资本支持、人力资本支持、技术资本支持、社会资本支持、公共服务资本支持五方面分析，编码节点数最多，政策涉及最多的在物质资本支持，说明广州市、深圳市和珠海市政府都注重对物质资本支持来促进粤港澳青年就业创业，以及对于青年创业各种补贴和空间是吸引他们来创业的主要影响因素。

研究对象的选取也是政策文本的选择。选取广州、珠海、深圳作为政策文本分析的研究对象，是因为这三座城市是青年创新创业的重要发展地区，拥有丰富的青年创新创业资源和政策支持。选取原因如下：第一，广州是国家中心城市以及综合性门户城市，同时也是重要的交通枢纽。SHEN、KEE（2017）和黄震环等人（2019）认为，广州作为粤港澳大湾区的中心城市，其不断优化推进城市改革创新，同时指出广州的相关产业比如科技创新、文化等产业呈现上升的发展态势，对于粤港澳大湾区的发展建设起到至关重要的作用[1]。第二，珠海作为经济特区之一，毗邻港澳，地理位置优越，是珠江西岸的核心城市。庞前聪（2019）基于珠海与大湾区互动的视角，有助于粤港澳大湾区城市群之间的协同发展，发挥城市的资源禀赋优势，促进大湾区一体化[2]。第三，

---

[1] SHEN J., KEE G., "Guangzhou: The Road to Regaining Its Central City Status", Development and Planning in Seven Major Coastal Cities in Southern and Eastern China. GeoJournal Library, Vol. 120, 2017, pp. 29-60；黄震环、谢颖、黄小军、张仁寿：《基于新增组织机构视角的科技文化及生产性服务业发展趋势研究——以粤港澳大湾区国家中心城市广州为例》，《福建论坛》（人文社会科学版）2019 年版第 3 期。

[2] 庞前聪：《大湾区城市群空间协同策略研究——基于珠海与粤港澳大湾区互动的视角》，《城市发展研究》2019 年第 7 期。

深圳以其独具活力的经济特区、全国性经济中心以及具有重大影响力的创新型城市地位，成为粤港澳大湾区区域发展的重要支柱，其推动的创新驱动力将成为大湾区未来发展的重要推手。YitaoTao（2018）和许培源、吴贵华（2019）认为，打造建设一流科技创新中心是加强深圳的创新网络地位，有助于构建起以此为核心的粤港澳大湾区创新网络，为大湾区经济提供支撑①。由于粤港澳大湾区城市的特殊性和多样性，主要体现为中国内陆与港澳两地的制度差异，为确保政策文本的统一性和可比性，因此本研究以广州、深圳和珠海为研究对象。

最后，青年创新创业政策执行过程涉及的政府部门、创新创业基地或中心等执行机构具有可比性，有利于开展深度的案例研究，收集大量一手文件、数据和访谈等材料，为研究提供可靠的数据支持和实证基础。通过研究这些城市的青年创新创业政策的执行现状，可以为其他地区的青年创新创业政策制定提供参考和借鉴，促进整个国家的创新创业发展。

三　研究设计

（一）研究方法

在粤港澳大湾区背景下，研究广州市、深圳市、珠海市三地对粤港澳大湾区青年创新创业政策研究中，政策文本分析可以作为我们提炼重要观点的分析工具。政策文本分析有两种类型：第一，对三地政策文件分别进行主题词词频统计的定量分析；第二，以某个角度对三地政策文件进行比较解释的定性分析；第三，定量分析与定性分析相结合，对三地政策文件进行整体并且全面综合分析。本研究采用定性为主，定量为辅的综合分析三地对青年创业就业的政策文本内容进行研究。

---

① TAO Y. Comparison of Three Bay Area Economic Belts and the Position and Role of Shenzhen in the Guangdong-Hong Kong-Macao Greater Bay Area［R］.//Annual Report on the Development of China's Special Economic Zones（2018）. Research Series on the Chinese Dream and China's Development Path，2019：1-8；许培源、吴贵华：《粤港澳大湾区知识创新网络的空间演化——兼论深圳科技创新中心地位》，《中国软科学》2019年第5期。

（二）政策文件选择

本研究收集了广州市、深圳市、珠海市三地在2019—2023年颁布的有关粤港澳大湾区青年创新创业的政策文件，为确保政策文件契合研究主题，研究者依据相关性原则对所有政策文件进行筛选，即文件整体或者部分内容涉及青年创业就业，最终筛选出广州市12份政策文件、深圳市7份政策文件、珠海市12份政策文件（见表1）。

表1　　2019—2023年样本城市选取创新创业人才政策

深圳市政策	
关于建设广州市港澳台青年创新创业示范基地的实施方案（2019—2021）	中共广州市委广州市人民政府
关于印发广州市创业带动就业补贴办法的通知	广州市人力资源和社会保障局
关于印发广州南沙新区（自贸片区）鼓励支持港澳青年创业就业实施细则的通知	广州南沙经济技术开发区港澳合作事务办公室广州市南沙区人力资源和社会保障局中共广州市南沙区委统战部共青团广州市南沙区委员会
广州市创业带动就业补贴办法	中共广州市委广州市人民政府
关于印发海珠区创新创业（孵化）示范基地认定管理办法的通知	广州市海珠区人力资源和社会保障局
关于印发花都区支持港澳台青年创新创业的若干措施（试行）的通知	广州市花都区人民政府办公室
关于印发广州市黄埔区广州开发区广州高新区创新创业领军人才聚集工程实施办法的通知（1）	广州市黄埔区科学技术局广州开发区创新局
关于印发广州市黄埔区、广州开发区、广州高新区促进创新创业孵化器高质量发展办法的通知	广州市黄埔区人民政府广州开发区管委会
关于印发广州市鼓励创业投资促进创新创业发展若干政策规定实施细则的通知	广州市科学技术局
关于印发广州市创业孵化基地管理办法的通知（1）	广州市人力资源和社会保障局广州市财政局
关于加快集聚产业领军人才的意见	中共广州市委广州市人民政府
深圳市政策	
"粤港澳大湾区组合港"落地见效	深圳市交通运输局

续表

深圳市政策	
龙华搭建平台助粤港澳残疾青年就业创业	龙华区政府
罗湖出台政策大礼包支持港澳青年创业就业	罗湖区工业和信息化局
"启航计划"提升技能水平助推福田户籍青年就业创业	人力资源社会保障部、共青团中央
《关于进一步便利港澳居民在深发展的若干措施》	中共深圳市委办公厅深圳市人民政府办公厅
印发《关于推动港澳青年创新创业基地高质量发展实施意见》的通知	深圳市人力资源和社会保障局
关于印发加强港澳青年创新创业基地建设工作方案的通知	深圳市人民政府
珠海市政策	
关于印发珠海市创业补贴实施办法的通知	珠海市人力资源和社会保障局
关于印发珠海市支持港澳青年来珠就业（创业）和技能培训（训练）补贴办法的通知	珠海市人力资源和社会保障局
横琴粤澳深度合作区发展促进条例	广东省人民代表大会常务委员会
珠海经济特区人才开发促进条例	珠海市人民代表大会常务委员会
关于印发《广东珠海公共创业孵化（实训）基地运营管理办法》的通知	珠海市人力资源和社会保障局
关于印发《珠海市人才创业项目资助管理办法》的通知	珠海市人力资源和社会保障局
《2022年珠海市高校毕业生就业创业十大行动方案》发布为打好产业发展攻坚战提供人才支撑	珠海市人民政府
《印发关于进一步规范和优化就业创业补助资金使用管理的通知》	珠海市人力资源和社会保障局、珠海市财政局
《关于印发珠海市进一步稳定和扩大就业若干政策措施的通知》	珠海市人民政府
《关于印发珠海市进一步稳定和扩大就业若干政策措施的通知》	珠海市人民政府
《便利港澳居民在珠海发展60项措施》	珠海市人民政府
《港澳青年在珠海发展服务指南》	珠海市人民政府

(三) 研究工具

NVivo 软件是 QSR 公司设计开发的计算机辅助质性数据分析软件，适合对复杂的政策文本进行整理和加工。本研究借助 NVivo 11 Plus 软件对近五年政府颁发粤港澳大湾区青年创新创业有关的政策文件进行分析，即从词频统计获得的词语云图分析三地政策的关注点，通过对政策文本的逐级编码来探索三地政策集中在哪些部分。

(四) 政策文本的编码过程

研读政策文件，逐步分析其文本内容，提取物质资本支持、人力资本支持、技术资本支持、社会资本支持、公共服务资本支持主要特征五个角度为自由节点，然后对自由节点进行整合，形成一系列子节点，即为第一轮编码。对子节点间的类属关系进行分析，归纳和总结，形成各类范畴（父节点）即为第二轮编码。因政策文本的从广州市、深圳市、珠海市分析角度是预先设定好的，故将各类范畴归入相应的分析角度之中，从而形成节点编码体系，即为第三轮编码。

(五) 研究结果与分析

1. 词频特征

利用 NVivo11 软件的词频查询功能可以统计出政策文本中相关词汇的频率。将广州市 12 份政策文件、深圳市 7 份政策文件、珠海市 6 份政策文件导入 NVivo11 软件中。对广州市、深圳市、珠海市三地相关的青年创新创业政策进行"词频"统计"词汇云"图（见图 1）。图中字号越大越居中的词表示在政策文本中出现的频率越高，反之字号越小越分散的词表示在文本中出现的频率越低。由图 1 可以看出，创业、就业、企业、青年、人才、创新、基地、孵化、服务、港澳、合作、奖励等词出现的频率最多，表示三地已出台的政策对以上这些方面的关注相对较多。说明三地政策重心在对就业创业方面的项目孵化、企业投资与交流、项目资金、港澳合作、人才合作与集聚等方面进行政策的制定的。

广州、深圳、珠海三地青年创新创业政策中"词频"统计前 10 的排列如表 2 所示，从表 2 中可以看出，词条"补贴"是广州特有的，并且接着"申请"等词条的出现，可以看出广州青年创新创业政策中物质上的支持相对较多。从深圳前 10 的词条分析，与另两个城市最大的区别就是"青年"居首位，这反映了深圳创新创业政策侧重于对年轻群体的吸引。珠海"合作"这一词条排第三位，接着"项目"紧跟第四位，加之"澳门"是第 29 位，加重百分比占 0.31%（1000 条词频出现频率），可以看出珠海创新创业政策中侧重与澳门的合作。

图 1　广州市、深圳市、珠海市三地相关的青年创业就业政策进行"词频"统计"词汇云"图

表 2　　　　广州、深圳、珠海三地政策"词频"前 10 排列

序列	广州	深圳	珠海	综合
1	创业	青年	创业	创业
2	企业	创业	人才	青年
3	基地	基地	合作	基地
4	青年	人才	项目	企业
5	补贴	创新	管理	人才
6	港澳	企业	服务	管理
7	申请	发展	机构	项目

续表

序列	广州	深圳	珠海	综合
8	孵化	就业	工作	合作
9	南沙	支持	基地	服务
10	服务	条件	青年	创新

2. 节点分析

广州市、深圳市、珠海市以物质资本支持、人力资本支持、技术资本支持、社会资本支持、公共服务资本支持主要特征五个角度为自由节点，然后对自由节点进行整合，形成一系列子节点，目的是分析出广州市、深圳市、珠海市三地在五个角度政策力度，政策扶持更倾向于哪个角度。

依据编码参考点点数来判断（见表3），整体而言，广州市颁布的政策在物质资本支持、人力资本支持、技术资本支持、社会资本支持、公共服务资本支持这五方面都有涉及，相比较于深圳市和珠海市，广州市在粤港澳大湾区青年创新创业政策上颁布全面，最主要在物质资本支持和人力资本支持。在物质资本支持中项目资金包含的21个编码参考点，约占总节点数的10.99%，基地补贴包含18个编码参考点，约占总节点数的9.42%，广州市政府主要是为了解决粤港澳青年创业的创业成本，给他们资金和基地，激发他们创业积极性，从而产生更多就业岗位；在人力资本支持中人才交流与人才联盟占比大，广州市政府举办粤港澳青年创业就业交流会，促进大学城高校之间交流、科研机构的交流，在各个区搭建人才交流互动平台，注重人才引进，激发创业内生动力。存在不足的是，在技术资本支持、社会资本支持、公共服务资本支持这三方面涉及不多，需要加强这三方面的政策颁布。

深圳市作为创新创业高地，集聚众多高科技和现代服务业人才，深圳政府也出台支持粤港澳大湾区青年创新创业的政策，依据编码参考点点数来判断，深圳市颁布的政策集中在物质资本支持和技术资本支持，物质资本支持主要在创客空间发展和融资扶持，政府支持各类机构建设低成本、便利化、全要素、开放式的创客空间，为创客提供创新创业的场所；完善人才创业融资扶持体系，提高市场融资支持，推动创业投资的引进来和走出去，从而提高青年创业就业。技术资本支持主要在产业配套完善，能为青年创业提供产业配套服务体系、对资源进行整合和优化。政府有待完善人才资本支持，以及公共服务资本支持和社会资本支持力度，加大对这三方面的政策优惠。

由于珠海在地理位置上与澳门接壤，政策主要倾斜于对澳门青年，但总体来说珠海市相对于广州市与深圳市在粤港澳大湾区青年创新创业方面没那么全面，涉及不够明确，依据编码参考点点数来判断，珠海市颁布政策集中在物质资本支持和技术资本支持，物质资本支持主要在融资支持，主要表现对粤港澳青年创业实施贷款补贴，以及对创业基地孵化运营提供相关服务与补贴；技术资本支持主要在项目孵化和深港澳合作，珠海市为青年创业项目孵化提供相关的支持，缓解资金压力，为他们项目成功提供基本保障措施，深港澳合作表现在为港澳青年提供来粤的政策支持，建立跨境人才合作机制，开展港澳与粤之间的交流合作，为吸引港澳青年来粤提供相关服务，促进港澳青年在珠海市创业就业。

表3　　广州市、深圳市、珠海市青年创新创业节点系统结构图

广州市			
一级节点	二级节点	材料来源	参考点
公共服务支持	工商服务	9	15
	绿色通道	9	11
技术资本支持	项目孵化	6	16
	资源需求对接	12	17
人力资本支持	人才交流	9	12
	人才联盟	10	15
	人才招聘	6	9
社会资本支持	搭线企业	9	10
	宣传推介	9	15
物质资本支持	基地补贴	12	18
	就业补贴	3	13
	实习研修补贴	3	5
	项目资金	10	21
	租金补贴	12	14

续表

深圳市			
一级节点	二级节点	材料来源	参考点
公共服务支持	人才优先	1	1
技术资本支持	产业配套	3	5
	技术平台	2	4
	深港合作	3	4
社会资本支持	创客交流	2	3
	创业基金	2	2
物质资本支持	创客空间	3	6
	融资扶持	3	5
	项目资金	2	4

珠海市			
一级节点	二级节点	材料来源	参考点
技术资本支持	项目孵化	6	12
	深港澳合作	9	19
社会资本支持	平台搭建	8	10
物质资本支持	创业基地	10	15
	融资支持	9	18
人力资本支持	人才合作	9	12
	人才引进	6	6

四 结语

广州市发挥着国家中心城市和粤港澳大湾区综合性门户城市引领作用，广州市颁布的政策在物质资本、人力资本、技术资本、社会资本、公共服务资本领域提供了全面支持，五维政策协同并进，对粤港澳青年创业发挥了重要作用。这也是广州市能够吸引粤港澳青年来这就业创业的一个重要原因，值得其他城市政府借鉴和提倡。深圳市作为粤港澳大湾区影响力的创新创意之都，作为四个中心城市之一，在技术资本支持方面对青年就业创业影响显著，为青年创业就业提供基本服务和配套设施，为青年的项目发展提供坚实的技术基础，但不足的是，在人力资本支持方面效果小，人才的交流、合作、发展等方面是激发一个城市的活力与动力。珠海市作为粤港澳大湾区的极点和全国性综合交通枢纽，从小渔村变为现在的经济特区，凭着优越的地理条件，吸引着港澳青年来内陆就业创业发展，政府的政策也集中在技术资本支持的项目孵化与深港澳合作，这既是珠海市的优势也是劣势，政策的制定要全面、综合，要促进粤港澳大湾区的深度融合，也要为城市发展注入活力与提供动力。

粤港澳大湾区数字科技人才发展战略研究

梁善华

（中科数字生态（深圳）研究中心）

摘要：数字经济时代，科技创新驱动实质上是人才驱动。人才发展战略是经济社会发展战略的重要组成部分，是一项涉及面广、持续时间长的庞大系统工程。当前，粤港澳大湾区数字经济规模已连续六年居全国首位。进一步推进新型工业化，保持制造强国、网络强国、数字中国，建设高质量发展离不开数字科技人才队伍保障。为充分发挥数字科技才在粤港澳大湾区经济社会发展中的重要作用，助力粤港澳大湾区人才高地建设，本文重点对粤港澳大湾区数字科技人才发展战略进行研究。在界定和分析数字科技人才概念的基础上，对粤港澳大湾区数字科技人才状况进行整体分析，并对粤港澳大湾区数字科技人才发展存在的主要问题及原因进行系统的梳理与阐释，据此进一步提出符合粤港澳大湾区数字科技人才发展战略的思路与措施：重构粤港澳大湾区数字科技人才发展的顶层设计；注重人才供应链培养体系建设；提高人才服务保障供给力度；增强粤港澳大湾区人才流动与一体化发展；加强对国际人才吸引与环境建设。

关键词：粤港澳大湾区；数字经济；数字科技才；人才发展战略

一 数字科技人才的概念与内涵

人才，一般是指经过专门的教育和培训，掌握了一定的专业知识或专门技能，通过劳动对社会作出贡献的人，是人力资源中能力和素质较高的劳动者。

数字科技人才，顾名思义是指具有使用数字化工具、数字技术和数字资源进行工作、学习和沟通能力的人才。数字科技人才不仅包括数字产业化创造的数字技术、数字研发岗位，也包括产业数字化转型过程中产生的大量数字技能人才。他们能够利用数字技术来解决实际问题，提高工作效率，提升企业的竞争力。数字科技人才既要懂得数字化技术技能，又要熟悉了解具体业务，一方面，数字科技人才能够承接战略，通过数字化手段和工具，高效率地推动战略落地；另一方面，通过对战略实施过程进行数字化梳理，为实施组织变革和流程创新建言献策，进一步提升效率和效能。

数字科技人才不仅具备一定的数字素养，掌握一定的数字化相关能力，还具备将数字技能赋能于工作应用场景的能力。具体来说，数字科技人才应具备以下方面的能力和素质：

1. 数字素养：了解数字技术及其在各领域的应用，有能力利用计算机和互联网进行信息搜索、处理和交流。

2. 数据处理能力：懂得数据的采集、处理、储存和分析方法，能够运用数据进行判断和决策。

3. 编程能力：具有编写程序的基本知识和技能，能够编写简单的程序解决问题。

4. 数字安全意识：懂得保护个人信息、网络安全、知识产权保护等方面的基本知识，有防范网络安全风险的能力。

5. 跨文化交流能力：具有跨文化、跨地域交流的能力，能够利用数字工具、数字技术和数字资源开展国际性合作和交流。

二 粤港澳大湾区数字科技人才状况

全球数字经济的蓬勃发展为粤港澳大湾区带来了重大战略机遇，大湾区内部多元主体之间数字经济跨境、跨制度协同化融合发展得到不断深入，在促进各领域科技与产业创新的同时，也间接促进了粤港澳大湾区数字化人才队伍发展壮大。受地域差异、经济体制、产业分布、发展水平、教育资源等多种因素的影响，粤港澳大湾区各主体在数字科技人才的数量、质量、分布情况等方面也呈现出明显的差异。

粤港澳大湾区11个城市在不同产业的聚集度与不同行业的数字化程度方面存在着明显的不同，数字科技人才的集中度与数量也各不相同。因数据局限，我们选取了大湾区11个城市中8个主要城市进行对比分析（不含中山、江门、肇庆）。不难看出，这8个城市的数字科技人才特征存在显著差异，比如深圳的数字科技人才更加注重技术创新，而香港的数字科技人才更加注重国际化，广州与其他城市的数字科技人才更加注重实践能力。

粤港澳大湾区数字科技人才的整体情况，总结起来主要有以下几个方面：

1. 数字科技人才的数量：粤港澳大湾区的数字科技人才数量在不断增加，主要集中在深圳、广州和香港等地区，其他城市的数量明显偏少。根据国际知名职场社交平台人才数据库统计数据，深圳在湾区城市中的数字科技人才数量占比最多，其次是广州，紧随其后的是香港、东莞、佛山、惠州、珠海和澳门（如图1）。

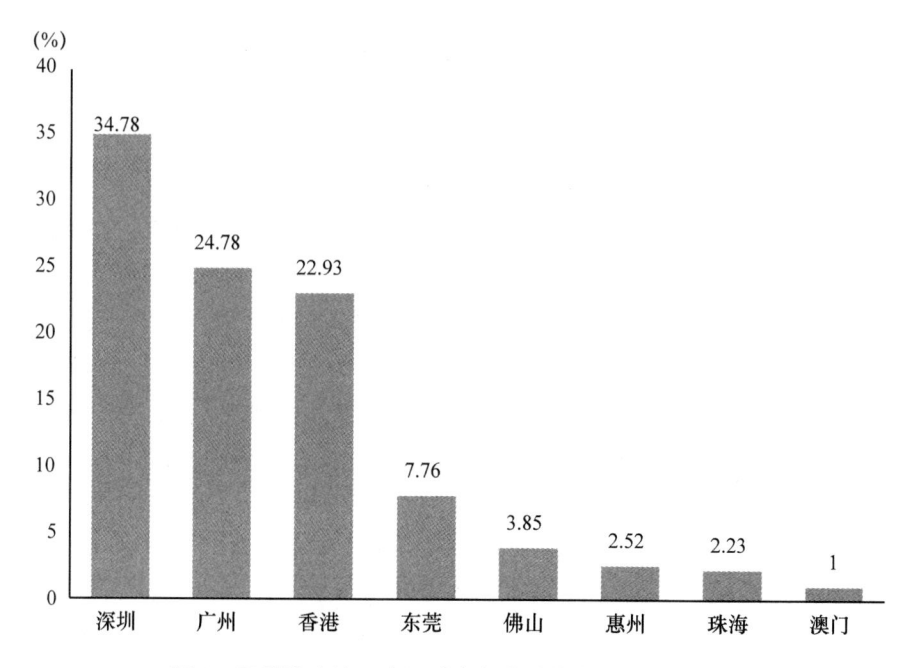

图1 粤港澳大湾区主要城市数字科技人才占比（%）

城市	占比(%)
深圳	34.78
广州	24.78
香港	22.93
东莞	7.76
佛山	3.85
惠州	2.52
珠海	2.23
澳门	1

2. 数字科技人才的素质：与国内其他区域相比较，粤港澳大湾区的数字科技人才素质较高，主要集中在计算机、网络、数据分析、人工智能等领域。统计数据表明，粤港澳大湾区的数字科技人才对学历学位的要求相对更高，主要以学士学位为主，占比达到 65.25%；硕士学位的占比为 32.46%，博士学位的占比为 2.29%（如图2）。这同时也反映出数字经济对人才质量的要求。

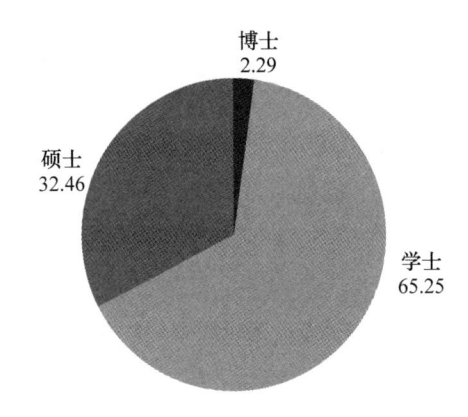

图 2　粤港澳大湾区主要城市数字科技人才的学位分布（%）

3. 数字科技人才的分布：粤港澳大湾区的数字科技人才分布较为广泛，主要集中在政府、企业、学校等机构。行业分布方面，数字科技人才主要集中在 ICT 行业，非 ICT 行业的数字科技人才则主要集中在制造、消费品、金融、公司服务四大行业（如图3）。

4. 数字科技人才的流动：人才流动主要体现区域或城市对人才的吸引力状况。从粤港澳大湾区与国内国外的相关区域对比来看，大湾区的数字科技人才整体上处于净流入状态。从粤港澳大湾区内部主要城市间的数字科技人才流动数据来看，数字科技流入人才最多的城市依次是：深圳、广州、香港、东莞、佛山、珠海、惠州和澳门；数字科技流出人才最多的城市依次是：广州、深圳、东莞、香港、佛山、珠海、惠州、澳门，与流入人才的城市排名非常接近（如图4）。

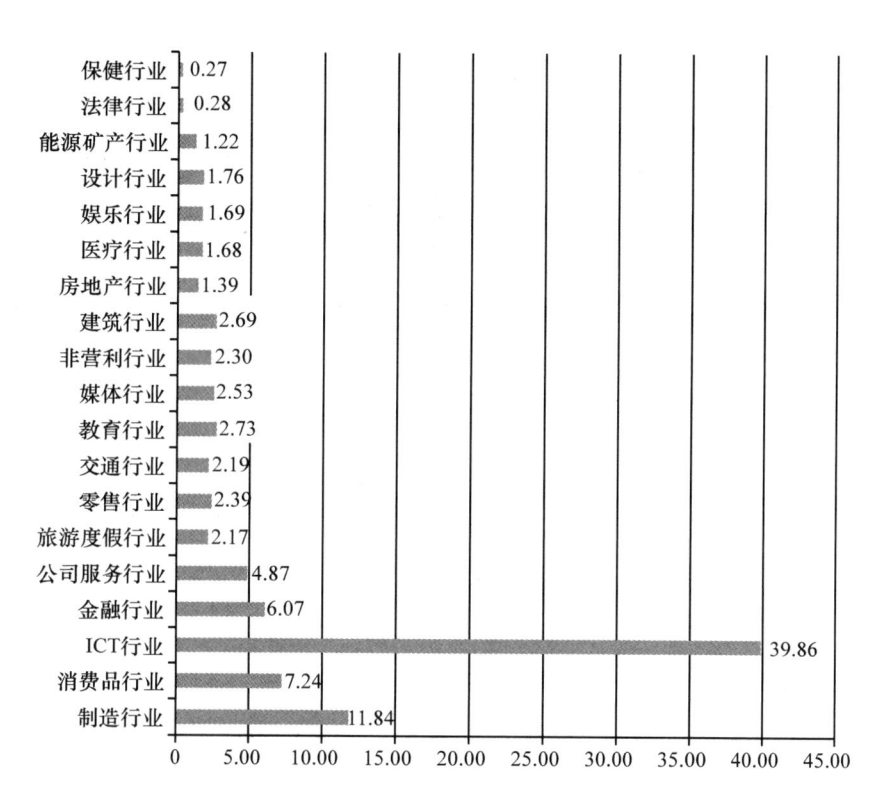

图3 粤港澳大湾区主要城市数字科技人才的行业分布（%）

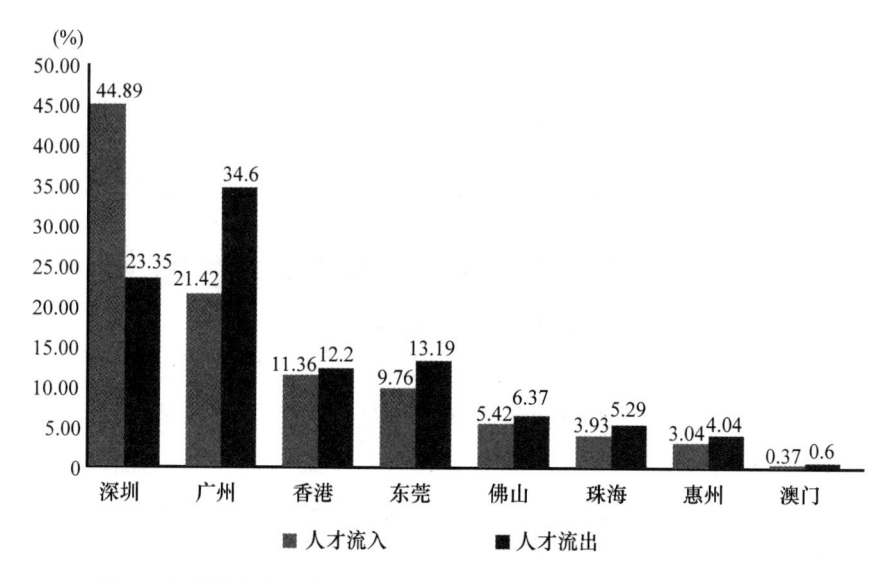

保健行业	0.27
法律行业	0.28
能源矿产行业	1.22
设计行业	1.76
娱乐行业	1.69
医疗行业	1.68
房地产行业	1.39
建筑行业	2.69
非营利行业	2.30
媒体行业	2.53
教育行业	2.73
交通行业	2.19
零售行业	2.39
旅游度假行业	2.17
公司服务行业	4.87
金融行业	6.07
ICT行业	39.86
消费品行业	7.24
制造行业	11.84

图4 粤港澳大湾区主要城市数字科技人才流入流出数量占比（%）

城市	人才流入	人才流出
深圳	44.89	23.35
广州	21.42	34.6
香港	11.36	12.2
东莞	9.76	13.19
佛山	5.42	6.37
珠海	3.93	5.29
惠州	3.04	4.04
澳门	0.37	0.6

5. 数字科技人才的发展趋势：粤港澳大湾区的数字科技人才发展趋势良好，随着大湾区产业数字化和数字产业化的飞速发展，产业发展不断向多元化、专业化、成熟化、国际化转变，产业需求侧对数字科技人才的需求量也将不断增加，供不应求的问题仍然很严重。统计数据显示，大湾区数字科技人才需求增速最快的十大职位和十大技能不仅明显体现出数字化特征，其中的数据科学家等职位和搜索引擎优化等技术技能也体现了粤港澳大湾区在科研和新兴技术方面的显著特色（如表1）。

表1　粤港澳大湾区需求增速最快的十大职位和十大技能

排名	职位	技能
1	解决方案架构师	搜索引擎优化
2	业务总监	公共演讲
3	业务发展主管	Python
4	数据科学家	数据分析
5	首席运营官	网站分析
6	分析经理	用户界面设计
7	客户总监	搜索引擎营销
8	产品总监	机器学习
9	风险总监	合营销
10	数字营销经理	R

三　粤港湾大湾区数字科技人才发展存在的问题及原因

数字科技人才对于粤港澳大湾区的发展至关重要，但是传统经济向数字化转型升级的过程并非一蹴而就，人才发展也同样受到各种因素的制约与影响，粤港湾大湾区在数字科技人才发展方面不可避免地存在以下问题：

1. 数字科技人才知名度不高，缺乏吸引力和认知度

因科技带动数字经济发展迅速，许多人对于数字技能的了解还停留在表面，对于数字科技的发展认知不足，不了解数字科技在未来产业发展中的重要性，从而导致他们对数字科技人才的重视程度不够。

2. 数字科技人才需求与供给不匹配

大湾区的企业、政府机构和组织对数字科技人才的需求与当前数字科技人才供给不匹配。在人才需求侧，随着新技术领域的应用越来越广泛，数字科技人才的需求量仍在不断扩大；在人才供给侧，行业和高校在数字科技人才的供给方面远远不能满足市场需求。这两方面叠加导致数字科技人才供需矛盾突出。

3. 教育模式与市场需求不符，缺乏有效的培训体系

当前粤港湾大湾区教育系统缺乏灵活性和适应性，教育体系及培训机构没有及时跟进数字科技领域的新技术和应用，在数字科技人才培养模式上没有跟上市场需求的变化，导致数字科技人才的数量和质量都无法满足市场和企业的需求。同时，在职员工和求职者没有足够的时间和资源去参与相关数字技能的学习和培训，导致数字科技人才的培养缺少有效的支持体系。许多培训机构和院校开设的数字技能课程与实际市场需求脱节，缺少与企业的合作与互动，无法为学生提供实践机会。

4. 粤港澳大湾区内部人才流动与一体化有待加强

粤港澳大湾区作为全球数字经济最活跃和中国数字经济规模最大的地区，在数字科技人才发展方面具有得天独厚的基础和条件，但也存在着区域内各城市之间差距较大、人才总量不高、内部人才流动不足、行业标准和资质认证等软环境建设有待加强、国际化人才缺乏等诸多问题。这些既有粤港澳大湾区建成时间不长的历史原因，也有粤、港、澳三地在"一国两制三税区"框架下很多体制机制还有待于进一步融合的现实原因。

5. 海外人才的流失

虽然从目前来看，粤港澳大湾区在数字科技人才的流动方面处于净流入状态，但从未来产业需求和长远发展来看，由于缺乏吸引力和优惠政策，粤港湾大湾区的海外数字科技人才可能面临大量流失的局面，这将进一步造成数字科技人才的稀缺。

四 粤港澳大湾区数字科技人才发展战略建构思路

数字科技人才的培养是粤港澳大湾区数字经济发展的关键问题之一。在国家"人才强国"和"数字中国"战略指引下,在建设粤港澳大湾区高水平人才高地的背景下,结合粤港澳大湾区数字科技人才当前现状和问题,建议从以下几方面建构粤港澳大湾区数字科技人才发展战略。

(一) 重构粤港澳大湾区数字科技人才发展的顶层设计

1. 贯彻落实二十大提出的《数字中国建设整体布局规划》,整体谋划粤港澳大湾区未来数字科技一体化发展布局,针对现存问题和未来发展需要制订相关切实可行的融合发展政策,树立人才发展新理念,搭建适合数字科技人才发展的创新平台。

2. 优化粤港澳大湾区内部资源要素流通共享机制,在发挥大湾区 11 城市各自资源基础上优势互补,降低交流合作壁垒,打造有大湾区特色的高水平数字科技人才高地。

3. 整合粤港澳大湾区各方资源,大力建设数字科技人才创新合作示范区,引领大湾区内部创新,以示范效应促进大湾区数字科技人才一体化发展战略落地实施。

(二) 注重数字科技人才供应链培养体系建设

1. 粤港澳大湾区政府、高校和企业应该加强产学研结合,通过多方合作,将产业、学术和研究紧密结合起来,形成一个有机的协作体系,实现知识、技术与市场需求的无缝对接,推动产业升级和人才培养。同时,建立合理的机制,大力培养数字科技人才,推动数字技术的进步和应用,为粤港澳大湾区数字经济的发展提供支撑。

2. 以教育引领数字科技人才培养创新模式,建立产业需求导向的数字科技人才产教融合培养体系。与产业紧密联系,通过对企业的需求进行调研,建立科学、系统、实用的人才培养体系,培养适应数字化时代的全面型人才。

3. 重视数字科技人才培养,构建职业教育培训体系。根据粤港澳大湾区未来发展所需职业门类、特点，为技能型、实用型人才制定职业岗位的技能要求和评价标准。大湾区政府可以通过设立专项基金，鼓励企业根据项目建设、产业发展和市场需求等，加大对数字科技职业培训的投入力度。

4. 产学研结合打造粤港澳大湾区数字科技人才生态体系。通过积极开展产学研合作，促进行业间、新旧动能间协同发展。新兴行业需要有创新和业务变革的推动，而传统产业需要数字化手段实现转型升级。通过将不同行业、不同企业进行对接和协同推动，实现全方位的数字科技人才培养和知识共享。注重数字科技人才生态体系建设，以及数字科技人才的技能开发与培训，对于推进数字化转型、促进经济和社会的可持续发展具有重要意义。

（三）提高数字科技人才服务保障供给力度

1. 以市场驱动完善数字科技人才激励机制，大湾区应该率先发挥市场驱动的作用，引导用人单位落实以提高知识价值为导向的分配政策，探寻对高层次数字科技人才实行岗位分红权、项目收益分红、股权激励等中长期激励办法。在企业内部建立健全人才管理制度，鼓励有能力、有才华的员工深入开展数字科技的研究和应用。提高科研人员特别是主要贡献人员在科技成果转化中的收益比例，激发创新活力，打造数字科技人才聚集高地。

2. 根据各地实际情况将数字科技人才明确分类，推动建立市场化的技术创新项目和经费分配、成果评价和转化应用新机制，并对不同层次的数字科技人才创新成果有针对性地制定政策与提供保障服务。

3. 政府、行业主管部门可以与行业协会、高校等深入合作，帮助打通数字产业生态链，优化数字科技人才后续发展环境。鼓励建设数字经济重点领域和重点产业所需的双创产业园，积极引导社会资本为数字科技人才提供项目启动和研发经费。

4. 大湾区内部各地政府应优化人才结构，实行数字科技人才引进模式多样化，以税收优惠等相关支持政策拓宽国际数字科技人才引进渠道及大湾区内部数字科技人才的交流合作、流动共享。

（四）增强粤港澳大湾区数字科技人才流动与一体化发展

1. 政策支持层面：建立粤港澳大湾区内部人才、技术、资金、教育等资源要素流通融合机制，促进数字科技人才交流合作，推出更为便捷的签证制度、减免税收政策等优惠措施。设立粤港澳大湾区数字科技人才专项基金，资助跨境创业项目，鼓励粤港澳三地企业共同研究开发新技术。打破粤港澳三地在税收方面的限制性壁垒，创新大湾区内部税收合作模式，促进数字科技人才流动与一体化发展。

2. 教育体系融合方面：建立粤港澳大湾区教育体系融合平台，创新融合数字科技人才培养标准，促进数字科技人才培养路径同步，形成长效稳定的数字科技人才供应链体系。创新数字科技人才培训合作交流机制，包括开展国际性高水平专业课程、举办职业能力提升及领导力等工商管理相关课程等。同时，还要通过产教融合在校园中增设数字产业实验室和研究中心以促进学生间学习互通和项目合作，有效促进数字经济产业链、创新链、教育链、人才链的充分融合。

3. 市场协同运营方面：以数字经济为依托，将粤港澳大湾区打造成为一个产学研相结合的综合性服务平台，并通过云计算等先进信息技术手段打通物联网、智能城市建设等领域应用。加强大湾区内部技术交流和技术共享，加速数字技术的创新和落地，为数字科技人才带来更多跨区域交流和协同发展机会。同时，在香港及其他东南亚经济体落户或者设置分公司使得更多本土企业和海外企业跨境合作，加速推动数字科技人才流动与一体化发展。

（五）加强对国际数字科技人才吸引与环境建设

随着数字科技的快速发展，吸引国际数字科技人才已成为粤港澳大湾区发展的重要战略之一。通过引入更多优秀的数字科技人才和团队，拓宽人才发展的渠道和途径，提高人才的跨区域交流和协同机会，提高大湾区的信息化和数字化水平。加强对国际数字科技人才吸引与环境建设的建议：

1. 提供优越生活和工作条件。包括良好的住房、医疗保健、教育等基本服务，以及高质量的工作环境和机会。

2. 改善外籍专业人士签证政策。简化签证申请流程,并提供更多种类和期限灵活性来满足不同需求。

3. 建立创新型社区。通过聚集创意企业、商业孵化器等资源打造丰富而有价值的社区环境,在社交、文化交流方面给予特别关注。

4. 加强合作平台和网络。粤港澳大湾区可采用开放式平台设计及联合实验室模式,鼓励在城市间跨领域进行协同研究;同时也能够促进国际知名企业参与到产学研结合中,参与到先进智能制造生态圈打造中。

5. 提高税收优惠措施。为在大湾区创业的国际数字科技人才提供更多优惠政策和税收优惠措施,让他们安心创业、获得良好回报。

6. 建设数字友好城市。通过使用智能科技建设数字友好城市,使得国际数字科技人才可以在一个绿色、便捷且高效的城市环境中工作生活。例如,在交通系统上采用自动驾驶或者地下机车等先进技术。

五 结论

粤港澳大湾区数字经济的发展离不开数字科技人才的支持。数字经济作为粤港澳大湾区发展的重要支撑力量,使得数字科技人才的培养和发展成为当前乃至今后粤港澳大湾区高质量发展的长期工作重心。数字科技人才短缺和教育质量不高的问题需要引起我们的高度重视。针对粤港澳大湾区数字科技人才的现状及存在的问题,大湾区政府、高校和企业在数字科技人才的培养和发展上应当要发挥协同作用,重构粤港澳大湾区数字科技人才发展的顶层设计、注重数字科技人才供应链培养体系建设、提高数字科技人才服务保障供给力度、增强粤港澳大湾区数字科技人才流动与一体化发展、加强对国际数字科技人才吸引与环境建设。相信在地方政府、行业企业、广大科研人员和决策者的共同努力下,粤港澳大湾区将会持续优化和改进这些政策以及体制机制融合创新,培养更多的数字科技人才,提升数字化转型和创新的能力,提高吸引力和竞争力,让更多的国际国内数字科技人才选择到粤港澳大湾区发展,推动整个区域经济快速发展。

参考文献

［1］陈煜波、马晔风：《数字化转型：数字人才与中国数字经济发展》，中国社会科学出版社 2020 年版，第 339—341 页。

［2］李帆、胡春、杜振华：《北京市数字人才政策发展现状及对策建议》，《人才资源开发》2022 年第 10 期；

［3］王宝友：《大力培养"数字工匠"推动数字中国建设》［EB/OL］（2022 - 12 - 06）

［4］http：//www.mohrss.gov.cn/xxgk2020/fdzdgknr/zcjd/zcjdwz/202212/t20221206_491246.html。

［5］张地珂、杜海坤：《欧盟数字技能人才培养举措及启示》，《世界教育信息》2017 年第 22 期。

［6］赵明仁、柏思琪、王晓芳：《粤港澳大湾区高水平人才高地制度体系建构研究》，《杭州师范大学学报》2022 年第 3 期。

［7］张月强：《激活数字人才体系》，《企业管理》2020 年第 6 期。

新时代背景下国企人才管理的高质量发展[*]

李 妍[1]，章陈栋[2] 黎晓丹[1]
（1. 广东财经大学 人力资源学院
2. 广东省汕头市澄海区广益街道办事处）

摘要： 近年来，我国经济从飞速发展阶段转向高质量发展，国有企业在人才管理的过程中也紧跟时代变化而进行多轮变革。人才作为企业获得竞争优势的一把利剑，是企业不得不重视的资源，人才管理也成为了企业的重点难点之一。本文通过关注国有企业的人才管理，从优化国有企业内、外部人才管理环境、保障人才高质量发展角度出发，衍生思考基于三项制度改革、数智化时代两大细分领域，分析国有企业人才管理存在的问题。研究发现，国有企业人才管理变革缺乏针对性、"员工难出、干部难下、激励难到位"、改革不够充分与全面；数智化背景下国企人才管理存在科技创新基础不足、数智化转型并未全面贯彻落实等问题。本研究以问题为导向提出对策，深化国企改革，提高人才管理质量，适应新时代发展，更好发挥国有企业"顶梁柱"的作用。

关键词： 国有企业；人才管理；三项制度改革；数智化

一 新时代背景下国企人才管理现存问题

（一）三项制度改革进程中人才管理的问题

三项制度改革是国有企业近年来的重点改革内容，目的是以改革为

---

[*] 基金项目：国家自然科学基金青年项目"粤港澳大湾区协同创新中群体合作行为的心理机制"（项目批准号：72001045）。

手段，来推动人力资源管理创新发展，提高国有企业综合竞争力。自 2001 年国家正式提出深化国有企业内部人事、劳动、分配改革意见以来，目前已有部分国有企业取得相当成就。如广东能源集团开发公司通过安排部署以人事、劳动、分配三项制度改革为主要内容和推行经理层任期制与契约化管理为主要特征的人力资源市场化改革工作，着力破除束缚人才发展的体制机制障碍，加快建立现代企业制度，形成了具有竞争力的企业用人和分配制度优势[1]，新能源建设实现跨越式高质量大发展。可见三项制度改革的重要性，但目前整体上国企三项制度改革进程中人才管理仍主要存在以下问题：

首先，在人才管理的过程中缺乏针对性，没有对三项制度改革具体内容采取具体对应的人才管理动作。出现了人才管理与三项制度改革割裂问题，存在改革内容重复、资源浪费、针对性低、改革效果差等情况，忽略了三项制度改革重要性，人才管理目的不明确，其根本原因是管理层与人力资源部门负责人缺乏针对性意识，对国有企业三项制度改革重视程度较低，没有将人才管理与三项制度改革结合起来；其次，仍存在"员工难出、干部难下、激励难到位"的问题。在经济下行压力较大的情况下，国有企业常被政府要求担当起稳就业的社会责任，同时管理者没动力、员工也不愿被裁员，三方的压力下，员工难出成为一大难题；干部市场化选聘比例低，行政编制化比例大，使得干部难下；企业内部分配约束，过于重视短期的激励效果，激励手段与方式单一等原因，常导致激励难到位这一问题存在。这些都是国有企业在三项制度改革当中的重点与难点，解决好这些重难点不仅是改革的目的，也是国有企业增加自身综合竞争力的关键因素。最后，国有企业三项制度改革还存在不够充分与全面的问题，例如部分省属、市属国有企业对领导干部的考核评价还停留在一把手身上，对基层干部仍然缺乏可量化、可视化的考评体系，而基层干部作为国企一线管理者，数量较多，涉及面广，重要性不言而喻，如何深化改革也成为一大难题。

---

[1] 任盼盼：《人力资源管理数字化转型：要素、模式与路径》，《产业创新研究》2022 年第 22 期。

（二）数智化时代背景下人才管理的问题

面对瞬息多变的 VUCA（Volatile，Uncertain，Complex，Ambiguous）时代、Z 时代进入职场现状及零工经济的快速发展，企业建设基于数字化智能化的人才管理体系已经不是一道"选择题"，而是关乎企业长期发展的"必修课"。如何打造强有力的高质量发展的人才，持续推进"人才强企"战略，是企业人才管理面临的重大挑战。面对市场竞争日益激烈的情况，国有企业人才管理数智化转型中面临由机制不足和技术不足交织形成的以下问题：

一是国有企业人才管理缺乏先进性的管理机制。由于国有企业改革存在管理者管理理念落后，因循守旧，只重视对工作方面进行管理，缺乏员工关怀和职业评价，认为没必要投入较大的人力物力引入大数据管理思想，导致国有企业面临员工流失的问题。另一方面，由于国有企业部门较多、业务和资源关系复杂，人才管理需要综合考虑多方面推动数智化进程，数智化转型面临整体优化难度较高的困境。2022 年国有企业数字化转型调研报告显示，国有企业数字化转型阶段进程，六成受访者认为所在企业仍处于转型初期。其中，三成认为数字化转型影响局限于单一职能范围，尚未对主营业务起作用。在数字化转型切入角度方面，国有企业更倾向于优先从提升管理效率和优化营销与服务的角度入手来开展数字化转型。[1]

二是国有企业人才管理创新人才基础不足。国有企业人力资源管理人员数量较多，但同时具备管理能力和数字化智能化运用能力的复合型人才相对较少，无法使用数字化管理工具满足对人才管理的数字化转型[2]。例如，某上市快消品国有企业公司在实施全面战略性数字化转型过程中面临"少人手"的问题，当前各人力资源模块受制于繁杂的、"救火式"事务性工作，效率相对偏低，仅能满足常规运营，需要优先释放人员精力，以投入高附加值工作中。[3]

---

[1] 2022 国有企业数字化转型调研报告．pdf—文档下载—未来智库（vzkoo.com）

[2] 国务院发展研究中心"深化国有企业改革中的突出矛盾与对策研究"课题组，马骏、张文魁、张永伟、袁东明、项安波：《深化国有企业三项制度改革的思考》，《发展研究》2015 年第 11 期。

[3] 德勤国企数字化转型：全面提质增效（下）．pdf—文档下载—未来智库（vzkoo.com）

三是国有企业人才管理创新技术不足。数字技术是一个不断更新迭代的过程，需要企业内部结合自身运营变化加以调整和优化，而企业进行人才管理过程中往往只强调使用，缺乏专业的技术人员对管理系统进行创新，导致管理系统存在滞后现象，未能充分发挥数智化对人才管理的支撑作用。

（三）数智化转型过程中人才管理存在的问题

党的十八大以来，以习近平同志为核心的党中央深入实施新时代人才强国战略。新一轮的科技革命和产业变革正在加速演进，以云计算、大数据、物联网、人工智能和5G为代表的新一代信息通信技术加速创新迭代，企业数智化转型是企业适应新一代信息通信技术发展的重要举措。国有企业作为中国经济发展的重要支柱，数智化转型关乎国有企业高质量发展，关系全面提升数字中国的发展格局。广汽集团党委始终把人才作为第一资源，着力打造一流科技领军人才和创新团队。积极构建以"共享服务中心（SSC）+智慧人事+管控平台"三位一体的数字化智能化平台，形成了多维度综合考核、评价和培养干部、人才的良性机制。[①] 然而，对于数智化改革中国有企业普遍存在以下问题：

一是对人才管理数智化转型并未做到透彻。人才作为企业发展的重要资源，对人才的绩效考核、培养计划、薪资待遇等方面的分析关系到企业的长期发展。数据作为人才管理的客观资料，是企业数智化的核心资源，应形成充分共享、可分可合的数据整体发展战略，致力于让数据真正成为企业人才管理高质量发展的核心竞争力，从而通过数据为业务产生实际赋能。然而，相当一部分国有企业的人才管理数据散落于各个业务环节未被打通，部门之间协调效率低下，数据不能为人才管理服务及业务流程服务，存在"数据孤岛""数据上云未赋智"等问题。

二是人才管理未从管理平台转向可视化生态体系。在人力资源管理数字化转型过程中，企业着重于了解并掌握人才管理数字技术、工具和手段，企业的人才管理可视化程度较低。进入数智化发展阶段，国有企业缺乏对可视化生态体系的建设，员工与员工之间业绩数据不共享，员工之间缺乏竞争力。同时，尚未搭建一个完善的"管理+业务"生态系

---

① https://mp.weixin.qq.com/s/b2dLVfYCYi7Gba1-kzlD6w

统进行储存、整理并能分析相关数据，导致企业不能通过业务数据个性化地预测人才的职业生涯、培训计划及离职预测。

二 数智化背景下国企人才管理对策

（一）提高三项制度改革在数智化人才管理中的针对性

综合国企改革进程中，国企人才管理出现的问题，结合数智化背景，现提出以下对策：

针对改革具体内容，强化人力各板块之间的衔接。利用数智化技术和系统，从改善人事制度、用工制度、分配制度，即三项制度的改革角度出发，采取不同的人才管理措施。重点在于合理科学的绩效考评，学习成熟的绩效考核方式。结合国企自身实际情况，使绩效考评过程中有据可依，形成过程可量化、结果可视化，减少主观成分，避免任人唯亲现象出现，绩效管理的科学化是干部上下，员工进出，薪酬增减的重要依据。

首先，为达到"干部能上能下"的目的，先要调整优化组织架构，提高人员上下流通的灵活度，细化岗位分工，让干部有可上可下的位置。同时，实行内部竞聘模式，提供公平竞争环境。基于干部工作的客观数据，综合考虑干部自身特点和意向，运用 AI、云计算等技术合理竞争上岗，做到人岗适配，使优秀干部有更大的发展空间。将"干部能下"的基层实践经历赋予较高的权重，也就是作为内部竞聘过程中的考评的重要依据，鼓励干部下行。

其次，为达到"员工能进能出"的目的，一方面，保障"员工能进"。在招聘前，通过数字化平台做好岗位梳理与工作分析，确认各个岗位人才需求数量。以人才画像等方式明晰目标人选，利用人工智能将求职简历进行关键词筛选和匹配，自动打分按高低排列初次筛选符合公司的员工，提高招聘效率。另一方面，解决"员工难出"的问题。基于数字化平台落实360度绩效考核法，利用云计算等先进技术减少人才绩效考核的时间。对于绩效表现较差的员工给予相应处罚，长期水平表现较低给予辞退，进而提高员工紧迫感，调动工作积极性，根本上改变国企员工认为国企的职位是"铁饭碗"这一错误的意识。同时，通过考核数据为员工匹配职业技能培训供员工选择，提高员工自身就业竞争力，确保员工有其他的就业出路①。

最后，为达到"薪酬能增能减"的目的，薪酬管理是重点。在招聘过程中，立足于调查，增强薪酬水平的竞争优势②；利用各种团建活动先建立优秀的企业文化，提高员工的组织归属感，形成心理契约，降低后续薪酬变动的难度。在薪酬增减过程中，通过员工薪酬满意度调查，利用算法和模型分析员工对于薪酬的要求，针对不同的员工采取多样化的支付方式，比如允许部分员工预支酬劳、带薪休假、节假日慰问金、商业保险购买、购物券等等，多样化的支付方式，保持激励的新奇性与及时性，强化激励作用。

（二）加快数智化转型，实现人才管理高质量发展

1. 加大国有企业人才管理创新的基础建设

首先，国有企业管理者需要接受新的理念，改变经验主义的人才管理模式，培养大数据意识，将客观数据作为人才战略调整的依据。例如，定期为国有企业管理者和干部开展管理培训，以适应数智化发展需要。

其次，企业需要引入数字管理人才，根据企业内外部环境最新发展趋势和变化，以数字化思维组织、协调、管理人才，实现人才标准化、流程化管理，做好人才管理高质量发展服务。

最后，在引入技术管理平台时要加强与技术提供方的沟通，结合本单位的实际情况，进行可行性分析与调试。同时，要加强系统的维护和更新换代，保障人才管理系统与企业实际运行情况相匹配，不断优化管理模块，实现大数据技术效力发挥最大化。

2. 构建数据连接，实现用数据产生价值

通过数据整合形成数据链，将数据链贯穿于人才管理的全过程，深入挖掘数据内在价值、规律和联系，实现数据为业务、管理产生价值。同时，针对不同阶段、不同时期的数据进行加工、清洗提高数据的一致性。结合 AI、云计算等技术，实现超级数据和更大模型，打造数据从全监督到自监督的转变。基于数据链优化人才管理流程，发掘企业中存在

---

① 张晓曼：《国企三项制度改革体制背后的内生动力激发》，《经济管理文摘》2019 年第 10 期。

② 于德才：《基于激励理论的我国国有企业薪酬管理分析》，《企业改革与管理》2016 年第 14 期。

的管理问题。以员工离职预测为例，国有企业在人才管理过程中可以利用人工智能等技术进行离职预测分析，及时发掘员工的动向。通过综合员工的离职预测分析，及时发现企业在用人、激励、培训等方面的不足之处。最后，充分发挥伴随云计算、大数据、物联网、人工智能和5G技术的进步，形成人、物、信息实现全方位多层次的智慧联接，不断地拓宽部门之间的传统边界，加速企业智能升级。①

3. 搭建万物互联全景平台实现人才管理实时交互

利用数字平台作为数字化转型的核心引擎，通过新的信息技术使组织实现对人才"管理+业务"的高效智慧化管理，提高组织运营的效率。例如，基于"PasS+SaaS"的"平台+软件"新一代人力资源智慧管理系统，通过联接、云、AI、计算等先进数字技术，改变了组织的运营方式，创建新的人才管理模式，实现数字化转型、智能化升级。

搭建万物互联的全景平台，将虚拟世界与真实工作场景无缝融合，虚拟世界能准确感知、还原真实世界②，准确判断员工的工作状态、工作效率，了解人才的需求，精准预判人才的动向。通过搭建全景平台，打造数智时代人才培养体系，完善人才的职业生涯规划，创新多元化人才激励机制，实现人才效应最大化。例如，利用VR逼真的技术，提前让新入职的员工熟悉办公室环境，认识新同事，更快地适应新的工作环境；对于员工远程培训和远程会议方面，利用VR技术进行员工培训，提高培训的效率，降低培训成本；定期举办员工活动，促进企业和员工、员工与员工之间的互动，提高员工对企业的满意度与敬业度。

三　结语

新时代背景下，深化国有企业改革，提高人才管理质量，是更好发挥国有企业"顶梁柱"作用的关键因素。国有企业必须牢牢把握数智化时代的到来，针对国有企业内外部环境及人才高质量发展问题，优化国企人才管理方式，实现数字化转型、智能化升级。

---

① 《华为2020年报 cn》
② 迈向智能世界2030——技术挑战与研究方向通信世界网（cww.net.cn）

基于就业质量提升的外来务工人员人力资本投资决策研究

梁栩凌[1] 刘婉丽[2] 刘莹莹[1]

(1 广东财经大学人力资源学院;
2 北京信息科技大学经济管理学院)

摘要：二十大报告提出"实施就业优先战略，促进高质量充分就业"，后疫情时代的国家经济开始快速恢复与发展。就业市场深处产业升级、技术变革及人工智能潮流中，对从业者人力资本构成显现更高要求，打工人就业质量越来越多地通过人力资本而不再是简单劳动获得。如何以就业质量为前提对人力资本投资做出合理决策，成为新一轮外来工选择就业的重点关注。本文以外来务工人员为研究对象，基于就业质量提升的总目标，对外来工人力资本投资决策行为进行了相关论述。在总结相关研究理论和国内外研究文献的基础上，通过定性分析提出本文研究的理论框架，运用回归分析的方法得出人力资本的教育、培训、技能等级和健康四个要素对就业质量的影响大小；基于分析得到的系数矩阵，在考虑资源是否充足和有无需求侧重的交叉影响下提出不同的投资组合，计算不同的人力资本投资方案对提升就业质量的贡献值。最终得出外来工获得就业质量最大化目标的人力资本投资最优组合为：长期投资教育，短期侧重培训、提高技术等级。

关键词：外来务工人员；人力资本投资；投资决策；就业质量

一 变量设计与理论模型

本文研究过程分为两步：以人力资本为解释变量（X）、就业质量为被解释变量（Y），分析人力资本对就业质量的影响情况；基于影响情况来分析投资决策行为。

1. 人力资本（X）投资指标设定

人力资本是体现在劳动者身上的知识程度、技术水平、工作能力以及健康状况等方面价值的总和，通常用教育、培训、迁移与健康等形式体现。所以提升这几方面能力所做投资属于人力资本投资范畴[①]。外来工进城后，"迁移"过程已完成，故本文只涉及教育、培训、技术等级与健康四个要素。这里教育作为存量资本，以受教育年限进行衡量（x_1）；培训分为在职培训和脱产培训，以培训次数、培训时长（x_2）反映员工接受培训的情况；技能等级证书是培训的产物，也是劳动者人力资本的主要组成部分，以证书等级和证书类别进行计量（x_3），反映工人技术等级。健康资本构成采用被调查者自评方式来体现（x_4），按等级表现健康程度。

2. 就业质量（Y）衡量指标

本文以赖德胜就业质量指数为基础，[②] 略作调整构建包含6个维度10个指标的外来工就业质量评价体系。6个维度分别为就业环境（对应两个衡量指标"找寻工作的难易程度（y_1）"与"工作环境安全（y_2）"）、劳动报酬（以"月均收入（y_3）"作为衡量指标）、就业状况（对应指标"劳动时间"（y_4）与"工作稳定性"（y_5））、个人发展（以"职业前景（y_6）"与"培训机会（y_7）"为指标）、权利与尊严（对应"劳动合同（y_8）"与"受人尊重程度（y_9）"两个指标）以及福利保障（以"缴纳社会保险情况（y_{10}）"为衡量指标）。研究模型如图1所示：

人力资本各组成要素与就业质量各个测量指标之间建立多重线性回归模型：

$$Y = \beta 0 + \beta 1 x 1 + \beta 2 x 2 + \beta 3 x 3 + \beta 4 x 4 + \varepsilon$$

在公式中，因变量 y 是随机观察值，$b0$ 为常数项，$\beta 1$，$\beta 2$，$\beta 3$，$\beta 4$

[①] 李宏彬、张俊森：《中国人力资本投资与回报》，北京大学出版社2008年版。
[②] 赖德胜、苏丽锋、孟大虎、李长安：《中国各地区就业质量测算与评价》，《经济理论与经济管理》2011年第11期。

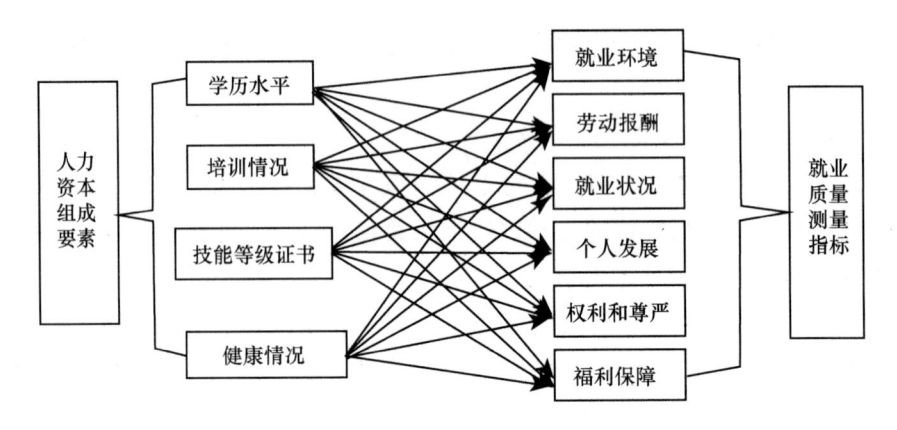

图 1 人力资本投资分析模型

为偏回归系数。β_i（$i=1$，2，3，4）表示在其他自变量固定不变的情况下，自变量 x_i 每改变一个单位时，其单独引起因变量 y 的平均改变量。ε_i 为残差，是因变量实测值 y_i 与其估计值 $\hat{y}_i$ 之间的差值，残差不由自变量决定，服从标准正态分布。

二 研究设计与实证分析

采用问卷调查形式获取数据。于2023年1月采取"线上+线下"结合的方式开展调查，共发放问卷1500份，回收1120份。对课题问卷中的调查问题和样本问卷进行了筛选，只保留了有效问卷中户籍身份异化前为农村户籍的部分，最终获得有效问卷812份。调查样本涵盖北京市西城、海淀、朝阳、石景山四个城区以及怀柔、顺义两个郊县；涉及制造、建筑、居民服务、批发零售、住宿餐饮等12个行业，能够反映北京市外来工就业状况。

1. 信效度分析

信度分析。使用 SPSS 23 做信度分析。结果显示人力资本和就业质量两个变量的 Cronbach's Alpha 系数分别为 0.759 和 0.870，均大于 0.7，表明检测变量的问卷题项具有较强的可靠性和稳定性，问卷数据具有统计学意义。

效度分析。调研数据来自北京市农村户籍的进城打工者实地调研，样本代表性强，具有良好的内容效度。

结构效度通过 KMO 检验和巴特利球体检验。人力资本和就业质量的 KMO 系数分别为 0.514 和 0.764，均高于 0.5 的最低标准；Bartlett 的球形度检验的 P 值都大于 0.001 的显著性，说明问卷具有结构效度，可以进行因子分析。

2. 就业质量测量指标赋权

以同批数据做主成分因子分析，通过主成分对总方差的解释情况，得到每个维度的权重；根据各指标的因子载荷情况及主成分的特征根求得线性组合中的系数。见表 1 所示：

表 1　　　　　　　　就业质量测量指标的权重分配

变量（Y）	维度	指标
就业质量	就业环境 0.22	工作机会 0.55
		工作环境安全 0.45
	工作状况 0.31	月均收入 0.68
		劳动时间 0.19
		工作稳定性 0.13
	未来发展 0.19	职业前景 0.16
		培训机会 0.84
	权益保障 0.28	劳动合同 0.43
		受人尊重 0.11
		缴纳社会保险情况 0.46

3. 人力资本对就业质量的影响

相关分析。以全指标方式做 Pearson 相关分析，结果显示人力资本的 4 个指标与就业质量的 10 个指标之间，相关系数都在 0.4 以上且都在 0.05 的水平以上具有显著性，说明变量之间关系比较密切，可以做进一步分析。

多重共线性检验。使用 SPSS 23 对标准化处理后的所有变量进行共线性诊断，结果为各个回归模型的容忍度的值最小为 0.814（>0），方差膨胀因子（VIF）最大值为 1.229（<5），说明各模型中自变量之间

均不存在共线性问题,可以做进一步的分析。

回归分析。以人力资本为自变量 X,就业质量为因变量 Y,使用 STATA14 采取强迫回归法对人力资本各组成要素(x_1—x_4)对就业质量的 10 个指标(y_1—y_{10})的情况做回归分析,拟合模型的检验结果显示:F 检验的 p 值都通过了 1% 的显著性检验,回归模型显著。回归数据显示:

(1)受教育水平这一要素对就业质量的每个测量指标都具有正向影响。与其他要素相比,受教育水平对就业环境、未来发展与权益保障方面影响最大;说明外来工学历水平越高,更容易获得工作且工作的稳定性较高、职业前景和保险福利待遇越好、劳动权益越能得到维护。

(2)培训投资在找工作的难易程度、工作环境安全、月均收入、职业前景、培训意愿、劳动合同和受人尊重方面的影响是显著的,但在工作稳定性、劳动时间和缴纳社会保险方面的影响不显著。在培训方面的投资越多,培训意愿和获得培训的机会就越大。

(3)技能等级证书对找工作的难易程度、工作稳定性、月均收入、职业前景、劳动合同和缴纳社会保险的影响是显著的,但对其余测量指标的影响并不显著。技能等级在月均收入一项表现出明显优势,这和目前就业市场上技工短缺的情况也是吻合的。

(4)健康情况对找工作的难易程度、工作稳定性、工作环境安全、劳动时间、职业前景、培训意愿、受人尊重和缴纳社会保险情况的影响都是显著的。并且在工作环境安全和受人尊重方面健康情况所产生的影响最大,可能的原因是对健康情况比较重视且乐于在健康方面投资的人对这两项的重视程度较大,他们在寻找工作的过程中会侧重于对这方面的关注,那么其所从事的工作会满足他们这方面的需求。

三 外来工人力资本投资决策

前面分析显示人力资本投资对于就业质量提升有正向影响,但不同资本要素对就业质量的影响程度不同。外来工在城市中所处社会阶层低、自身掌握社会资源少,进行人力资本投资时不可能无差异投入,需要根据自身情况与需求目标做针对性决策。本文采用 TOPSIS 法分析外来工的人力资本投资决策。

(一) TOPSIS 的计算步骤及问题转化

TOPSIS 法是一种逼近于理想解的排序法,是多目标决策分析中一种常用的有效方法[1]。根据有限评价对象与理想化目标的接近程度进行排序,在现有对象中进行相对优劣的评价[2]。具体计算分七个步骤:步骤一,对评价指标进行极性处理,得到极性一致化矩阵 X^*;步骤二,用向量规范法求得规范决策矩阵 $Z = (z_{ij}) \ m * n$;步骤三,构成加权规范阵 Y;步骤四,确定正理想解 Y+ 和负理想解 Y-;步骤五,计算各方案到正理想解和负理想解的欧式距离;步骤六,计算各方案与理想解的接近程度 L_i;步骤七,按 L_i 由大到小排列方案的优劣次序。

(二) 人力资本投资决策为多目标决策的解释

将基于就业质量提升的人力资本投资决策问题转化为适用于 topsis 法计算的多目标决策问题,是因为基于就业质量提升的人力资本投资决策是一个多目标的决策:一来外来工期望通过人力资本投资的行为达到就业质量提升目的,而就业质量总目标包含就业环境、工作状况、未来发展和权益保障四个预期目标,外来工人员对四个目标都有提升需求;二是个人情况不同,四个目标之间具有不可公度性;三是考虑到资源有限性,外来工可能只能实现对某一要素的投资,对某一要素的投资针对某一维度的目标是最优的投资方案,而对于另一维度的目标就不一定是最优的。

(三) 人力资本投资组合方案

借用教育投资理论与有限理想决策理论,为将复杂的外来工人力资本存量标准,也为使讨论和计算的样本情况更具代表性,本文分别设计

---

[1] 李广海:《基于有限理性的投资决策行为研究》,博士学位论文,天津大学,2007年。

[2] Erhel C, Guergoat-Larivière, M, Leschke J, et al. Trends in job quality during the great recession: a comparative approach for the EU [J] CEE-ETUI Document de travail, 2012, 161.

实验和对照两组投资方案，其中实验方案为方案一；对照方案包括四种投资方案，分别为方案二至五。只要找到不同的人力资本投资要素与实现就业质量各个测量维度目标之间的对应关系，便可实现有针对性的人力资本投资。

方案一（实验方案）：被调查者中各人力资本投资要素占比重最大的情况，人力资本投资组合为（学历高中/中专/技校，培训1—2次，无技能等级证书，健康状况良好）。

方案二（对照方案）：对照方案一，分析"教育"这一要素的投资变化实现就业质量哪些方面的提升。本方案人力资本组合为（学历大专，培训1—2次，无技能等级证书，健康状况良好）。

方案三（对照方案）：对照方案一，分析"培训"这一要素的投资变化实现就业质量哪些方面的提升。本组人力资本组合为（高中/中专/技校，培训3次及以上，无技能等级证书，健康状况良好）。

方案四（对照方案）：对照方案一，分析"技能等级"这一要素的投资变化实现就业质量哪些方面的提升，本方案人力资本组合为（学历高中/中专/技校，培训1—2次，初级证书，健康状况良好）。

方案五（对照方案）：对照方案一，分析"健康"这一要素的投资变化实现就业质量哪些方面的提升，本方案人力资本组合为（高中/中专/技校，培训1—2次，无技能等级证书，一般）。

（四）不同投资方案的优劣比较

不同投资方案的优劣比较，按就业质量的四个维度（就业环境、工作状况、未来发展、权益保障）顺序分别进行。首先，依照前述 TOPSIS 的计算步骤，分别将问卷调查所得样本数据中与就业质量四个维度的相关数据进行处理，得出各个方案下不同指标的原始数据；然后，将各个方案中包含的样本作为一组，将每个指标对应的一组值进行平均化处理，将平均值作为该方案下这一指标的代表值；第三，根据前面运用主成分分析法确定的就业质量各测量指标的权重，将归一化处理后得到的各指标数值结果乘以各自的权重，得到加权之后的各方案指标值；第四，计算各个方案到正理想解与负理想解的欧式距离；第五，计算各个方案与最优方案的相对接近度 L_i，这里 L_i 是一个大于0小于1的数值，数值越大说明对照方案与实验方案的差距越小,则该方案越趋向于最优。

经过大量计算,得出不同投资方案对实现提升就业质量多目标状况下的差异排序,具体情况见表2所示:

表2　　　　　　　　外来工人力资本投资决策方案比较表

就业环境			工作状况			未来发展			权益保障		
方案	Li	名次	方案	Li	名次	方案	Li	名次	方案	Li	名次
一	0.2919	4	一	0.1692	5	一	0.1977	4	一	0.2536	4
二	1	1	二	0.4535	4	二	0.3115	3	二	0.9933	1
三	0.3792	3	三	0.6014	2	三	0.9325	1	三	0.2752	3
四	0.5372	2	四	0.9378	1	四	0.5916	2	四	0.6626	2
五	0.0454	5	五	0.4982	3	五	0	5	五	0.1587	5

四　结论

综上,本文研究外来工人力资本投资决策,得出以下结论:

1. 人力资本各要素对外来工的就业质量有显著的正向影响。即可以通过人力资本投资来提高该群体的就业质量。

2. 不同的人力资本组成要素对就业质量的不同测量维度的影响不同。通过设计五种人力资本投资组合方案并使用topsis法进行方案的优劣排序得到(如表所示):若基于就业环境和权益保障提升的目标,则对教育这一要素的投资是最有效的;基于工作现状提升的目标,对提高自身技能等级的投资是最有效的;基于未来发展提升的目标,对培训要素的投资是最有效的。

3. 综合来看,对技能等级的投资对于提升就业质量的整体目标是最有效的,应做出优先提升技能等级的决策。

4. 人力资本投资展望

外来务工人员处在城市底层,财富积累与可利用资源都比较少,要保障其投资效果的实现,一方面要根据自身的需求情况选择恰当的人力资本组成要素进行投资,提高投资效率;另一方面还需要政府、社会与企业的共同参与,从投资支出、培训资源、法律援助等多方面提供帮助。

二 人才高地

粤港澳大湾区基层人才高地建设路径研究

孙殿超[1] 刘 毅[2] 张智颖[3]
(1. 广州花都区委深化改革研究中心;
2. 粤港澳大湾区战略研究院;
3. 广东省科学院)

摘要：粤港澳大湾区人才高地建设是落实党中央人才工作决策部署和贯彻党的二十大精神的重要举措，是打造一流湾区的重要使命和高质量发展的内在需求。夯实人才高地的底座，才能加快构建粤港澳大湾区人才高地，基层一线是人才高地的重要底座和主要抓手的着力点。本文对人才汇聚驱动机制进行分析，对粤港澳大湾区基层在人才聚人和用人方面的问题进行研究，并提出四方面的建议路径，高度重视人才事业，促进人才与城市共成，不断提高人才综合服务保障水平，营造有利于高端人才集聚的政策环境。

关键词：智汇湾区；人才高地；人才强区；粤港澳大湾区

一 人才汇聚的驱动机制

人才高地建设最重要的是聚集人才和人尽其才。影响人才集聚的因素可分为经济性因素与非经济性因素两个方面，经济性因素包括收入、就业机会与生活成本，非经济性因素包括生活质量与舒适性、信息不确定性及风险性、迁移者特性。近年来，国内学者对此也进行了许多有益的探索。一般认为，影响人才集聚的因素主要有利益因素、精神因素、环境因素三个方面。也有研究认为，相对高效的制度设计、相对满意的边际收益、相对丰富的创新载体、相对较高的人才密度是人才集聚的重要驱动机制。

人才高地建设首先要满足人才的基本生活需求。基层掌握人才生活所需要的教育、医疗、公共服务等资源。综合运用经济、产业政策和财政、税收杠杆，加大人才投入力度，加强人才的生活保障和服务，聚集人才，促进人才与经济社会发展深度融合。其次，要有人才施展才华的舞台，实现个人价值的平台，最大程度发挥人才的优势和长处。让人才放开手脚创新创造，尽情展示聪明才智，使一切创新想法得到尊重、一切创新举措得到支持、一切创新才能得到发挥、一切创新成果得到肯定。人才汇聚才能形成人才高地，通过吸引人才、留住人才、培育人才，不断聚集人才，形成人才累积效应方能形成人才高地。

基层一线是人才高地的重要底座和工作抓手的重要着力点。基层一线更需要高层次人才，支撑粤港澳大湾区人才高地建设。高层次人才以高学识、高学历为主。高学识人才具有高瞻远瞩的特征，不仅学习速度快，而且对事物的感知能力和预判能力比较强，对事物发展走向能够准确把握，避免基层工作走诸多弯路，提高基层的运转效率。高学历人才具有扎实的知识根基的特征，学习能力和分析能力比较强，而且对事物引发的后果能够做出准确判断和积极响应，从而突破基层工作的困难和瓶颈。基层工作不仅需要较强的理解力和执行力，还需要高层次人才带来的先进理念和技术。

二　粤港澳大湾区基层人才高地建设存在的问题

到2025年，预计广东全省专业技术人才总量达到1000万人，高层次人才占专业技术人才比例达到11%以上，每年新增取得专业技术人员职业资格证书人数达100万人；全省高技能人才总量达580万人，5年内新增取得技能类职业资格证书或职业技能等级证书人次达300万；全省博士后工作站（含分站）、流动站、创新实践基地分别达到580家、180家和400家，博士工作站达到1000家。目前，粤港澳大湾区基层人才高地建设还存在一些不足需要提高改进和完善。

（一）基层高层次人才数量普遍不足

一是基层平台对人才吸引力有限。基层优质事业平台不多，事业发展上限较低，对"高精尖缺"人才的吸纳能力不足。一些高层次人才更倾向于到国家和省、市直机关和央企、国企及百强企业工作，缺乏扎根基层的精神和意愿。以广州为例，目前只有黄埔、南沙加速集聚高层次人才，广州其他区高层次人才聚集效果不太明显。

二是部分地区存在人才排外情况。一些地方认为外来高层次人才抢占了本地的资源，挤压了本地人才的发展空间，对外来人才有一定的排斥。一些地区存在人才套娃的现象，优秀人才引进留不住，导致人才引进或者招聘存在"矮子中拔将军"的情况，招来的人才质量滑坡。

三是基层招才引智的魄力、底气、度量还需进一步加大。人才作为一种市场化的资源，而一些地区人才引进政策比较保守，提供的待遇不具有市场竞争力，拴心留人的决心和措施还不够有力。粤港澳大湾区人才高地建设需要吸引、留住大量非湾区籍人才，如不能事业留人、待遇留人、感情留人，人才流动性会变大。

（二）基层引进人才效能未充分发挥

一是基层人才队伍老龄化不利于年轻人脱颖而出。引进人才一般有年龄限制，一般为青年人才。一些地区本地人才队伍老龄化严重，本地人才既无法上升，又不能提前退休，职位职数有限，不利于高层次人才的晋升和发展。人才活力不足，引进人才无法脱颖而出，人才的价值作用未充分发挥出来。

二是对人才不够重视，尊重人才的氛围不够。部分地区对人才不够重视，人才只是部门汇报工作时的数字和招商引资时的幌子，未对人才进行真正关心关爱。敬才、爱才、惜才的氛围不够，导致未形成人才规模效应，未实现以才引才。

三是对人才的培养定位不够清晰，重引进轻培养。初入职场的毕业生，自身社会阅历和工作经验不足，需要系统的培养和锻炼，而基层缺乏对年轻人才的进一步培养使用。人才引进之后，跟踪培养制度化水平不高。人才未进行有效的引导和使用，人才效能未发挥出来，人才资源存在浪费的情况。

（三）部分基层对人才政策的理解和执行存在偏差

一是基层人事部门对上级政策的制定和理解不足。尤其一些管理岗位上的人员并非业务岗位出身，人才服务意识不强，对业务不了解，对政策理解不到位，对人才不理解，发现、识别、服务人才的能力不足，一些人才的发展由此被耽误。基层往往还保留传统的、盘根错节的管理模式，不利于人才服务，制约了人才的发展。

二是人才政策兑现周期较长。一些单位人才政策兑现周期较长，失信于才，未进行有效的激励，导致人员流失或人才动力活力不足。人才奖补申领周期较长，内部流程比较复杂，且当前受到一些政策规定的限制，比如在研发人才政策执行过程中，统计部门提出因省有关文件规定不予提供符合条件的企业名单，影响人才奖补的执行。

三是不同部门人才工作联动不足。未与时俱进调整优化人才工作分工。部门之间、用人单位之间还存在"各扫门前雪"的现象，跨部门协调合作不够顺畅。

四是人才工作品牌塑造相对滞后。大湾区基层人才工作有序推进，但从整体上看，人才工作品牌塑造相对滞后。目前，只有深圳的"来了，就是深圳人""深爱人才、圳等你来"等人才工程比较有影响力。

（四）机制障碍限制了人才工作

一是综合管理岗位人才发展路径不够畅通。综合管理岗位人才评价机制不完善，缺乏专门针对管理岗位的评价规则和有效激励机制。基层管理岗位和中层管理岗位晋升难度较大，职业发展路径不够明晰，存在人才梯队断层的情况，制约了单位的发展和整体人员素质的提高。

二是专业技术岗位设置限制了专业技术人才的发展。国家要求，事业单位专业技术高中初级岗位结构比例总体控制目标为 1∶3∶6，其中省属和副省级市属事业单位为 3∶4∶3；地级市和副省级市区属事业单位为 2∶4∶4；县（市、区）和副省级市街道办事处属事业单位为 1∶3∶6；乡镇属事业单位为 0.5∶3.0∶6.5。随着大湾区专技人才队伍不断扩大，结构持续优化，原有指导标准已不能满足实际需要。目前广东省事业单位专业技术人员高中初级结构比例约为1.6∶5.0∶3.4，大湾区九市为1.9∶5.3∶2.8（广州、深圳分别为2.1∶5.1∶2.8、2.4∶4.6∶3.0）。事业单位专业技术高中级岗位不够用、初级岗位用不上的矛盾突出，专技人员高职低聘现象普遍，成为制约事业单位专业技术人才队伍发展的瓶颈。

三是粤港澳人才沟通机制不畅通。目前与港澳人才跨区域沟通协调机制不畅通，难以精准开展工作。例如：目前没有便捷渠道了解港澳青年的实际需求，基层政府缺乏官方的沟通渠道和合作机制，人才交流合作规模和层次有待提升。

三 粤港澳大湾区基层人才高地建设的对策建议

（一）高度重视人才事业，加快抢占人才高地

一是人才队伍建设纳入各级党委述职考核。要高度重视人才事业，充分认识人才资源是第一资源，准确把握新时代人才工作新要求，切实增强做好人才工作的思想自觉、政治自觉、行动自觉。建立常委会专题研究人才工作制度，建立党政领导示范联系服务专家人才制度，推动党管人才落地落实坚持人才工作始终围绕中心、服务大局根本取向。坚持党管人才，进一步深化人才发展体制机制改革，真心爱才、悉心育才、倾心引才、精心用才、诚心留才，持续加大对重点产业、重点行业、重点企业的人才支持保障。加快推进基层党政人才、企业经营管理人才、专业技术人才、高技能人才、农村实用人才、社会工作人才等各类人才队伍建设，努力打造出立足本土、富有开拓精神的人才队伍，使源源不断的人才优势转化为澎湃不竭的发展优势。

二是打好招才引智品牌，做好新一轮引才工程。坚持高端引领，紧抓高层次人才聚集。用好急需紧缺人才供求信息平台，线上发布急需紧缺人才信息，线下开展专场人才招引活动，促进人才、企业对接洽谈；绘制全国人才分布图，聚焦人才需求，补齐图层，推动实现精准引才、靶向引才。扭住战略人才锻造工程、人才培养强基工程、人才引进提质工程、人才体制改革工程、人才生态优化工程"五大工程"，学习借鉴优秀成果，与时俱进创新发展，研究解决突出问题，打造粤港澳大湾区

人才品牌。

三是丰富人才扶持措施，提高政策扶持力度。在明确各城市定位和分工的基础上，根据各自的产业发展定位、地方特色制定相关的人才政策，加大人才引用留育力度，加强政策的精准性，减少内耗式竞争。统筹规划政策协同发展，引导人才不断向中心城市外其他城市聚集。

（二）聚焦科技、创新、人才，促进人才与城市共成长

一是坚持产才融合，促进人才效能发挥。设立"科技合作专线"，组织科技企业到高校院所，开展产学研交流对接，加强科技项目对接服务。发挥各类创新人才培养示范基地作用，系统培养一批懂技术、通行业、善经营、重服务的复合型人才，提高技术转移专业服务能力。发挥"银龄专家"在培养人才队伍、传授科研经验、促进学科建设、搭建国际合作桥梁等方面的作用，引领实用技术再创新。鼓励和支持湾区高校、科研院所和企事业单位向有需求的单位派驻科技专员，开展技术服务、科技攻关、成果推广等成果转化活动。

二是坚持以人才为本，优化科技创新环境。举办"青年人才计划""博士后沙龙""高层次人才活动周"等品牌活动，切实提高引才氛围和成效。举办各项人才赋能成长和交友交流、项目对接活动，通过"人才周末"系列活动、人才创新创业分享沙龙、赋能人才主题报告会等多种形式开展人才交流活动，加深人才对城市的认同度，增强人才的家园意识和主人翁精神。设立科技产业基金、信贷风险资金池和贷款贴息专项资金，开展科技、金融、产业三融合工作，成立科技创新金融集团，加强科技投融资服务。搭建技术交易服务平台，成立知识产权交易服务中心，建设数个高新技术产业开发区科技成果转化中心，建设国家技术转移人才培养基地。

三是坚持引育并重，搭建人才集聚载体。依托重点企业、高校、科研机构，建设博士工作站、博士后平台，支持引进的高层次人才结合当地实际情况开展研究工作，着力解决区域发展的制度、技术、操作等方面的问题。依托科技企业孵化器及众创空间，探索形成园区社区校区"三区"融合的成果转移转化新模式，打造创新创业综合体，吸引各类高层次人才创新创业聚集。重点招引新能源汽车与智能网联、临空经济、

高端装备制造、人工智能与数字经济等重点产业研究领域的优秀博士研究生，打造新兴产业发展"谋士团"，尤其要用好博士人才所在科研院所、实验室、工作站等资源优势，以博士"朋友圈""校友圈"撬动"产业群"。

（三）不断提高人才综合服务保障水平

一是打造"一站式"人才服务平台。在市民服务中心或政务大厅设置优才服务中心，为各类人才提供"一站式""一对一"协调代办、人才项目对接、人才政策咨询等服务。聚焦简化办事流程，推进开通全网办的事项，通过"网上受理"后"接收快递材料"，办结后出具"电子材料"或"邮寄材料"的方式，实现人才"足不出户"就能办事。推进"前台综合收件、后台分类办理、窗口统一送达""一站式"办结办理模式。树立"小窗口、大服务"的理念，办事全程提供有温度、有速度、有态度的"好评"服务。

二是夯实人才服务队伍建设。定期开展人才政策培训交流活动，坚持每季度至少开展1次重点企业和人才走访活动，全面响应企业和人才需求。借助各机构、人力资源服务产业园等力量开展人才服务。开展"人才服务人才"专项工作，组织成立人才志愿服务队，人才以志愿者身份参与组织举办人才交流活动，并服务新引进人才。

三是提高政策兑现落实效率。发挥统筹协调作用，加紧落实出台相关文件。统筹各项人才政策、待遇申报、人才服务等事项进驻综合服务平台。推进系统实现人才补贴申请审核、人才数据统计等"一网通办"，对人才项目申报、享受政策情况等全面登记入库，对符合政策条件的人才实现自动筛选、自动匹配，实现人才服务精准配套，并通过服务平台和"不申即享"服务系统，将政策精准匹配到企业，实施"政策直通车"服务，提高政策兑现的效率。

（四）优化机制，营造有利于高端人才集聚的政策环境

一是着力完善人才评价激励机制。充分发挥用人单位主体作用，处理好政府和市场的关系。在市场机制发挥主要作用的竞争性领域，突出市场认可、市场评价，以人才市场价值、经济贡献为主要评价标准，通

过粤港澳大湾区个税优惠等市场化激励方式予以支持。对于非竞争性领域，将人才评价权限交给用人单位或行业主管部门，在科研、教育、卫生健康、文化体育等领域，支持重点用人主体自主设置特聘岗位，采取同行评审、专家主审等方式，基于专业、学科特点和人才的能力、业绩，开展人才评聘。

二是进一步深化事业单位人事制度改革。建议国家适当调整专业技术岗位高中级岗位结构比例全国总体控制目标，或者支持广东将大湾区事业单位专业技术岗位宏观控制比例标准调整至2.5∶5.5∶2.0，解决湾区事业单位专业技术高中级岗位不够用、初级岗位用不上的矛盾。

三是打破人才流动壁垒，扩大政策开放度。在不同的人才评价机制之间"架桥"。探索对条件成熟的大科学装置、重点研发平台、高校及科研院所和其他重大项目等下放特色人才认定评定权限，允许其根据自身特性和发展需要制定认定评定标准，加快个性化急需紧缺人才流入。为采取"双聘制"等新型灵活形式引进的高层次人才"开路"。探索对特定"双聘制"高层次人才给予与全职引进人才同等政策待遇。全力配合对接"大湾区青年就业计划"，持续收集优质的、符合港澳青年就业需求的实习和就业岗位信息。落实引进优秀项目和组织港澳青年交流活动，为港澳青年提供全方位、品质化的就业创业服务。

参考文献

[1] 梁炜昊、陆秀红：《世界重要人才中心和创新高地建设：历史应然、现状问题、对策建议》，《兵团教育学院学报》2023年第1期。

[2] 《引育留"三轮驱动"服务粤港澳大湾区人才高地建设使命》，《中国人才》2023年第1期。

[3] 王生荣、杨光：《中国区域人才聚集力与时空演化研究》，《昆明理工大学学报》（社会科学版）2022年第6期。

[4] 本刊编辑部：《粤港澳大湾区高水平人才高地建设路径》，《中国人才》2022年第9期。

[5] 刘永子：《建设粤港澳大湾区高水平人才高地的经验借鉴——基于〈2021年全球人才竞争力指数〉分析》，《广东科技》2022年第7期。

[6] 赵明仁、柏思琪、王晓芳：《粤港澳大湾区高水平人才高地制度体系建构研究》，《杭州师范大学学报》（社会科学版）2022年第3期。

［7］汪怿：《高水平人才高地建设：基本内涵、核心角色与发展对策》，《中国党政干部论坛》2021年第12期。

［8］李世兰：《广州打造粤港澳大湾区人才高地的思考》，《探求》2021年第6期。

［9］邱红艳：《粤港澳大湾区建设人才高地的形势和对策》，《人才资源开发》2021年第20期。

［10］萧鸣政、张湘姝：《加快推进粤港澳大湾区人才高地建设》，《中国人才》2021年第8期。

［11］张爱华：《京津冀一体化背景下石家庄市聚集人才机制研究》，《科技风》2018年第20期。

论澳门特区建设国际高端人才基地的可能及其实现途径

陈晓君

（澳门民联智库副主席；东莞理工学院教授）

摘要：随着粤港澳大湾区建设、共建"一带一路"等国家战略深入实施，澳门搭乘国家深化改革、扩大开放的快车，既迎来了难得的发展机遇，也面临如何加强人才制度建设、更好推进经济适度多元发展的巨大压力。"一国两制"下的澳门背靠祖国、联通世界，具有社会多元开放，文化中西交融等独特优势。目前，澳门人才发展储备的渠道主要有三条：一是澳门高等教育体系培养的本地人才，二是赴内地和港台以及国外接受高等教育的澳门人才，三是由外地进入澳门学习或工作的高等人才。但总体上澳门高端人才储备不足，本地人才培养和高端人才引进均面临一些困境，主要原因包括：总量偏小、容量有限、政策不优等。建议结合国家赋予澳门"一中心、一平台、一基地"的发展定位，加快澳门融入国家发展大局，在参与粤港澳大湾区建设和共建"一带一路"等国家战略过程中，明确产业发展定位，优化人才发展战略，深化与内地合作，提升人才服务水平，努力把澳门建设成国际高端人才基地，为"一国两制"实践行稳致远和中华民族伟大复兴贡献澳门力量。

关键词：澳门特区；一国两制；国际高端人才；产业多元化

中共二十大报告中第五部分指出"实施科教兴国战略，强化现代化建设人才支撑"，这对处于产业结构调整关键期的澳门具有重要启示。当前，随着粤港澳大湾区建设、共建"一带一路"等国家战略深入实施，澳门特区搭乘国家深化改革、扩大开放的快车，既迎来了难得的发展机遇，也面临如何加强人才制度建设、更好推进经济适度多元发展的巨大压力。"一国两制"下的澳门背靠祖国、联通世界，具有社会多元开放，文化中西交融等独特优势。经济学家厉以宁早在 2016 年夏天于澳门科技大学的"中国当前经济形势与澳门特色金融前景"学术报告中，为澳门转型给出的专业意见之一，就是人才政策的建设。进入新时代，在加快融入国家发展大局、提升自身竞争力的过程中，澳门社会必须更加重视人才队伍建设，努力把澳门建设成为世界高端人才参与粤港澳大湾区发展的重要平台，更好为全面建设社会主义现代化国家贡献力量。

一 澳门特区建设国际人才高地具有独特优势

回归以来，澳门社会制度呈现出多元融合的状态，在社会主义与资本主义两种制度的基础上加以整合，进而营造出一种全新的制度模式，既吸取了社会主义制度模式的优点，又保留了资本主义的优越之处。对人才发展而言，澳门的"一国两制"制度，对于西方背景下成长起来的许多世界高端人才相较于祖国内地，他们在生活环境方面更愿意选择"一国两制"有制度优势[①]下的香港、澳门。澳门学者杨允中在涉及粤澳合作时谈到"一国两制"是特殊历史发展阶段，针对特定对象用特殊思维指引、特定灵活手段跟进的国家大事，也是关系到特区整体利益，国家核心利益的大事。[②] 因此，在两种制度并存的背景下，怎么去更大价值地发挥制度优势为我所用，"需要国家（地区）领导人、高层官员要懂政治，要展示政治智慧，各级公职人员、社会各界也应懂政治，也应具有一定的政治头脑和分辨能力"。充分发挥澳门独特优势，广纳天下英才，对于以中国式现代化推进中华民族伟大复兴具有重要意义。换言之，正是因为有了"一国两制"的制度优势，澳门建设国际人才高地才具备了核心竞争力，即在"一国两制""澳门基本法"的框架内，可以最大化地发挥澳门特区优势，广纳天下英才为澳门和国家所用。

[①] 习近平：《在香港特别行政区欢迎晚宴上的致辞》，《人民日报》2017 年 7 月 1 日第二版。

[②] 杨允中：《制度优势与潜质开发——谈澳门经济成长中的两个问题》，《南方经济》2011 年第 11 期。

（一）社会制度、多元文化。澳门回归祖国20多年来，经济社会快速发展，人民生活显著改善，具有澳门特色的"一国两制"实践取得举世公认的成功。实践证明，"一国两制"是保持澳门长期繁荣稳定的最佳制度。只要坚持"一国"原则，发挥"两制"优势，全面准确贯彻"一国两制"方针，坚定笃信去践行，"一国两制"的生命力和优越性就会显现出来[①]。同时，澳门保持长期遗留下来的资本主义制度，与西方社会制度相通。在资本主义制度下，澳门的社会整体环境自由开放，经济活动自由、人的生活自由、信仰自由、社会管理体系高度自治等得到充分保障。特别是澳门400多年中西方文化交融的历史，文化上中西合璧、多元并存，社会理念上互相尊重、多元一体，为持有不同理念和文化背景的人相聚澳门提供了社会制度基础和文化氛围，有利于国际高端人才引得进、留得住。

（二）法治环境、福利保障。澳门特别行政区实行高度自治，享有行政管理权、立法权、独立的司法权和终审权，延续社会和经济方面的原有特色，成文法，全世界最安全的地区。高度重视法治价值，维护法治理念，是澳门社会治理的重要特色。在社会保障方面，澳门居民养老、医疗、就业和子女就学等保障体系完备。如教育方面，澳门是大中华地区第一个提供15年免费教育的地区，而且办学主体多元化，私立学校居多；学制多样化，中文学制、葡文学制、英文学制并存。澳门拥有完备的医疗和社会保障体系，居民可享有免费医疗、养老金、敬老金、残疾金、社会救济金、失业津贴等。在税收方面，澳门行使单一的地域管辖权，税制以直接税为主体税种，采取的是"后收税制度"，特点是税种少、税负轻，现有14个税种，直接税8种，实施收入来源地税收管辖权原则。与"避税港"国家或地区的税制相似，只对来源于澳门地区的所得或位于澳门的财产征税。因此澳门属于实行避税港的地区之一。其中，澳门的企业所得补充税（即纯利税），在澳门从事经营活动的公司需要缴纳，税率仅为12%，而在香港利得税税率为16.5%；澳门的职业税即个人所得税，当地最高个人所得税税率仅为12%，基本免税额澳门元

---

① 习近平：《在庆祝澳门回归祖国二十周年庆祝大会暨澳门特区政府第五届就职典礼上的讲话》，《人民日报》2019年12月21日第二版。

144000，而香港的薪俸税标准税率为15%，基本免税额为13.2万港币。同时，相比于香港引进人才计划，澳门引进人才计划在居住要求上显得更为宽松。

（三）背靠祖国、联通世界。随着《内地与港澳关于建立更紧密经贸关系的安排》（CEPA）的签署，以及《泛珠三角区域合作框架协议》《粤港澳大湾区发展规划纲要》和《横琴粤澳深度合作区建设总体方案》等一系列政策的出台及落实，澳门与内地，特别是粤港澳大湾区和泛珠三角区域的经济合作进一步深化。2023年出台的"横琴金融三十条"，进一步促使横琴深合区与澳门金融市场和金融基础设施互联互通、助力澳门经济适度多元发展的现代金融产业、促进跨境贸易和投融资便利化。背靠祖国让澳门保持长期繁荣稳定有了坚实依靠，面向世界让澳门发展充满机遇。"澳门被世界贸易组织（WTO）评为全球最开放的贸易和投资体系之一，享有自由港、单独关税区地位，企业所得税最高仅为12%，国际市场网络广泛，与葡语国家联系紧密，中葡商贸合作服务平台的作用日益得到多方认同和肯定"，澳门与140多个国家和地区享有免签证或落地签证待遇，与全球100多个国家和地区保持贸易往来，所参加的国际性组织达50多个，商业运作准则与国际惯例相适应，投资营商手续简便，外地与本地投资者成立企业的程序相同，为来自世界各地的投资者发展业务提供理想的营商环境，可以助力企业家发展国际贸易。

二 澳门特区人才引进制度的创新发展

人才是区域发展的核心要素，在区域转型上发挥重要专业作用。《澳门特别行政区经济和社会发展第二个五年规划（2020—2025年）》中强调，推进"人才建澳"战略深入实施与建立"双层式社会保障制度"。从当前澳门现实情况看，澳门人才发展储备的来源有以下渠道：

一是澳门高等教育体系培养的本地人才。澳门高校的学科布局与澳门未来产业多元化发展息息相关，理论上本地高校人才培育首先服务于本地经济社会总体发展目标。目前，澳门高校培养的本地人才，在数量规模和学科结构上都难以满足澳门多元产业发展对于人才的需求，尤其是澳门人口数量偏小，加上博彩业发展与居民收入普遍较高，青年群体接受高等教育的主动性和意愿不强，许多有识之士纷纷指出澳门未来人才发展状况堪忧。

二是赴内地和港台以及国外接受高等教育的澳门人才。澳门特区政府教育及青年发展局有关数据显示，赴内地升学的高三毕业生由2015/2016学年的16%上升至2020/2021学年的37%，另外还有不少澳门人才在内地进修硕士与博士。同时，还有一部分澳门学生赴香港、台湾，以及国外接受高等教育。这些人有不少毕业后就留在当地工作，如果有效引导这些在外地接受教育的高等人才回流澳门，或参与粤港澳大湾区建设，也将成为澳门人才结构的一支重要力量。

三是由外地进入澳门学习或工作的高等人才。不少内地及港台学生进入澳门接受高等教育，据有关数据显示这些学生约占澳门高校学生人数的七成。按照当下的澳门人才政策，这批学生毕业后大多数无法留在澳门，即他们除了带动澳门教育产业发展之外，对促进澳门高等人才发展规模的扩大及对留下工作为澳门产业发展贡献力量的意义相对较弱。同时，不少海内外高端人才因各种原因进入澳门工作后，由于取得澳门居留证的门槛较高，使这个群体难以安心留在澳门发展，制约了澳门高端人才队伍的发展壮大。

因应上述情况，特区政府于2021年11月10日，澳门对《人才引进制度》咨询文本展开了公开咨询，旨在汇聚澳门经济和社会可持续发展所需的各类人才，提高澳门的城市形象与国际知名度，同时引入领军人物，引领及带动澳门经济适度多元发展，优化本地的人力资源结构，提升整体人口素质及竞争力。在初步的《人才引进制度》文本中，主要有三大计划：高端人才计划、优秀人才计划及高级专业人才计划，将为澳门引进"大健康、现代金融、高新科技及文化体育"四大新产业，以及支持社会持续发展的不同层次人才。获批澳门人才计划的人士，将获得澳门批准的特别居留身份，而且根据不同的计划还有不同的居住要求，同时可能惠及配偶和18岁以下未婚子女。这些政策措施，是澳门特区政府为推进高端人才基地建设的创新性探索，具有十分积极的意义。

三　澳门特区高端人才引进制度建设的困境与局限

当前，澳门高端人才储备不足，本地人才培养和高端人才引进均面临一些困境，这既有客观因素的制约，也有一些制度上的不足。主要表现在以下三个方面：

一是总量偏小。澳门人口总数只有68万人余，博彩业"一业独大"的格局尚未得到改变，产业多元发展进展缓慢，高端人才无论是数量规模还是市场需求都相对较小，如果只是立足于澳门本地需要，则高端人才建设的空间十分有限。然而，如果放眼粤港澳大湾区整体需要，甚至立足于全面建成社会主义现代化强国的全局，澳门高端人才基地建设便具有了广阔空间。特别是"一国两制"之下的澳门对海外高端人才具有独特吸引力。据有关数据显示，大湾区受过高等教育的常住人口比例仅为17.47%，远低于纽约湾区（42%）、旧金山湾区（46%）、东京湾区（36.7%）。因此，无论是澳门本地还是粤港澳大湾区，人才总量偏小是个需要着力解决的结构性问题。

二是容量有限。基于促进澳门产业适度多元发展、改变博彩业"一业独大"的需要，特区政府根据澳门现有产业发展基础，提出发展"大健康、现代金融、高新科技及文化体育"四大新产业，新制定的高端人才计划、优秀人才计划和高级专业人才计划等，也主要是服务于上述四大产业发展需要。从近期看，上述四大产业目前仅处于起步阶段，为高端人才提供的就业机会相对有限，就业岗位不够多；从长远看，即便四大产业得到较好发展，但就业途径也相对狭窄，对于高端人才发挥自身价值、成就人生理想的大平台宽渠道而言还相对不足。人才尤其是高端人才都是把实现自身价值放在首位的，打破澳门自身平台不足的劣势，为引进的高端人才提供发挥才智的充足舞台，需要进一步发挥"背靠祖国"的独特优势，把融入国家发展大局作为拓展澳门人才发展平台的重要途径。

三是政策欠缺。据有关方面统计，截至2022年，在粤纳入人力资源和社会保障部门登记管理的港澳居民仅有8.69万人，打破事业单位"玻璃门"进入广东省事业编制的人仅有28人，且进入大湾区内地工作的港澳人才大多在港澳资企业工作，真正进入内地企事业单位工作的极少，这说明大湾区内地城市还需要进一步打破用人壁垒，进一步优化人才政策，更多引进港澳及海外人才进入大湾区就业。另一方面，从澳门引进人才的实践来看，既有产业单一造成的本地人才"过剩"情况，也有四大新兴产业缺乏领军人才的"匮乏"现象；既有高等稀缺人才"引不入"的现象，也有高端人才"留不住"的问题，特别是一些在澳门著名高校任职且获得终身教授职务的国际高端人才迟迟无法获得澳门居留证，导致其无法安居而被迫离开，说明澳门高端人才引进政策设置的门槛或不符合人才所望，或给出的条件不具备竞争力，或缺乏定向吸纳人才之指引。同时，澳门本土人才"出不去、回不来"，特区政府缺乏相应的指引或支持措施。因此，无论是澳门特区还是大湾区内地城市，进一步优化人才政策，还有大量工作要做。

四　找准澳门特区国际高端人才基地建设的发展方向

深度参与粤港澳大湾区建设，融入国家发展大局，促进经济适度多元发展是澳门当前和未来发展的重要方向。从客观条件看，澳门的基础条件和其他产业相对比较密集的地区，尤其与同样是"一国两制"背景的香港地区相比还存在一定差距，因为澳门的主要人才资源仍处于为博彩旅游业服务的阶段，但就澳门未来总体发展而言，结合国家赋予澳门"一中心、一平台、一基地"的发展定位，以及澳门产业适度多元发展的刚性需求、特区政府布局和引入各产业所需的领军人才与中坚力量人才，提升自身竞争力的内在需求，特别是在融入国家发展大局，参与粤港澳大湾区建设和共建"一带一路"等国家战略，共担中华民族伟大复兴历史责任过程中，把澳门建设成国际高端人才基地具有特别重要的意义和难得的历史机遇。

（一）明确产业发展定位。澳门产业较为单一、资源十分匮乏，要在"一国两制"的制度优势下、欧盟普惠制的基础上，合理利用好高度开放自由港的特殊优势，找准适合澳门实际的产业发展道路。《粤港澳大湾区发展规划纲要》将澳门与香港、广州和深圳一起确定为区域中心城市，强调建设世界旅游休闲中心、中国与葡语国家商贸合作服务平台，打造以中华文化为主流、多元文化共存的交流合作基地,并参与科技创新走廊建设,探索特色金融等现代产业发展等,充分体现了"一国两制"原则下澳门在国家发展战略中的重要地位。[①]

澳门建设国际高端人才基地,既要立足于自身发展需要,有利于推动澳门经济适度多元发展,又要着眼于国家发展战略全局,围绕国家构建国内国际双循环发展格局,以中国式现代化实现中华民族伟大复兴这个战略全局。要深度融入大湾区产业体系,将构建具有国际竞争力的现代产业体系作为根本目标,围绕科技前沿研究吸引世界高端人才,把引进科技创新人才、特色金融和旅游会展等产业发展人才作为重点,厚植人才资源根基。要在继续发展传统优势产业的同时,在澳门建设葡语国家人民币清算中心,发展特色金融、电子商务、文化创意、海洋经济、战略新兴产业等,拓展产业创新空间,形成更多新产业、新业态,加快推动经济适度多元发展步伐。

(二)优化人才发展战略。澳门未来发展面临产业多元化、现有产业优化升级、多元化转型发展的多重压力。澳门人才发展战略需要跳出澳门看澳门,立足粤港澳大湾区建设和国家新时代发展全局,紧密结合澳门在大湾区建设中的战略定位和使命任务,扎实跟踪调研大湾区有关领域的人才现状、缺口和需求趋势,制定科学的人才发展长远规划。

要因应新形势、新任务和新挑战,在特区政府已经做出努力的基础上,继续采取切实有效的举措,主要通过本地培养和外部引入两个方面的积极稳妥作为,致力缩小澳门人才数量、质量和结构与澳门未来发展定位和目标之间的差距,为澳门长期繁荣稳定奠定人才基础。要优化政策供给,从培养、引进和回流等方面全方位、系统化、前瞻性地拟定澳门的人才发展长远规划,并以规划为指引,加大国际高端人才引进力度,重点引进大湾区急需的高端专业技术人才和科技创新人才,支持大湾区高新技术发展。特区政府尤其是人力资源管理部门需要深入理解引进人才的本意,从总体区域规划发展需求出发,分析所需的人才数量、种类并做出科学规划,公开透明地向社会大众作出说明,并根据实际发展进行阶段性动态调整。

---

① 《粤港澳大湾区发展规划纲要》,2019-02-18。

（三）深化与内地合作。《粤港澳大湾区发展规划纲要》提出，研究实施促进粤港澳大湾区出入境、工作、居住、物流等更加便利化的政策措施，鼓励科技和学术人才交往交流；完善人才激励机制，健全人才双向流动机制，为人才跨地区、跨行业、跨体制流动提供便利条件。作为小型经济体的澳门，物理空间和人口资源极为有限，本地市场狭小、产业结构单一，要在推进具有澳门特色的"一国两制"新实践中获得更大发展、承担更大使命，更好融入国家发展大局，需要充分发挥人才作为第一资源的保障作用和促进作用，深化与内地合作，提升特区政府与内地政府的沟通协作水平，促进协同配合，建设国际高端人才发展基地。

要深化与大湾区内地城市的务实合作，建立健全大湾区人才共享机制。在大湾区合作框架下，推动澳门与广州、深圳等内地城市建立高端人才发展联盟，形成区域人才共享机制，创新人才供给方式，打通高端人才在穗深与澳门之间的自由流动。要高度重视法治环境建设，支持粤港澳大湾区建设国际商事法庭、开展国际仲裁等，为大湾区商务活动提供法治保障。要加强知识产权保护和科研政策支持，向进入澳门的海外高端科研型人才开放政府科研申请资助，落实港澳青年人才与内地青年人才同等薪酬待遇，并采取适当方式补齐港澳青年人才在住房公积金、科研启动金、安家费等方面的"福利短板"。

（四）提升人才服务水平。2022年香港特区政府换届后，特首李家超首份施政报告即提出每年吸纳至少3.5万名人才的"抢企业抢人才"计划。相对而言，海外高端人才对港澳的认同度高于对内地的认同。国家应利用香港、澳门联通世界的独特优势，把香港、澳门作为大湾区内地城市的"人才飞地"，落实"试点实施方案"中关于"探索优化外国人来华工作许可和工作类居留许可审批流程""为符合条件的外籍人员办理R字签证和提供出入境便利""为符合条件的外籍高层次人才申请永久居留提供便利"等政策措施，出台相关实施细则，为海外高端人才进入粤港澳大湾区工作提供系统的政策支持。

要发挥澳门自由港优势和精准联系功能，进一步落实内地与港澳《关于建立更紧密经贸关系安排》，促进区域通关便利化、促进要素高效便捷流动，探索建立高度便利化的境外专业人才执业制度，进一步放宽境外人员参加各类职业资格考试的限制；推进来内地就业港澳人员使用的电信、网络、金融等跨境无缝便捷服务，促进相关系统一体化发展，为国际高端人才进入大湾区就业提供平台支持。要加大力度共建优质生活圈，在教育培训、医疗健康、人才流动、创新创业、文化交流、旅游休闲、食品安全、社保养老、社会救助、司法协助等方面深化合作，强化深港澳三地人才公共服务的无缝对接，落实港澳和海外高端人才进入大湾区就业的税收优惠和住房、社保、就医、子女就学、金融往来等保障措施，打造保障高端人才在大湾区工作、生活、发展的系统工程和优良环境。

佛山市顺德区人才高地建设的问题及对策
——基于萧鸣政教授《人才高地建设评价标准体系》的分析

李永康　罗　茜

（云南财经大学财政与公共管理学院）

摘要：为了探究佛山市顺德区粤港澳大湾区建设和人才强国战略的实施现状和问题，本文采用文献法、实地调查法和访谈法，依照萧鸣政教授提出的人才高地建设标准建立研究框架，从人才高地建设的条件、过程和结果三个维度分析顺德区的人才高地建设成效、问题，并提出针对性对策，助力顺德区建设人才高地，早日实现粤港澳大湾区建设目标。

关键词：顺德区；人才高地建设条件；人才高地建设过程；人才高地建设结果

一　研究设计

本文依据萧鸣政教授等对人才高地的划分标准进行分类和分析。萧教授团队提出了三个一级指标：人才高地建设条件、人才高地建设过程、人才高地建设结果。人才高地建设条件下设三个二级指标，并在此基础上再划分三级指标。其具体核心内容主要是地区内人才数量变化以及比率、平台建设情况、投入情况等。人才高地建设过程是指该区域人才高地建设程度和要素具备的要求，便于判断区域内人才交流是否频繁，文化氛围是否形成等，主要有外部投资、文化普及与平台、交流活动三个方面。人才高地建设结果则是通过明确的数据来体现顺德正处于的具体建设情况与状态，并比对其他区域的结果来判断差距和完善未来的建设计划。其二级指标则是由效能、成果、质量组成。①

本文数据来自顺德政府网站，媒体报道，通过"粤港澳大湾区""政府报告""顺德GDP""经济简报""产业""4+5""高层次人才"等多个关键词进行检索，检索内容包含通知、办法、规定、条例、意见等诸多政策文件，也搜索对应的媒体报道。

二 佛山市顺德区人才高地建设现状

（一）人才高地建设条件

1. 人才聚集

广东省从2021年起大力推行"三个通"："社保通""人才通""就业通"，三通也是通三地，主要是说加强三地政策、标准协同。三通成了人才聚集的基石，保障人才基本权利。市区二级不断完善引入人才，加速人才聚集的政策。如《顺德人才引进入户政策》《佛山市人才引育扶持工作实施细则》《佛山市新引进领军人才安家补贴工作实施细则》《佛山市新引进中初级人才租房补贴工作实施细则》《佛山高层次人才住房公积金支持政策管理办法》《顺德区人才专卖房管理暂行办法》《顺德区人才专卖房管理办法》《佛山市职业技能升级行动市级奖补项目实施办法（试行）》《顺德区高层次人才子女入学管理办法》《佛山市新引进博士博士后、进站博士后和新建博士后载体扶持工作实施细则》等。② 还出台了一系列人才认定办法，如《顺德区高层次教育人才确认办法》《顺德区高层次产业人才分类认定标准（2021）》《顺德高层次产业人才确定办法》《顺德区高层次人才确认细则》《佛山市顺德区高层次社会工作人才确认办法》以及《优粤佛山卡服务管理暂行办法》等。顺德人才数据2021至2022年上半年，新增高层次人才6085名，其中领军人才14名，新引育国家重大人才工程计划专家7位，博士400名，硕士3000名

---

① 萧鸣政、应验、张满：《人才高地建设的标准与路径——基于概念、特征、结构与要素的分析》，《中国行政管理》2022年第5期。

② 佛山财政局：《佛山市新引进博士博士后、进站博士后和新建博士后载体扶持工作实施细则》。

左右，市级团队10个。[①]

2. 创新平台

2022年首个高层次实验室落户顺德，至2023年1月，顺德通过多项政策和"919人才工程"建设的成果，如省级重点实验室13家，省级工程中心265家，博士工作站16家，加上企业研发机构建有率已达到60%；院士专家工作站两家，省新型研发机构6家，科技企业孵化器37家，众创空间23家，其中国家级科技企业孵化器8家，国家级众创空间8家；累计引进合作院士35人，引入公共创新平台27个，各级创新团队97个，省级创新创业领军人才7人，省级创新团队5个，市级创新团队46个[②]。顺德区拥有北京科技大学顺德研究生院、顺德中山大学—卡内基梅隆大学国际联合研究院、南方医科大学等几所高等院校的分校。与此同时，《顺德区人民政府关于加强高层次人才和团队引进培养工作的若干意见（2015）》提出，不管是高校、还是研究院等，都能收到补贴，该意见是引进、培养和扶持三合一，提供经费、补助等资金支持，推动多项人才交流、创新活动或赛事以及人才有关平台建设。[③]

2021年为了建设"4+5"定位中的四大战略性支柱产业集群和五大战略性新兴产业集群，顺德双创母基金对外公开招募三期子基金，引进了投资机构20家。并在《顺德区国民经济和社会发展第十四个五年规划和2035年远景目标纲要》中提出建设重大科技创新平台，如开元芯片研究院、顺德机器人谷、美的全球创新中心等；粤港澳产业协同创新重大平台，如开源芯片基地、粤港/粤澳重点实验室等；粤港澳青年系统发展重大项目：港澳青年创新创业基地、顺澳文化纪念公园等。[④]

[①] 顺德人才：《顺德区"919人才工程"开展以来的人才工作成效》，顺德人才公众号，2022-9-19。

[②] 顺德人才：《顺德区"919人才工程"开展以来的人才工作成效》，顺德人才公众号，2022-9-19。

[③] 顺德区人民政府：《顺德区人民政府关于加强高层次人才和团队引进培养工作的若干意见》，https://sino-german.foshan.gov.cn/webpic/W0201802/W020180205/W020180205418112422671.pdf，2015-9-15。

[④] 佛山市顺德区人民政府：《佛山市顺德区国民经济和社会发展第十四个五年计划和2035年发展目标规划》，https://www.shunde.gov.cn/sdqrmzf/zwgk/ghjh/fzgh/content/post_5492121.html，2022-12-08。

3. 法制与经济

律师是创业者在开办公司、公司运营中都需要的人才，顺德全区共97家律师事务所，而广东省2021年统计每万名人口拥有律师数为4.7人。

直至2022年全区全社会研发经费R&D达173.86亿元，R&D占GDP比重4.28%，距离顺德区十四五规划中的4.4%数据有可发展空间。①

其中为了推动招商引资，依据《中共广东省委全面深化改革委员会关于印发顺德区率先建设广东省高质量发展体制机制改革创新试验区实施方案的通知》等省市两级政策，政府出台《顺德区促进招商引资推动产业高质量发展扶持办法》。着重扶持"4+5"产业定位的战略集群，力图培养顺德独角兽企业。

（二）人才高地建设过程

1. 创新氛围

顺德自2008年起每年举办"创业顺德"活动，众多项目小组获得扶持，从这些项目里诞生了众多企业雏形。并于2021年紧跟政策，创办首届顺德创新创业大赛——港澳专场。在最近四年来累计吸引多个企业、初创团体、学校参与，超300项目报名参加；近三年获奖单位获得政府扶持资金超180万，超过九成的初创团队落户顺德，其中29家就是存量的国家高新技术企业，这些企业创造了累计工业总产值超15亿元，缴纳税收额超三千多万元。2022年12月至2023年3月成功举办第十五届设计顺德D-Day大赛，这是设计、科技、制造三者合一的赛事。

除了科技项目类型的赛事外，顺德还有诸多的职业技能赛事，如每年8月举办"粤菜师傅"职业技能大赛以及职工职业技能大赛，承办过一届广东省职业院校学生专业技能竞赛，并号召参与全国职业院校技能大赛，大力发展职校教育。根据顺德统计局统计的外商直接投资项目在2021年实际利用投资合计2.6亿美元左右，2020年则是大约3亿美元，并且主要引

---

① 佛山市顺德区人民政府：《佛山市顺德区国民经济和社会发展第十四个五年规划和2035年远景目标纲要》，http://www.shunde.gov.cn/sdqrmzf/zwgk/ghjh/fzgh/content/post_5492121.html，2022-12-8。

进方式是引进外企和中外合资办企业。[①]

2. 创新文化

顺德"强中心"十项重点工程之一——科学馆在 2021 年 1 月成功封顶，为顺德科普活动提供了优秀的场景和环境，也提高了科学文化和社会发展结合的有效程度，满足广大市民和儿童对科学知识的渴求。同时承担科普责任的还有图书馆、各院校等，科学馆和图书馆两处公共设施很大程度上便利了 2022 年 9 月份的全国科普日系列活动的开展。其他科普活动部分是高等院校开展，更多的是公益团体或集体、社会团队和公共文化设施负责团队举办的各项活动。

3. 创新活动

顺德成功举办了七届 IEEE 射频识别技术与应用国际会议，以及在 2022 年首次召开第一届大湾区国际放射治疗会议，同年与世界设计组织举办第三十二届世界设计大会。顺德职业技术学校有两个项目获得批准，经费获批总计 82 万元；南方医科大顺德医院申报 37 项，获得直接经费 224 万元。

（三）人才高地建设结果

1. 创新效能

效能的表现在两方面：一是劳动生产率，二是 GDP 增速。这两个数据是过去一年的创新效能重要表现和主要依据。根据 2023 年 1 月发布的 2022 顺德区经济运行简况表示，在 2022 年顺德区生产总值超 4000 亿元，比上年增长了 0.8%。[②] 科技产业以及全产业的劳动生产率信息政府并未统计。而全区高新技术产品产值超过了 4000 亿元，占规模以上工业总产值比重接近 50%。[③]

2. 创新成果

专利是创新成果的具体表现，顺德交出了满意的答卷：从 2019 年开始，

---

① 佛山顺德统计局：《（外商直接投资）实际利用外资》，http://www.shunde.gov.cn/sdqtjj/tjnj/2022n/pflsmyydwjjylyy/content/post_5564899.html，2023 - 1 - 5。

② 叶芝婷：《2022 年顺德 GDP4166.39 亿元》，《珠江日报》A03 版 2023 - 2 - 1。

③ 顺德区金融业联合促进会：《官宣！2022 年顺德 GDP4166.39 亿元》，顺德区金融业联合促进会公众号，2023 - 2 - 1。

全区新增专利授权12.24万件,有效发明专利超1.1万件;新增国家、省级专利奖共178项。在2021年万人发明专利拥有量达58.39件,在大湾区中仅次于深、珠。[①] 并且为了促进专利对经济发展的作用,政府制定了《佛山市顺德区促进知识产权高质量发展扶持办法》。

3. 创新质量

南方医科大顺德医院心脏医学等多篇论文被国际多个组织引用;区内医疗单位还做出了以下成就:多篇SCI论文入选国家级学术影响力、高价值百强,3篇则入选ESI高被引论文。以及专利项目起初所依据的理论,还有最后专利结果引申出来的相关论文也是论文应用中的一部分。而个人、团体、组织或者企业创新部门等的创新成果可以通过各项赛事、企业、投资机构等多种渠道获得对应奖励和扶持,例如可以参加设计顺德D-Day赛事,获得资金扶持;亦可联系投资机构进行评估风险,进而获得对应的资金支持等。

三 佛山市顺德区人才高地建设存在的问题分析

(一)人才高地建设条件缺口大

1. 高等学校资源不足

首先,一流院校少,创新能力较低。顺德拥有高校相较于广州和香港有较大差距,暂时没有拥有世界一流大学。其次,学术氛围差,留不住人才。由于诸多特殊原因导致专利、论文主导者没有得到应得的荣誉和待遇,让诸多人才流失,更多人才更愿意去往其他国际学校进修。

2. 风险投资等金融机构不足

政府并未统计金融机构数量,但从报道中双创母基金在2021年引入20家投资机构,以及在天眼查网站上通过"顺德投资"关键词进行搜索,可以搜索到近32家存续状态的企业,这个数量远比深圳、广州的投资机构数量小。

[①] 顺德区人民代表大会常务委员会:《佛山市顺德区人民政府关于贯彻实施〈中华人民共和国专利法〉情况报告》,https://rd.shunde.gov.cn/data/main.php?id=541151-30010,2023-1-9。

（二）人才高地建设过程投入不足，政策落实不到位

1. 科技馆等设施科普活动不足

顺德区斥巨资建设科学馆，举办了多项活动，起到了极大的科普作用，但是在数量上仍是不足。科普人员不足、举办活动次数少、人流量受疫情影响是直至2022年科普活动数量受到限制的主要原因。

2. 外商直接投资额较低，投资渠道少

据统计，顺德2021年实际投资额2.6亿美元左右，折合人民币17.86亿元。[①] 而广州市实际金额则是破500亿元，[②] 五年GDP变化趋势最为接近的广州黄埔区的实际外商投资金额也有26.46亿美元，[③] 相较而言顺德投资额差距较大。可以看出在投资金额上离广深还有一定距离。并且顺德投资渠道少，主要是中外合资和外企引入，更多的方式如：中外合作、合伙等其他渠道并没有外商进行投资。

3. 政策落实不到位

第一，人才确认条件过高，待遇有待提高。佛山依照省级优粤卡政策制定的优粤佛山卡政策，其人才认定范围较广，人才认定的门槛较高。即对于领军人才和尖端人才及其预备人才群体的标准较为合适，但中初级人才和特殊人才两种类型人才的门槛高，这两种正是基数最大的人才群体。第二，人才补贴与福利有待完善。对于中初级人才的补贴更多是倾向企业，给予企业补贴，这就存在了"吃补贴"的企业，即故意招聘应届大学生实习、试用，以获得政府补贴，而后将其"辞退"。人才住房政策是解决高层次人才住房问题，而不是给人才再添加问题。现如今顺德住房政策存在重大缺陷，政策落实之后，众多人才对此颇有微词。

[①] 佛山顺德统计局：《（外商直接投资）实际利用外资》，http://www.shunde.gov.cn/sdqtjj/tjnj/2022n/pflsmyydwjjylyy/content/post_5564899.html，2023-1-5。

[②] 广州市统计局：《2021年广州市国民经济和社会发展统计公报》，https://mp.weixin.qq.com/s?__biz=MzA3Mzg2MDYxNA==&mid=2650855772&idx=1&sn=8b7e10b4cbbf028264efd2679cff5544&chksm=84fcea35b38b6323e36741853035a90383396943e6fd5d144eb59e54af393e84d613dfde4272&scene=27，2022-3-9。

[③] 广州黄埔区统计局：《黄埔区2021—2022年实际使用外资情况》，http://www.hp.gov.cn/gzhptj/gkmlpt/content/8/8936/post_8936421.html#4425，2023-4-19。

(三) 人才高地结果距离标准差距大

1. 建设结果数据缺失

顺德政府对于网站发布的统计数据缺少维护，统计内容也有疏漏。政府网站内存在较多的文档无法打开即超链接失效，进而无法获取确切信息。并且通过网络搜索发现建设结果的三级指标中多项缺乏数据，其中主要原因是对指标数据收集更新困难，但是数据的收集发布仍然是政府相关部门的职责之一。

2. 高校论文应用与引用数量少

顺德区域内论文的引用及应用数量少，现已知南方医科大学顺德学院的多篇医学文章被引用，并应用于国际上相关专业医学领域的准则、规范等内容；以及职校成功申请多项专利。但与其他地区高校的高被引论文和专利数据进行比对，可以看出顺德具有高被引论文的院校少。

四 佛山市顺德区人才高地建设的对策

(一) 完善人才高地建设条件

1. 提高顺德本地高等教育院校数量和质量

顺德高等教育院校不到十所，教育环境建设尚有缺口，需要更多的一流院校落地。可以通过与港澳院校合作，将港澳优秀的院校引入顺德。还可以与南京大学、清华、北大、国防科技大学等国内尖端学校合作，将研究院、研究生院等引入顺德。

2. 加大扶持和奖励力度，鼓励出更多创新成果

具有诱惑力的奖励是顺德当地各院校提高自身师资水平、学生创新能力的基础。重点奖励北京科技大学顺德研究生院、顺德中山大学—卡内基梅隆大学国际联合研究院、佛山理工大学、南方医科大学顺德校区等高等教育和研究机构；大力扶持顺德职业院校，以强化校企联合等方式发挥职校培养技能人才的能力。

(二) 创新人才高地建设过程

1. 推动高层次人才兼职办法，让"专家"为百姓科普

研讨如何活用高层次人才，推动人才兼职。优秀的大学教师可以邀请来担任讲座讲师，将优秀经验、专业知识或认知深入浅出地传递给当地人；科研人员除去假期，还可以在大学挂职，开办讲座为大学生讲授知识，又或是受邀在图书馆、科学馆等公共文化设施举办科普讲座活动，为广大市民解惑，让他们对科学技术与知识更了解。

2. 加强国际人才交流活动

增加科研赛事举办数量或参与多项国家级、国际赛事。通过举办或参与的方式去挖掘国内人才、国际人才和优秀的项目及团体；通过审验进行投资办企等，将技术和人才留在顺德。赛事还可以发掘出人才，人才也可以通过这些赛事实现自己的抱负和目标。

3. 扩宽投资来源，增加投资渠道

一是引进风险投资、私募机构等多种金融要素。二是开拓投资渠道，如外资、集团创办子企业或分企业等。

4. 改进政策痛点，加大宣传力度

一是让更多的人才参与政策制定，使用好官网、公众号、微博等信息工具，尽量减少政策变动产生的遗留问题。二是要做好宣传工作，为人才做好服务。例如各项技能赛事简章中或宣传信息上要留有要求人才注意相关政策的资讯，并为获奖者提供政策咨询的服务。此外还要关注企业内部长期举办且有促进企业内人才流动的活动，敦促企业方宣传人才政策。

(三) 紧抓人才高地建设结果

1. 系统构建人才高地建设成果统计和发布渠道

相关部门应该及时按照要求做好人才高地建设数据的统计和上报，顺德区人才办应及时在官网发布相关数据。为决策和研究提供一手数据资料，也为大湾区人才高地建设统计和发布做出标杆和示范，积极推动湾区建设。

2. 推动产出更多创新成果

一是推动高校及科研机构创新能力建设；二是通过以赛事促创新；

三是推动校企联合,产出更多成果。比如护肤品产业中有较多的校企联合,依靠医科大学的研究成果,再由企业改进、降低成本并生产出售。四是加大对科研设施和前瞻性基础研究项目的投入,推出符合国家发展的创新成果。

全方位培养、引进、用好高层次创新创业人才

杨国庆

（中共上海市委党校）

摘要：新时代人才工作的一个重大成就是把人才强国战略提到前所未有的高度，这也是应对新时代新征程中国共产党的使命任务的一个重要支撑。地方政府在实施人才强国战略的过程中，需要培养、引进、用好各类人才，其中知识层次高、创新能力强、开拓精神强、社会贡献大的高层次创新创业人才是各地争相开发的重点。地方政府需要因地制宜地处理好几对关系；培养高层次创新创业人才的途径包括教育、培训、轮岗、论坛、路演等；引进高层次创新创业人才需要人才政策铺路，让人才能过去；用好高层次创新创业人才需要破除制约人才发展的思想障碍和制度藩篱。

关键词：人才强国战略；地方政府；高层次创新创业人才

新时代人才工作的一个重大成就是把人才强国战略提到前所未有的高度，这也是应对新时代新征程中国共产党的使命任务的一个重要支撑。党的二十大报告指出，必须坚持科技是第一生产力、人才是第一资源、创新是第一动力，深入实施科教兴国战略、人才强国战略、创新驱动发展战略，开辟发展新领域新赛道，不断塑造发展新动能新优势。[1] 地方政府在实施人才强国战略的过程中，需要因地制宜地培养、引进、用好

---

[1] 习近平：《高举中国特色社会主义伟大旗帜　为全面建设社会主义现代化国家而团结奋斗——在中国共产党第二十次全国代表大会上的报告》，人民出版社2022年版，第33页。

各类人才，其中知识层次高、创新能力强、开拓精神强、社会贡献大的高层次创新创业人才是各地争相开发的重点。本文对新时代地方政府实施人才强国战略过程中高层次创新创业人才工作进行分析，旨在挖掘地方政府关注的重点难点和支撑点。

一 地方政府实施人才强国战略需处理好几对关系

（一）中央要求和地方需求。近年来从中国国际环境来看，"面对外部讹诈、遏制、封锁、极限施压"，这是党的二十大报告对国际环境的一个判断。中央提出，北京、上海、粤港澳大湾区建设高水平人才高地，一些高层次人才集中的中心城市也要着力建设吸引和集聚人才的平台。对地方政府来说，面对高压外部环境，服务全国大局、形成整体合力是题中应有之义。各个地方的发展也有对人才的个性化需求，不少地方基层面临的现实问题是经济社会高质量发展所需的人才不足或流失，吸引留住所需人才是当务之急。发达地区和城市因为物质条件较好，很少有艰苦地区锻炼干部和人才，所以对他们来说，尽可能创造机会派年轻人去边远艰苦地区工作一段时间，让他们看到苦难的地方，看尽人间疾苦，内心有所触动。

（二）党管人才与市场配置。党对人才工作的全面领导，主要是政治领导、思想引领。党管人才是党管干部在人才领域的自然延伸，是新时代人才工作的基本原则。党高度重视人才，给予人才各种荣誉和待遇。但是也要防止人才片面年轻化、人才标签化，只知道盯住少数有头衔和帽子的人才，对其他人都是忽视的，没有机会脱颖而出。有竞争机制固然不错，也需要慧眼识珠，防止用人"马太效应"，防止"起点"变"终点"。高层次创新创业人才作为中高端人力资源，主要是市场化配置的资源。这些人才除了看个人硬件条件（包括学历、职称、证书、已有成就等）之外，更重要的是个人软性条件（包括积极进取、努力程度、环境适应、冒险精神等），主要是以用为本，在实践中经受考验，尤其是市场考验。

（三）创新人才与干部人才。干部人才的要求与创新人才要求不一样，衡量标准不同，不能简单套用管干部的方式去管人才。高层次创新人才中有一部分本身属于干部，还有一部分人才虽不属于干部，但干部部门有时按照惯性参照干部进行管理。新时代强调全面从严治党，对干部的管理和约束措施比较严格，高层次创新人才恰恰需要的是宽松的环境，一旦约束过多，创新就会窒息。创新创业领域更需要敢于幻想、勇闯无人区的冒险精神。

（四）人才中心与经济发展。展望未来，北京、上海、粤港澳大湾区有望建成世界重要人才中心。对很多地方政府来说，通过努力打通与各大人才中心的联系，借势发展经济。从一定程度来讲，人才工作就是经济工作，其原因在于：政府文件中谈经济和产业的部分都能找到人才工作的影子，人才工作部门打交道的主要是经济部门，人才工作手段也是经济工作。很多地方政府，都会围绕高新技术产业园兴建基础设施，目的是吸引各地人才。毕竟，人才对于居住条件的要求，一般都会比较高。很多产业高地与相应产业人才是相辅相成的。

（五）创新高地与产业集聚。中央提出，展望未来，北京、上海、粤港澳大湾区有望建成世界创新高地。对其他很多地方政府来说，形成区域性创新高地的前提是优势产业集聚。人才高度集中的地方就形成了创新高地的基础。但是，科技高地不是那么容易建的，科研前期投入很大，不见得能出成果。而且现在中国整个大环境，内卷严重，能静下心来做研究的不多，有些制度设计导向比较浮躁。一个区域发展，人气至关重要。不能只要高端人才，不要低端人口，因为不可能做到，因为只要地方有吸引力，高端低端各种人都会过来，也不必这样，因为高端人才需要更多的低端人口来做配套服务。地方政府将优势产业充分培育起来，形成高水平的产业集聚，就可能形成高水平的创新高地。

（六）战略谋划与日常工作。一项工作要想做出高水平，战略谋划必不可少，地方党委政府了解国内外环境，吸收理论成果，站在一定高度思考和统筹本地人才工作。尤其是要学习理解习近平人才观，消化吸收中央人才工作精神，对做好人才工作具有战略谋划和宏观指导意义。各单位的人才部门日常工作需要扎实有效地开展，既服从服务大局，又需要结合各地区、各部门实际，解决现实问题，持续创造有利于高层次人才创新创业的良好环境和条件，以高水平工作服务人才，便利开展高质量创新创业。

二　培养高层次创新创业人才

中央提出，要走好人才自主培养之路，制定实施基础研究人才专项，培养造就大批各方面人才。高层次创新创业人才是各地不可多得的宝贵资源。本文接下来从人才培养方法的角度，对高层次创新创业人才培养进行分析。

高层次人才培养的首要方法是教育。通过读大学和读研读博拉开的人与人之间差距，可能用一辈子都追赶不上。曾经有一篇文章《没有眼前的高考，你的诗和远方就只在别人的朋友圈》，非常清晰地表明了教育对人才培养的极端重要性。尤其是当今的高层次人才，基本上都接受过系统和正规的高等教育，很多都是硕士、博士研究生毕业，为今后的创新创业工作奠定坚实的知识基础。党的二十大报告指出，坚持为党育人、为国育才，全面提高人才自主培养质量，着力造就拔尖创新人才。[①] 根据第七次全国人口普查的数据显示，我国人口中拥有本科学历的人口占比不到4%，拥有研究生学历的人口占比更是不到1%。相比之下，美国拥有本科学历的人口占比却达到了17.4%。两者之间的差距显而易见，这是中国在经历二十多年连续高校扩招的情况下的对比。由此可见中国通过高等教育培养高层次人才还有较大的提升空间。

高层次人才培养的第二种常用的方法是培训。与大多数人仅在人生早期接受的教育相比，培训基本上贯穿了人生的整个职业生涯全过程。常见培训方法：基本讲授法、案例分析法、问题研讨法、现场教学法等。高层次人才参加培训除了课程安排之外，学员们彼此之间的交流至关重要。有经验的高层次人才培训安排应为促进学员之间交流提供便利，不仅仅是课堂上，也包括课堂外。

高层次人才培养的第三种常见的方法是轮岗。轮岗有多重好处，比如激发工作动力、丰富工作阅历、便于发现专长、减少职业倦怠、相互理解包容、防范职务风险等等。轮岗非常有助于培养复合型人才，很多

[①] 习近平：《高举中国特色社会主义伟大旗帜　为全面建设社会主义现代化国家而团结奋斗——在中国共产党第二十次全国代表大会上的报告》，人民出版社2022年版，第33—34页。

人正是在轮岗中找到了自己的专长和未来发力点，逐渐成长为高层次人才。

高层次人才培养的第四种方法是论坛。中国各地经常举办高水平论坛，尤其是高层次科学技术等领域盛会，其目的是多方面的，一方面是培养和吸引高层次人才，直接服务于科研工作，另一方面公司企业可以利用这种机会直接购买洽谈科技成果，此外还可以吸引媒体和社会公众关注科学技术。对创新创业人才来说，参加这种盛会可以获得很多知识信息，同时通过跟名家近距离接触学习也可获得事业发展的动力。

另外，对于创业型人才来说，创业项目路演也是一种重要培养方式。项目路演是风险投资机构实现融资的高速公路，实现创业项目与投资人的零距离直面对话、平等交流、专业切磋，促进创业项目与投资人的充分沟通和加深了解，最终推动融资进程。路演是一种实战性很强的活动，通过观摩路演可以详细了解各个创业项目的前生今世未来，对创业人才来说是一种很好的借鉴和洗礼。

三　引进高层次创新创业人才

跨单位或地区流动，实现人力资本增值，是人才开发的重要方式。流动后的人员大多具有更加适合的工作，原有潜在的人力资源得以开发。第一，移民通常本身就是一些不安于现状的人，他们离开熟悉地点来到新地点，目的就是要改变自己的人生。第二，移民以年轻人为主，不怕失败，创业的机会成本低，创业失败也不怕丢脸。第三，移民城市破除了在原有固化社会里面复杂的人际关系和层级概念，建立了一种全新的秩序。

高层次人才流动对流入地具有积极作用，但反过来看，也可能会给原单位或地区带来人才损失。所以努力留住所需人才，是每个单位或地区的重要任务，通常用待遇留人、事业留人、感情留人等多种方式。人才流动在一定程度上是正常的，但是若超过一定幅度，就需要找产生原因了。

系统分析城市区域高层次人才的长短板。有些领导容易急于求成，对人才部门提出过高要求，除了引进来之外，还要留得住，用得好。城市区域的人才短缺，不仅看供给，还要看需求。如果看需求之后仍然不足，就要去排查并弥补短板。除了弥补短板之外，还要考虑加强长板。

正因为移民蕴含的人力资本比较高，所以从人力资源角度来讲，移民多的城市创新能力强，比较典型的代表如粤港澳大湾区的深圳，改革开放创造的奇迹与一批又一批移民分不开的。近年来，深圳改变了以前深港之间未来人才流动单向流动的格局，深港之间未来人才流动将是双向的。深圳推出十条吸引香港青年的措施，根据青年群体的阶段性特点，从引领、整合、交流、学习、实习、就业、创业、居住、融合、传播等多种角度，为来深香港青年融入深圳城市发展提供全方位的便利。[①]

人才政策是铺路，让人才能过去。地方人才政策，有与没有是不一样的。部分地方人才引进创新理念是，不求所有，但求所用，这一点与人才以用为本的理念相契合。企业引进人才，实际上是地方政府与企业合力的结果，单方面用力难度很大，只有两者相互配合默契才行。政府出台政策，打造环境，企业搭建事业平台，给予人才相应的待遇。

目前国内创新创业人才流动呈现不平衡态势，主要体现在各类人才高度集中在机关事业单位、沿海地区、大城市和高层单位，而私营企业、中西部、中小城市、农村、基层单位相对短缺。人才流动不平衡的根源有，传统的"官本位"观念，社会上常常以做官为大，创新创业人才没有受到足够的重视；基层资源有限条件艰苦压力大，对人才吸引力明显不足；上升发展的通道不够畅通。引导人才向边远生产一线流动的对策，要破除"官本位"传统，给予包括创新创业在内的各类人才应有的尊重和地位，资源收入分配相应向能够做出创造性价值的高层次人才倾斜。在选拔干部和人才时注重基层经验。

对于高层次人才流动，还有一种人才环流现象，比如 2022 年优秀科学家颜宁归国，受聘担任筹建中的深圳医学科学院创始院长，2023 年又担任深圳湾实验室主任，本属于创新人才的颜宁因此增加了创业人才的特征。目前优秀科学家人才回流，与 20 世纪 50 年代归国科学家相比，爱国奉献之心都是一致的，不过中美两国收入差距和科研条件已经大大

[①] 葛爱峰、齐萌：《加强深港人才流动，深圳推出服务港青十大措施》，《华夏时报》2022 年 7 月 15 日。

缩减，甚至在领军科学家待遇和重大科研项目的经费投入等方面中国已经不亚于美国。人才在发达地区和不发达地区之间进行环流，有时比一次性流动更加有助于提升人力资本，为不发达地区造福。

四 用好高层次创新创业人才

中央提出，要建立以信任为基础的人才使用机制，为各类人才搭建干事创业的平台。信任是人才使用的前提，诚信是人才使用的底线，以创新、质量、贡献、绩效为人才使用的导向。对待急需紧缺的特殊人才，要有特殊政策，不要求全责备，不要论资排辈，不要都用一把尺子衡量，让有真才实学的人才英雄有用武之地。[1]

激发人才活力，需要破除制约人才发展的思想障碍和制度藩篱，最大限度激发人才创新创造活力。对于高层次创新创业人才，需要创造良好的环境条件。用好这类人才，主要在投身伟大事业中锻炼成长。党和国家的伟大事业，需要一代又一代努力。丰富多样和卓有成就的事业机会，是高层次创新创业人才的最佳舞台。

激发人才活力，需要合适的激励手段。中央提出，健全创新激励和保障机制，构建充分体现知识、技术等创新要素价值的收益分配机制，完善科研人员职务发明成果权益分享机制。[2] 激励是通过满足个体的需要而调动其工作积极性，使个体行为与组织目标相一致的过程。激励分为"激"和"励"；激在前，是虚的；励在后，是实的。人才激励来源包括外部激励、自我激励两类。人才激励手段包括薪酬激励、事业激励、绩效激励、行为激励、人本激励等。人才激励的中西方差异，西方激励先小后大，中国激励先大后小。激励如果没有针对性，就很难产生效果。

中国的高层次创新人才大多集中在高校科研院所，不太愿意去对人才需求旺盛的企业。国有企业领导人有任期，所以更多地关注眼前业绩，没有足够动力为长远利益打算进行长期技术储备。而知识产权保护不足

---

[1] 习近平：《深入实施新时代人才强国战略 加快建设世界重要人才中心和创新高地》，《求是》2021年第24期。

[2] 《〈中共中央关于制定国民经济和社会发展第十四个五年规划和二〇三五远景目标的建议〉辅导读本》，人民出版社2020年版，第26页。

也使得企业研发投资的积极性不高。有一次笔者在课堂上调研中科院管理部门学员，是否愿意接受外行领导？现场三分之二的学员举手，表示愿意接受外行领导，回答原因是外行能够走上领导岗位，往往既有思路，又有资源，还给下属自由。人才体制机制改革方向已经明晰，具体落实任重而道远。

坚持营造识才爱才敬才用才的环境。一位企业家曾经说，到一个园区投资，如果是当地政府领导出来做介绍，一般都不行，说明官本位严重，如果政府领导全程陪同，说明很可能存在官僚主义和人浮于事。在这种情况下，由园区工作的专业人员来介绍就可以，政府领导出于礼貌可以出面作陪一下，而不是全程陪同。从企业家视角看问题，跟政府自己视角看问题有差异。总之，专业的人做专业的事，说明人才工作做得到位。

每一位高层次创新创业人才都是独特的，他们对事业是有持续内驱力的。著名科学家、西湖大学校长施一公在公布西湖大学的终身副教授时指出，西湖大学看的不是文章的篇数、引用率等数据，而是让教师讲述自己的科研故事，"我的贡献在我的领域里有多重要，如果离开我的贡献，这个领域会不会出现一个无法愈合的缝隙"。这也从一个侧面反映了中央坚持弘扬的科学家精神，即胸怀祖国、服务人民的爱国精神，勇攀高峰、敢为人先的创新精神，追求真理、严谨治学的求实精神，淡泊名利、潜心研究的奉献精神，集智攻关、团结协作的协同精神，甘为人梯、奖掖后学的育人精神。

五　结语

深入实施人才强国战略，需要党中央集中谋划、地方政府分类实施和各类组织具体落地，其中全方位培养、引进、用好高层次创新创业人才是一项重要任务，对贯彻高水平科技自立自强和引进创新创业项目发展经济的地方政府来说尤其注重。地方政府深入实施人才强国战略，首先要认真学习，深入领会中央人才工作精神；其次是实事求是，根据实际需求开展人才工作；再次是扬长补短，发挥优势，弥补可补的短板；最后要因地制宜，开展扎实有效的人才支撑工作。各类组织深入实施人才强国战略，首先是建立完善人员管理制度并有效执行。其次开展团队建设，尽可能将员工打造成骨干。再次是以身作则，领导班子起到模范带头作用。最后是以奋斗者为本，让贡献者受益。

展望未来，越有能力、越有特长的高层次创新创业人才，就越不需要依附某个公司，他们可以利用平台经济或互联网获得巨大影响力和资源而迅速崛起，成为"超级个体"。个体崛起，组织下沉，是当下最具影响力的人力资源大变革，它不仅会让很多公司消失，而且将深刻改变整个社会的组织架构。地方政府，包括各类组织，需要提前做好准备，在培养、引进、用好高层次创新创业人才上多出新招、实招、妙招。

三　人才评价

粤港澳大湾区人才开发评价指数研究
——基于广东省9市的实证分析

萧鸣政[1,2]，张睿超[2]
（1. 广东财经大学人力资源学院；
2. 北京大学政府管理学院）

摘要：粤港澳大湾区的人才开发关乎人才队伍建设与区域经济发展，是深入实施新时代人才强国战略的核心与关键。论文旨在构建出一套能够反映粤港澳大湾区人才开发能力与水平的指数评价体系，因子分析结果表明，区域人才开发由科技开发、配置开发、教育开发、健康开发四个基本维度构成，共涵盖17个具体指标。对广东省9个地市数据进行指数体系实践评估，将9地市划分为3个梯队，并对具体维度进行了比较分析。基于指数评价结果，借助人才开发的理论与方法，从人才"引、用、育、留"角度为粤港澳大湾区人才开发提出了相关建议。

关键词：粤港澳大湾区；区域人才开发；指数评价；人才高地建设

习近平同志在2021年中央人才工作会议上强调，"当前，我国进入了全面建设社会主义现代化国家、向第二个百年奋斗目标进军的新征程，我们比历史上任何时期都更加渴求人才"。"国家发展靠人才，民族振兴靠人才"，要"深入实施新时代人才强国战略，全方位培养、引进、用好人才"，人才开发迈入了新阶段。

人力资源，需要通过开发才能转化为人才。人才开发，在深入实施新时代人才强国战略与高水平人才高地建设的实践中，具有非常重要与关键的作用。作为未来全球最有前景的增长极之一，粤港澳大湾区的可持续发展离不开对人才的开发和培养。为了有效引领和促进粤港澳大湾区人才开发工作，需要构建一套有关人才开发能力与水平的评价指标体系，以指数化的形式反映粤港澳大湾区人才开发的现状与趋势。通过监测一定时期内粤港澳大湾区人才开发的总体情况和发展能力，帮助政府、企业、公民等主体掌握人才开发的最新动态，进而为提升当地人才开发工作实效提供决策指导。

一 文献回顾与概念界定

（一）粤港澳大湾区人才开发

在学术研究中，粤港澳大湾区人才开发的规范性表述是区域人才开发，这一概念涵盖了人力资源的形成、引进、分配、使用等多个环节，是一项动态循环的系统性工程。区域人才开发兼具管理与投资的双重属性，通过有计划地提升本区域人员的知识、能力、技能、经验、智慧、健康等要素，促进人力资本数量和质量整体性、可持续增长[1]，为政府公共服务提供人才保障[2]，进而推动社会公共利益最大化的实现[3]。政府通过制定实施区域人才开发政策法规，建立健全相关体制机制，为人才发展创造环境和条件[4]，涉及教育培训、医疗保健、配置优化、迁移流动、优生优育、科技研发等多个领域[5]。开发的过程应遵循以下原则：尊重客观事实与经济发展规律，注重开发的系统性与适应性，在人才实际使用与素质形成的过程中开发，以开发促进发展等[6]。基于以上观点，

---

[1] 萧鸣政、饶伟国：《基于人力资本的人力资源开发战略思考》，《中国人力资源开发》2006年第8期。

[2] 萧鸣政、饶伟国：《基于人力资本的人力资源开发战略思考》，《中国人力资源开发》2006年第8期。

[3] 杨嵘均：《我国公共部门人力资源开发与管理的价值转型与制度设计：基于环境—价值—制度研究范式的探讨》，《中国行政管理》2014年第4期。

[4] 方铁、杨东风、崔建国：《解决人事工作与经济工作两张皮的重大举措：论整体性人才资源开发战略》，《中国行政管理》1997年第9期。

[5] 萧鸣政：《中国政府人力资源开发概论》，北京大学出版社2004年版，第111—129页。

[6] 萧鸣政：《培训与人力资源开发：理论与方法》，中国人民大学出版社2020年第2版，第43—49页；王通讯：《区域经济与人才开发》，《中国人才》2008年第17期。

本研究聚焦地市层面，将粤港澳地区人才开发定义为粤港澳地区政府为促进经济社会发展，对本地市人口进行教育、培训、调配、使用、保障、迁移等活动，形成足够数量和质量的现实人才资源以及潜在人才资源储备的过程。

（二）粤港澳大湾区人才开发评价

人才资源的开发水平是决定一个国家或地区竞争力的关键因素，如何对区域人才开发的情况进行评价，始终是研究者们高度关注的问题。这一领域早期的研究多为规范分析，阐释了区域人才评价的一般性理念、思路与方法，如董克用（1997）建议从开发基础、开发途径、开发效益三个方面构建人力资源开发测量体系[①]，徐斌和马金提出人力资源开发程度的度量应包括成本度量、时间度量、数量度量[②]，李燕萍则认为可以从区域人力资本价值、区域人力资源价值、区域人力资源开发效益等角度对区域人力资源开发程度进行测量等[③]，但普遍缺乏对具体操作性指标体系的探讨。此后的研究开始聚焦农村实用人才[④]、科技创新人才等特定人才类别[⑤]，有针对性地构建了相应的区域人才开发评价指标体系，评价的内容也逐渐扩展至区域人才开发效率[⑥]、开发绩效、开发政策实施效果等多个方面[⑦]，但仍然缺乏统一的框架对不同类别、不同情境下区域人才开发的情况进行综合评判和分析，也缺乏对粤港澳大湾区人才开发情况的异质性考察。综上所述，目前学界对于区域人才开发评

---

① 董克用：《关于人力资源开发的理论思考》，《中国人力资源开发》1997年第7期。
② 徐斌、马金：《区域经济发展中的人力资源开发与管理研究》，《人口学刊》2000年第4期。
③ 李燕萍：《区域人力资源开发程度的测定指标体系构建》，《统计研究》2001年第7期。
④ 李华、郭丽娜、张卫国：《新型城镇化背景下的农村人力资源开发评价指标体系研究》，《生态经济》2016年第1期；杨丽丽：《乡村振兴战略与农村人力资源开发及其评价》，《山东社会科学》2019年第10期。
⑤ 戚涌、魏继鑫、王静：《江苏科技人才开发绩效评价研究》，《科技管理研究》2015年第5期；窦超、李晓轩：《中部科技人才开发效率评价及其影响因素研究》，《科研管理》2017年第38期（增刊1）。
⑥ 王成军、宋银玲、冯涛等：《基于GRA-DEA模型的创新型科技人才开发效率评价研究：以陕西省青年科技新星计划为例》，《科技管理研究》2016年第4期。
⑦ 张同全、石环环：《科技园区创新人才开发政策实施效果评价：基于山东省8个科技园区的比较研究》，《中国行政管理》2017年第6期。

价的探讨中，规范分析多，实证分析少；间接分析多，直接分析少；具体分析多，整体分析少，需要进一步构建专门针对粤港澳大湾区的人才开发的综合性评价指标体系。

（三）粤港澳大湾区人才开发指数

指数评价法，是一种反映社会经济现象数量、时间变动情况以及空间对比关系的综合评价方法。我们这里的指数，是指用以揭示粤港澳大湾区不同城市人才开发水平与能力的数量值。这种数量值要求事先设计一系列有关粤港澳大湾区人才开发情况的评价指标，然后依据相关资料进行评价，被评价对象在这些评价指标上所有得分的综合数值，即为该地市的人才开发指数。构建粤港澳大湾区人才开发指数是确保区域人才评价有效性的前提和基础，但目前这一领域的研究还存在大量空白。近年来我国学者借鉴国际上比较成熟的人类发展指数（HDI）、全球人才竞争力指数（GTCI）等概念，设计了中国区域人才发展指数[1]、中国人才竞争力指数等本土化测量工具[2]，但仍然缺乏对区域人才开发指数的直接测量。因此有必要在充分探讨区域人才开发概念框架的基础上，编制一套面向粤港澳大湾区的人才开发指数体系，为粤港澳大湾区人才开发评价提供测量工具。

二 粤港澳大湾区人才开发指数评价体系构建

本研究试图通过定性与定量相结合的方法，探索构建一套适用于评价粤港澳大湾区人才开发水平的指数体系。首先通过对现有研究成果以及制度文件的梳理，提取粤港澳大湾区人才开发相关评价指标。经专家评分并剔除低分指标后，进行探索性因子分析，初步构建粤港澳大湾区人才开发指数的内容要素与结构。通过信效度检验以及验证性因子分析，验证该指数体系的合理性与有效性。根据因子分析的结果，本研究从四个方面对粤港澳大湾区人才开发水平进行评价，分别是科技开发、配置

---

[1] 张书凤、沈进：《我国区域人才发展指数研究》，《科技管理研究》2007年第11期。
[2] 潘晨光：《中国人才发展报告》，社会科学文献出版社2005年版，第219—279页。

开发、教育开发、健康开发。

（一）科技开发维度

科技开发维度包含了用于衡量某地市科学技术研究与应用方面开发投入、开发条件与开发效果的一系列评价指标。西奥多·舒尔茨认为，科技研究是一种借助特定设施和技能来发现新的信息的专门化活动①。这些新信息中包含了新的思想文化、技术方法、模式理念，对于提高生产效率、促进经济增长具有重要意义，能够进一步推动形成以人力资本形态存在的新技能，实现人的发展。此外，科技变革是适应生产技术发展的必然选择，能起到重塑价值观与社会结构的作用，进而实现全社会范围内人力资本的优化。

（二）配置开发维度

配置开发维度包含了用于衡量某地市人才市场配置方面开发投入、开发条件与开发效果的一系列评价指标。配置是指通过调整人力资本分布的稀缺程度，对现有人力资源进行合理配比与组合。挖掘人才潜力，使其优势得到最大限度地发挥，实现全社会范围内人才的高效使用。政府通过提供就业服务、调整劳资关系、劳动保障监察等方式，建设劳动力市场的公共服务体系，提高人才在劳动力市场的配置效率。其中劳动和就业作为配置的主要方式，能够促进人员在实践中获得专业化知识与管理经验，提高其对于工作环境的适应能力，在实际工作中储备具有一定经济价值的能力和信息，进而实现人力资源功能的有效发挥。

（三）教育开发维度

教育开发维度包含了用于衡量某地市教育方面开发投入、开发条件与开发效果的一系列评价指标。教育是积累人力资本的直接途径，也是人力资源开发的重要方式，具有提升人力资本质量、促进人力资源发展等功能。通过开展正规教育、职业培训等教育活动，本区域人员的受教育程度、劳动生产能力以及综合素质水平不断提高。具体而言，教育能

---

① 舒尔茨：《对人进行投资》，商务印书馆2017年版，第42—46页。

够发展传播新思想、新知识、新技术、新方法，培养提高受教育者的智力文化水平与创造性思维。改善能力形态结构，增进受教育者理解、应用、转化最新科技成果的能力，全面提升其核心素养与综合素质。陶冶思想品德，培养正确的认知技能与价值标准，将他们培养成为适应社会需要、推动社会发展的各类人才。

（四）健康开发维度

健康开发维度包含了用于衡量某地市医疗卫生与社会保障方面开发投入、开发条件与开发效果的一系列评价指标。健康是人力资本的重要组成部分，涉及人的寿命、体能、精力、生理功能、身体状况等多个方面，是人才开发的必要基础与前提条件。健康是公共投资的结果，政府通过发展卫生健康事业，提供各类社会保险救助渠道，改善医疗技术、卫生条件、防治能力、营养水平、居住环境、子女抚育，保障本地市人员的健康情况，提高劳动力质量与活力水平，积累人才健康资本。

三 基于广东省9市的人才开发指数评价实践

（一）广东省9市人才开发指数的评价过程

针对前文构建的粤港澳大湾区人才开发指数体系，对粤港澳大湾区中广东省9市的人才开发水平进行综合评判，以检验该指标体系的合理性与有效性。广东省作为我国改革开放的前沿阵地，承担着粤港澳大湾区国际科技创新中心建设，以及实现"四个走在全国前列"等国家部署的重要任务。习近平同志在2018年参加十三届全国人大一次会议广东代表团的审议时强调，"发展是第一要务，人才是第一资源，创新是第一动力"。近年来，广东省深入实施人才驱动发展战略，加快推进人才开发培养工作，致力于打造国际人才高地。广东省在人才开发方面取得了卓越成就，各地市也涌现出了一批人才开发的创新举措和先进经验，因此本研究选择广东省各地市人才开发数据作为实践评价样本。

考虑到数据的时效性和可获得性，采用2021年数据对广东省所有地市的人才开发水平进行评价。所有评价数据均为客观资料，来自广东省统计年鉴、广东省社会统计年鉴、广东省科技年鉴等统计年鉴，以及广东省委组织部、科学技术厅、教育厅、统计局、市场监督管理局等单位提供的工作报告。广东省 9 市的人才开发指数得分及排名情况见表 1。

表 1　　　　　　广东省 9 市人才开发指数得分及排名

城市	得分	9市排名	全省排名	科技开发 得分	科技开发 全省排名	配置开发 得分	配置开发 全省排名	教育开发 得分	教育开发 全省排名	健康开发 得分	健康开发 全省排名
广州	0.697	1	1	0.797	1	0.482	8	0.901	1	0.682	1
深圳	0.502	2	2	0.551	2	0.362	16	0.644	2	0.494	5
佛山	0.328	3	3	0.126	4	0.542	3	0.458	3	0.367	13
东莞	0.267	4	5	0.153	3	0.360	17	0.380	5	0.242	19
珠海	0.250	5	6	0.060	9	0.500	6	0.434	4	0.302	17
惠州	0.229	6	7	0.090	7	0.243	20	0.292	10	0.433	7
肇庆	0.201	7	11	0.040	12	0.350	18	0.269	13	0.432	8
江门	0.184	8	14	0.037	13	0.448	9	0.300	8	0.229	21
中山	0.177	9	15	0.022	15	0.499	7	0.320	7	0.285	18

（二）广东省 9 市人才开发指数的评价结果分析

基于广东省 9 市的粤港澳大湾区人才开发指数得分及排名结果显示，首先，广州市的区域人才开发指数在粤港澳大湾区及广东省内排名均为第一，与深圳市和佛山市同处于第一梯队。且广州市除配置开发外，各维度均位列首位。近年来广州市推出了"岭南英杰工程""菁英计划"等高端人才工程，出台了深化职称制度改革、个人所得税优惠、人才公寓管理、促进人力资源服务机构创新发展等办法，在全省形成了人才开发的示范效应和带动作用。具体而言，这些地市的科技开发和教育开发水平普遍较高，但广州和深圳在配置开发方面，佛山在健康开发方面存在明显不足，亟待进一步改进和提高。

其次，东莞市、珠海市、惠州市共同组成了第二梯队，在区域人才开发方面有一些创新性做法，值得其他地市学习借鉴。例如珠海市充分利用自身作为经济特区的优势，以"珠海英才计划"等重大人才项目为牵引，围绕粤港澳大湾区战略纵深推进与周边地区协同开发治理，在全国范围内率先出台《珠海经济特区人才开发促进条例》等文件，提高人才开发工作的制度化水平，取得了一定成效。具体而言，东莞市在科技开发和教育开发、珠海市在配置开发和教育开发、惠州市在科技开发和配置开发等分维度上表现较好，说明这些城市在以上方面存在一定的比较优势。

再次，肇庆市、江门市、中山市的得分及排名相对落后，在广东省内处于中游水平。这些城市的具体各维度情况与总体情况较为相似，但在个别维度上的表现较为亮眼，例如肇庆市的健康开发全省排名第8，江门市的教育开发排名第8、配置开发排名第9，中山市的教育开发和配置开发排名均为第7等。

最后，将广东省9市的人才开发情况与香港和澳门进行比较，发现香港特别行政区地少人多且自然资源匮乏，在过去很长一段时间内依靠人才开发拉动经济高速发展，是世界范围内最具活力的城市之一。但近年来受到复杂因素的影响，香港出现了人才流失、劳动力短缺、高端人才不足等问题。香港政府统计处2022年公布的人口数量为729.16万，与上一年度同期相比减少了1.6%，净流出人数为11.32万，与上一年度同期相比增长近27%，为近年最高。为此，香港政府制定了全新的人才开发战略，全方位发力招揽人才。在香港特区行政长官《2022年施政报告》中，关于"人才"的论述多达92次，体现了香港政府对人才的高度重视。一方面降低引进门槛，放宽"优秀人才入境计划""输入内地人才计划"等人才引进计划的条件限制，具体做法包括扩大人才列表清单，取消年度配额，延长工作签证年期等。另一方面将引进与培育相结合，聚焦"八中心两枢纽"等关键领域，强化人才培训开发，推行"海事人才培训资助计划"等项目。澳门特别行政区在"一国两制"的成功实践下，中西交融、多元文化并存。基于"一中心，一平台，一基地"的发展定位，不断创新人才开发的措施和方式。2023年，澳门表决通过了最新的《人才引进制度法律》，未来将开通专门的人才引进计划电子申请平台，重点引进高端人才、优秀人才、高级专业人才等人才类别，推出包含税务、教育、医疗、签证、经费等在内的一系列政策优惠。澳门特别行政区政府希望能够借助他们的技术、经验及市场网络，带动和支持本地产业发展，引进社会长远进步和长效发展。综上，香港和澳门特别行政区政府的上述经验做法为同属粤港澳大湾区的广东省9市开展人才开发工作提供了经验借鉴。

粤港澳大湾区青年大学生就业能力测评与开发体系研究

钟洁华[1]　简浩贤[1,2]

（1 澳门理工大学

2 澳门专才发展学会（研究中心））

摘要：粤港澳大湾区建设是我国打造世界级城市群，建设内地与港澳深度合作示范区的一项重要战略。在该战略背景下，本研究对粤港澳大湾区青年大学生就业现状、问题、成因进行了分析，从青年大学生就业基础能力、职业能力、职业素养、发展能力四方面，选取了19项具体评估指标构建青年大学生就业能力测评指标体系，并运用专家评分法与层次分析法相结合的形式，对指标体系权重进行确定。在此基础上，基于对粤港澳大湾区内7所不同层次高校青年大学生开展的问卷调查数据，运用所构建指标体系和灰色评价模型实现了对大湾区青年大学生就业能力的量化测评。最后，基于就业能力测评结果，立足粤港澳大湾区教育教学特质，研究从持续推进大湾区教育教学改革、完善个性化就业指导机制、加强大湾区校企协同建设，推进创新创业教育四方面，提出了进一步提升与开发青年大学生就业能力的政策建议，为大湾区青年大学生就业提供有效路径指引。

关键词：粤港澳大湾区；青年大学生；就业能力；测评体系

一　粤港澳大湾区青年大学生就业能力测评体系开发

（一）评价指标

开发科学的、客观的、准确的测评体系是评估青年大学生就业能力的核心关键工作。大学生的就业能力问题牵涉面甚广，因素复杂繁多，不同层次、种类的高校教学侧重点、培养能力、学生基础素质等均存在差异，要开发一套系统的、应用范围较广、可行性大的测评体系需考虑的因素较多，该体系应能较为全面地反映学生的综合能力。本文通过阅读梳理、总结大量国内外相关文献，获得了大量的能反映大学生就业能力的测评指标。在考虑粤港澳大湾区高校教育现实情况的基础上，应用专家意见法，本文最终共甄选出19项大学生就业能力的测评指标：创新能力、实操能力、个人德行、工作态度、沟通能力、管理能力、计算机能力、理性思考能力、领导能力、身体机能、环境适应能力、外语能力、学习能力、应用能力、执行能力、职业规划能力、专业能力、知识基础、自我管理。将上述19项指标按就业基础能力、职业能力、职业素养、发展能力四个方面分门别类。见图1。

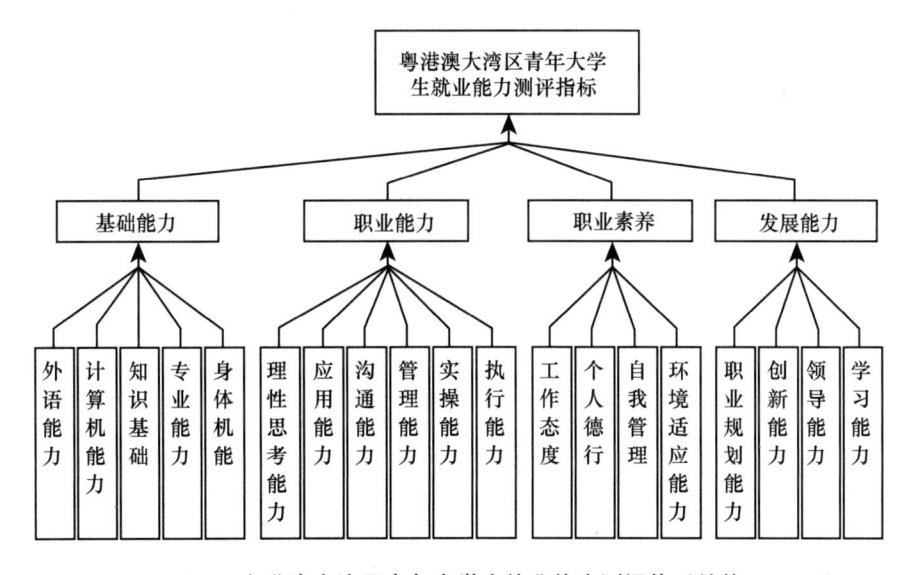

图1 粤港澳大湾区青年大学生就业能力测评体系结构

（二）指标权重

指标权重的确定是指标测评体系的核心关键，用若干个指标进行综合评价时，各指标对评价的作用，从评价目标来看并不是同等重要。在统计综合评价过程中，指标权重的大小反映了评价指标的重要程度，权重大的评价指标重要程度大,权重小的评价指标重要程度小。一般有两种表现形式:一是绝对数(频数)表示,另一种是用相对数(频率)表示。从包含信息的多少来考虑。权重越大,评价指标所包含信息越多。从指标的区分能力来考虑,权重越大,说明评价指标区别被评价对象的能力越强。社会科学中常用的权重确定方法主要有专家意见法(德尔菲法)和层次分析(AHP)法,专家意见法是指根据专家的知识和经验,从而确定各指标的权重,并在不断的反馈和修改中得到比较满意的结果,此法过于依赖专家经验的丰富程度,评价结果有时过于主观,波动性和不确定性较大。AHP法是由美国著名运筹学家Satty等人在20世纪70年代提出的一种将定性和定量分析相结合的多准则决策方法,该方法对复杂决策问题的本质、影响因素以及内在关系等进行深入分析后构建一个层次结构模型,利用较少的定量信息,把决策的思维过程数学化,能较好地弥补专家意见法的主观误差。因此本文采用专家意见法和AHP法相结合方式确定指标权重,首先用问卷调查的方式收集专家意见,而后用AHP法建立专家意见矩阵,并用计算机辅助软件Yaahp计算专家意见矩阵的权重数值,经加权平均后计算出权重终值。结果见表1。

表1　粤港澳大湾区青年大学生就业能力测评体系权重计算

目标体系	指标分类	权重	测评指标	权重
粤港澳大湾区青年大学生就业能力测评体系	基础能力	0.3804	外语能力	0.0256
			专业能力	0.1432
			知识基础	0.0803
			计算机能力	0.0413
			身体机能	0.0895
	职业能力	0.3064	沟通能力	0.0544
			实操能力	0.0266
			理性思考能力	0.0550
			应用能力	0.0574
			管理能力	0.0431
			执行能力	0.0695

续表

目标体系	指标分类	权重	测评指标	权重
粤港澳大湾区青年大学生就业能力测评体系	职业素养	0.2151	工作态度	0.0511
			环境适应能力	0.0288
			自我管理	0.0355
			个人德行	0.0997
	发展能力	0.0976	职业规划能力	0.0238
			创新能力	0.0152
			领导能力	0.0074
			学习能力	0.0511

（三）测评方法

选择何种的评价方法对评价结果是否科学、客观、准确具有决定性作用。本研究所收集的粤港澳大湾区青年大学生就业能力测评指标兼具定性与定量的特征，很适合用灰色聚类评价模型。灰色聚类是根据灰色关联矩阵或灰数的白化权函数将一些观测指标或观测对象聚集成若干个可以定义类别的方法。按聚类对象划分，可将其分为灰色关联聚类和灰色白化权函数聚类，前者适用于各观测指标间密切相关的情形，后者适用于观测对象事先设定好不同类别的情形，由于本研究测评指标事先已归类为不同类别，故使用灰色白化权函数聚类法较为合适。

1. 灰色评价模型构建

首先，根据专家意见，将粤港澳大湾区青年大学生就业能力分为六个等级，分别为极劣、劣、中、良、优、极优，对应的灰类序号 n 分别为 0，1，2，3，4，5，则可建立如下相对应的白化权三角函数：

$$f_0(x) = \begin{cases} 0, & x \notin [30, 40] \\ \dfrac{x-30}{40-30}, & x \in [30, 40] \\ \dfrac{50-x}{50-40}, & x \in [40, 50] \end{cases} \quad (1)$$

$$f_1(x) = \begin{cases} 0, & x \notin [40, 60] \\ \dfrac{x-40}{50-40}, & x \in [40, 50] \\ \dfrac{60-x}{60-50}, & x \in [50, 60] \end{cases} \quad (2)$$

$$f_2(x) = \begin{cases} 0, & x \notin [50, 70] \\ \dfrac{x-50}{60-50}, & x \in [50, 60] \\ \dfrac{70-x}{70-70}, & x \in [60, 70] \end{cases} \quad (3)$$

$$f_3(x) = \begin{cases} 0, & x \notin [60, 80] \\ \dfrac{x-60}{70-60}, & x \in [60, 70] \\ \dfrac{70-x}{80-70}, & x \in [70, 80] \end{cases} \quad (4)$$

$$f_4(x) = \begin{cases} 0, & x \notin [70, 90] \\ \dfrac{x-70}{80-70}, & x \in [70, 80] \\ \dfrac{80-x}{90-80}, & x \in [80, 90] \end{cases} \quad (5)$$

$$f_5(x) = \begin{cases} 0, & x \notin [80, 100] \\ \dfrac{x-80}{90-80}, & x \in [80, 90] \\ \dfrac{90-x}{100-90}, & x \in [90, 100] \end{cases} \quad (6)$$

上述式（1）（2）（3）（4）（5）（6）分别对应着极劣、劣、中、良、优、极优六个等级的白化权三角函数。将各指标的权重数值输入所构建的白化权三角函数，可得出综合聚类权重值：

$$\sigma_i^n = \sum_{n=i}^{m} f_j(x) n_j \quad (7)$$

其中，j 代表各指标，fj（x）为各指标的白化权三角函数，nj 为各指标的综合聚类系数。

根据 max0≤n≤5 {σin} = σin * 可评估测评指标所归属的灰类。当存在多个指标归属于同一灰类时，根据综合聚类系数值大小评估各指标的优劣次序。

2. 数据收集

采用问卷调查的方式对粤港澳大湾区内 7 所不同层次高校青年大学生开展数据调查，调查问卷根据本研究所开发大学生就业能力测评体系自行设计，评分结果分为六个等级，总分 100 分，由高校毕业班的辅导员担任测评人员，对调查问卷进行打分。

二 粤港澳大湾区青年大学生就业能力测评结果与分析

将 7 所不同层次高校青年大学生的各指标评分数据代入已建立的白化权三角函数，可得出各指标的对应灰类与综合聚类权重值。结果见表 2。

表 2 粤港澳大湾区青年大学生就业能力各测评指标的对应灰类与综合聚类权重值

测评指标	指标权重	极劣	劣	中	良	优	极优	评分
外语能力	0.0256	0	0	0	0.1	0.7	0	87
计算机能力	0.0413	0	0	0.1	0.7	0	0	77
知识基础	0.0803	0	0	0	0.3	0.5	0	85
专业能力	0.1432	0	0	0	0.8	0	0	80
身体机能	0.0895	0	0	0.1	0.7	0	0	77
理性思考能力	0.0550	0	0	0	0.7	0.1	0	81
应用能力	0.0574	0	0	0.3	0.5	0	0	75
沟通能力	0.0544	0	0	0.1	0.7	0	0	77
管理能力	0.0431	0	0	0.7	0.1	0	0	71
实操能力	0.0266	0	0	0.6	0.2	0	0	72
执行能力	0.0695	0	0	0.8	0	0	0	70
工作态度	0.0511	0	0	0	0.1	0.7	0	87
个人德行	0.0997	0	0	0	0.6	0.2	0	82

续表

测评指标	指标权重	极劣	劣	中	良	优	极优	评分
自我管理	0.0355	0	0	0	0	0.3	0	95
环境适应能力	0.0288	0	0	0.2	0.6	0	0	76
职业规划能力	0.0238	0	0	0.2	0.6	0	0	76
创新能力	0.0152	0	0.6	0.2	0	0	0	62
领导能力	0.0074	0	0	0.5	0.3	0	0	73
学习能力	0.0511	0	0	0	0.8	0	0	78
		0	0	0.205	0.582	0.178	0.020	

（表头"灰类"下分：极劣、劣、中、良、优、极优）

由表2结果分析可知，总体来看，粤港澳大湾区青年大学生就业能力归于"良"类，表明粤港澳大湾区青年大学生就业能力总体良好。具体来看，粤港澳大湾区青年大学生的外语能力、知识基础、工作态度、自我管理4项指标灰类归于"优"类，计算机能力、专业能力、身体机能、理性思考能力、应用能力、沟通能力、个人德行、环境适应能力、职业规划能力、学习能力10项指标灰类归于"良"类，表明粤港澳大湾区青年大学生在上述14项指标中表现较佳。而管理能力、实操能力、执行能力、领导能力4项指标灰类归于"中"类，创新能力指标灰类归于"劣"类，表明粤港澳大湾区青年大学生在这5项指标中表现欠佳，能力还有待进一步提高。

三 提高粤港澳大湾区青年大学生就业能力的若干建议

（一）促进高校教学改革，提高青年大学生就业能力

高校教学对大学生就业能力有着举足轻重的作用，从本世纪高校教学的进展趋势看，高校教学的重点需突出学习知识理论运用能力的培养，从而培养并提高学生的综合素养和能力。而目前高校教学普遍存在理论与实践的脱节现象，高校课堂上的学习现状远远不能满足社会的需要。

这种形势下，我们应该注重高校教学改革，增强高校教学中理论与

实践的结合性。在高校教学实践内容的选择中，既要考虑高素养人才知识的需要，有一定的系统性和完整性同时又要在实践过程中给学生留下足够的思维空间。把学生放在核心地位，把培养学以致用的理念作为目标。因此，高校教学应增强教学有用性，理论与实践的结合，内容、形式方法应多样化。对实践教学体系应进行系统深入的研究和改革，按照人才培养要求，更新教学内容，优化课程体系，形成有用性较强的现代教学内容和课程体系。改变课程过于注重知识传授的倾向，强调形成积极主动的学习实践的态度。加强课程内容与学生生活以及现代社会和科技进展的联系，精选终身学习必备的基础知识和技能。改变实践课程实施过程中过于强调接受学习，死记硬背，机械操作的现状。倡导学生主动参与，乐于探究，勤于动手，培养学生搜集和处理信息的能力、猎取新知识的能力、分析和解决问题的能力以及交流与合作的能力，提高青年大学生就业能力。

（二）增强校企联动，提高青年大学生就业能力

大学生就业能力的提高仅仅依靠高校单方的课堂教育是远远不够的，应当与企业的社会实践教学相结合，才能起到事半功倍的效果。学校应进一步完善校企协同育人机制，探索以促进就业为导向的人才培养模式改革创新，深化校企产教融合的动态管理中实现共享育人成果，实现学校发展、企业壮大的"朋友圈"共赢局面。校企双方在人才培养目标定位、招生招工方式、经费保障、课程体系、实训安排和制度建设等方面应进行深入协商，共同推动校企合作，实现资源共享。可试图建立"政府引导推动、企校合作融合、招工招生同步"的现代学徒制度，根据校企合作签约规定，企业将学校新招收的学徒录取为准员工，企业、学校双方共同编制培养计划、课程内容、实训就业，充分发挥企业用人机制和学校育人机制的耦合作用，达到生产与教学一体化，全面提高青年大学生就业能力。

（三）重视大学生创新能力培养，提高青年大学生综合能力

受我国社会文化环境、相关政策制度及大学生自身因素影响，我国高校青年大学普遍存在创新能力低下的问题，本研究调查显示，19项指

标中，仅有创新能力一项指标灰类归于"劣"类，该结果也从侧面反映了这一现状的存在。创新是一个民族的灵魂，是一个国家兴旺发达的不竭动力，也是高校大学生增强自身就业能力的有利手段。我们的高校应当重视对大学生创新能力的培养，无论文科、理科，都应安排学生上一定的实验课程，让学生勤于实验观察，学会在实验中发现问题，鼓励学生用新方法、新手段去解决问题，培养其创新意识。此外，高校还可以通过鼓励学生参加各种科研项目，让学生在科研活动中培养信息加工能力、动手操作能力、创新技术的运用能力、创新成果的表现能力及物化能力等创新技能，进而提高创新能力。

高质量发展背景下大学生就业能力评价与提升研究

吴智育　刘紫嫣　刘泽璇

（河北师范大学法政与公共管理学院）

摘要： 随着国家驶入高质量发展的快车道，大学生就业形势也发生了重大转折，即从"扩大就业"转变为"高质量就业"，这对大学生的就业能力提出了更高的要求。本研究以大学生群体作为研究对象，通过定性与定量相结合的方式构建大学生就业能力评价模型，进而分析大学生就业能力存在的问题。最后寻找影响大学生就业能力提升的关键要素，并提出高质量发展背景下提升大学生就业能力的策略。

关键词： 高质量发展；大学生就业能力；就业能力评价模型

大学生就业能力指的是大学生在高校内经过学习和实践所获得的实现顺利就业的能力。随着我国迈向新时代，经济发展也由"高速度"转为"高质量"，这对社会各行各业都提出了更高的要求。在创新、绿色、协调、开放和共享的五大发展理念的指引下，在破旧立新的过程中对大学生的就业能力也是一个极大的考验。大学生就业能力的高低不仅影响着大学生能否顺利步入岗位、实现自身价值，也关系着每个家庭和社会的稳定。而高质量就业的实现受很多因素的影响，其中最重要的就是就业能力。

高质量发展对大学生就业既有促进作用也有抑制作用。一方面高质量发展与产业结构的转型升级相辅相成，这将催生很多新兴产业和新兴行业，有利于为大学生提供更多的就业选择。另一方面，传统的资源消耗型产业发展前景遭到威胁，由于很多高校大学生仍然在学习原有产业领域的知识，再加上高校缺乏创新创业的课程，使得当代大学生的就业实践能力偏弱。明确大学生就业能力的构成要素并对其评价，掌握高质量发展背景下大学生在就业过程中的优势和劣势，从而有针对性地提升大学生的就业能力，对于提高大学生自身素质和社会的高质量发展都具有重要的价值和意义。

一 大学生就业能力评价指标体系与调查分析

（一）指标设计原则

指标设计坚持科学性、可度量性和可操作性原则。

科学性原则是指在指标设计时要有胜任力等相关理论基础，又要符合一定的方法规范，而且要对大学生这一群体有针对性。

可度量性原则指的是对于定量指标，要确定数据之间的归一化处理原则，方便数据的计量。

可操作性原则指的是每一个指标都要有可评估、都可以量化，能够实现实际操作。

（二）大学生就业能力评价指标体系内容

本课题组在阅读大量国内外研究资料文献、大学生促进就业政策文件的基础上，结合大学生群体的特点提出专业知识与素质、基础业务能力、创新创业能力、职业态度和价值观、身心素质5个一级指标以及相对应的21个二级指标。设计大学生就业能力多元评估指标，如表1所示。

表1　　　　　　　　大学生就业能力指标体系

一级指标	二级指标
专业知识与素质	岗位业务知识
	计算机应用知识
	外语知识
	知识应用能力

续表

一级指标	二级指标
基础业务能力	学习能力
	团队合作能力
	综合分析能力
	解决问题能力
	人际沟通能力
	书面表达能力
创新创业能力	创造性思维
	灵活应变能力
	自我挑战精神
职业态度和价值观	职业认同感
	责任意识
	诚实守信
	爱岗敬业精神
	自我效能感
身心素质	身体健康状况
	适应能力
	压力承受能力

（三）大学生就业能力总体情况

大学生21项就业能力指标的评价取值范围为21—105分，最高分为101分，最低分为50分，平均水平为63分，平均水平以上占比92.92%，评价较高。

五个维度的评价值平均水平为3.71，低于平均水平的有专业知识与素质、基础业务能力两个维度。此外，从图1中能够看出大学生就业能力五个维度的自评值均低于同维度的重要性值。其中，基础业务能力、创新创业能力维度的重要性与自评值差距最大，实际情况与预期情况差距较大，该维度能力较弱，需要着重关注。同时，身心素质和职业态度和价值观维度的重要性与自评值也存在一定差距，说明这两个维度实际情况与预期情况有所差距。

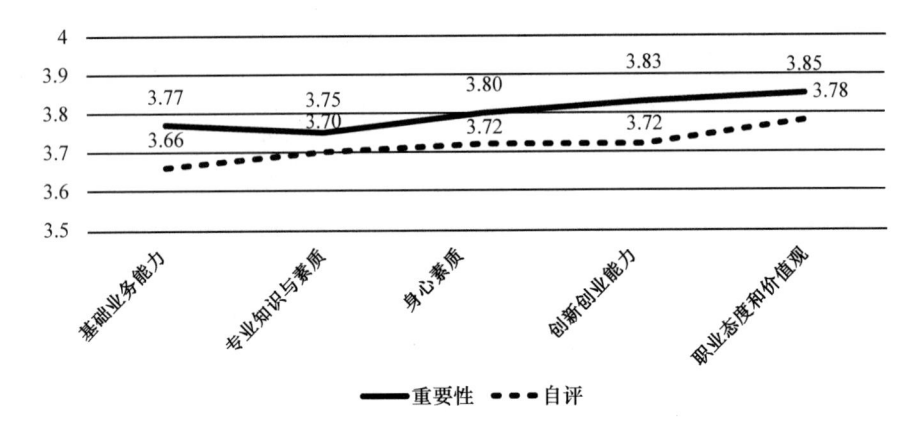

图1 大学生就业能力重要性和自评值对比

(四) 大学生就业能力各维度的差异性分析

为了更好地掌握大学生就业能力不足的原因，本文将以性别、就读年级、参与教育培训次数为变量进行数据分析。性别采用了独立样本 T 检验的方式进行分析，对就读年级、参与培训次数分别采用单因素方差进行分析。

1. 大学生就业能力各维度在性别上的差异性分析

大学生就业能力自评值在性别上的差异性分析如表2所示，能够看出专业知识与素质、创新创业能力两个维度在性别上存在差异，在专业知识与素质维度，男性自评值高于女性，而在创新创业能力方面，女性自评值高于男性。

表2　　　　　　大学生就业能力在性别上的差异性检验

维度	$\bar{x} \pm s$ (男)	$\bar{x} \pm s$ (女)	T	SIG
专业知识与素质	3.8114 ±.58647	3.5881 ±.50095	3.167	.002*
职业态度和价值观	3.7847 ±.60548	3.7770 ±.73819	.088	.930
身心素质	3.7119 ±.81756	3.7268 ±.70810	.151	.880
基础业务能力	3.5791 ±.77125	3.7473 ±.64040	-1.840	.067
创新创业能力	3.5424 ±.83580	3.8880 ±.76854	3.336	.001*

注：*即 $P<0.05$，表示具有显著差异。

2. 大学生就业能力各维度在就读年级上的差异性分析

大学生就业能力在就读年级上的差异性检验如表 3 所示。职业态度和价值观、身心素质和基础业务能力三个维度通过了显著性检验，事后检验 LSD 显示，在职业态度和价值观方面，大一年级评价值高于其他年级组；在身心素质方面，大四年级评价值高于其他年级组；在基础业务能力方面，大三年级评价值高于其他年级组。

表 3 　　大学生就业能力在就读年级上的差异性检验表

维度	就读年级	平均值	标准差	F	显著性	LSD
专业知识与素质	大一	3.8444	.55209	1.561	.200	
	大二	3.7037	.59691			
	大三	3.6750	.55461			
	大四	3.6148	.50944			
职业态度和价值观	大一	3.9556	.62215	2.706	.046*	1>2,4,3
	大二	3.8815	.64019			
	大三	3.6375	.63333			
	大四	3.7508	.76128			
身心素质	大一	3.5852	.85030	5.014	.002*	4>3,1,2
	大二	3.4383	.74345			
	大三	3.8542	.72108			
	大四	3.8907	.68778			
基础业务能力	大一	3.4111	.72178	3.294	.021*	3>4,2,1
	大二	3.5957	.81367			
	大三	3.7938	.61580			
	大四	3.7432	.68420			
创新创业能力	大一	3.4963	.82457	1.680	.172	
	大二	3.6852	.96569			
	大三	3.8250	.69956			
	大四	3.7705	.80632			

注：* 即 $P<0.05$，表示具有显著差异。

3. 大学生就业能力各维度在受教育培训次数上的差异性分析

大学生就业能力在受培训次数上的差异性检验如表4所示。基础业务能力和创新创业能力两个维度通过了显著性检验，事后检验LSD显示，在这两个维度上，受培训10次以上的组别高于其他三个组别。

表4　　大学生就业能力在受培训次数上的差异性检验表

维度	就读年级	平均值	标准差	F	显著性	LSD
专业知识与素质	0次	3.8684	.59485	2.316	.076	
	1—5次	3.6840	.54039			
	6—10次	3.7070	.59187			
	10次以上	3.5234	.42767			
职业态度和价值观	0次	3.9263	.60702	2.458	.064	
	1—5次	3.8321	.67733			
	6—10次	3.7375	.67882			
	10次以上	3.5250	.68862			
身心素质	0次	3.6053	.89662	.749	.524	
	1—5次	3.7170	.74150			
	6—10次	3.8229	.68227			
	10次以上	3.6562	.81862			
基础业务能力	0次	3.4386	.65693	2.895	.036*	4＞3,2,1
	1—5次	3.6242	.77871			
	6—10次	3.7500	.66202			
	10次以上	3.8958	.54993			
创新创业能力	0次	3.4123	.71632	3.699	.012*	4＞3,2,1
	1—5次	3.6855	.87267			
	6—10次	3.7969	.81133			
	10次以上	4.0313	.64123			

注：*即 $P<0.05$，表示具有显著差异。

二 高质量发展背景下大学生就业能力
存在的问题及原因分析

高质量发展战略给大学生的就业能力提出了更高的要求，通过以上对问卷数据的分析，我们发现大学生就业能力总体情况较好，但也受到性别、就读年级和受相关教育培训次数等多种因素的影响，各个维度均与其重要性值有一定差距，结合相关资料和实地走访调查，将从主观和客观两个角度探寻存在的问题及问题产生的原因。

（一）大学生就业能力存在的问题分析

1. 专业知识与素质较差

专业知识与素质是大学生就业能力的基础。然而在上面的调查分析结果中可以发现该维度评分分值（3.70）低于五个维度的评价值平均水平为3.71，且其评分值与重要性值差距很大，实际情况与预期情况差距较大。在调查中发现，很多大学生发现自己在模拟面试或真实应聘中，面对面试官提出的专业问题往往不知如何作答，感觉好像在课堂中学过但对专业表述却模棱两可，这是因为其专业知识技能掌握不扎实；另外，部分大学生知识面狭窄，其所掌握的专业知识与通识知识尚不能满足市场与岗位真正所需。

此外，从大学生就业能力各维度在不同人口学变量上的差异性分析来看，在性别上，女性的评分值低于男性的评分值。总的来说，专业知识与素质方面存在较为明显的差异，需要着重关注。可见，专业知识与素质存在问题，问题来源可从课程设置和大学生的自主学习意识方面探索。

2. 专业能力和实践能力不强

无论是基础业务能力还是创新创业能力对大学生就业能力的总体提升都十分重要。在上面的调查分析中发现，基础业务能力评分值（3.66）低于五个维度的平均水平，且创新创业能力和基础业务能力是五个维度中评分值与重要性值差距最大的两个维度。从不同人口学变量上的差异性分析来看，在性别、就读年级和受教育培训次数三个因素上，专业能力均存在较为明显的差异。可见专业能力维度存在较大问题，可以从高校对专业实习实践的忽略以及大学生的走过场意识寻找问题原因。

3. 就业价值观存在偏差

职业态度和价值观对大学生的就业能力至关重要。该维度的评分分值低于重要性值。说明大学生没有意识到职业态度和价值观对自身就业能力的重要性，很少有大学生将职业态度和价值观的培育作为就业能力提升的一部分。从不同人口学变量上的差异性分析来看，在就读年级因素方面，大一年级组别高于其他年级组别，存在明显差异。就业价值观存在的问题主要来源于社会不确定因素的增加而导致的稳定倾向。

4. 身心素质较弱

良好的身心素质在大学生在就业过程中起到十分重要的作用，然而从前文的实证调查中发现，身心素质维度的评分分值低于重要性值，说明大学生的身心素质并没有达到理想的水平。从不同人口学变量上的差异性分析来看，在就读年级因素方面，大四年级组别高于其他年级组别，存在明显差异。身心素质存在的问题主要来源于高校及大学生自身对身心素质提升的忽视。

（二）大学生就业能力产生问题的原因分析

1. 高校课程体系设置不完善

第一，客观上看，高校学科专业课程设置与市场需求和高质量发展的时代相脱节，专业课程调整相对于市场及岗位需求也滞后。

第二，缺乏针对新兴产业所设置的新学科的专业教师，再加上很多专业课的教师并没有所教专业的实践经验，讲课也是照本宣科，教学内容与社会工作实际不相符，导致了大学生所学的专业知识技能与其工作内容不匹配，使其竞争力下降。

第三，大学的学习方式更多以自主学习为主，老师的督促较少，所以很多自主性和积极性较差的大学生忽视了对专业知识和素质的学习与提升。

2. 实习实践"走过场"

专业能力是指大学生进入社会和岗位环境中认识问题，并且运用自身知识技能解决问题的一种能力，提高大学生实践能力是提升其就业能力的关键。当前大学生就业实践能力较弱，是因为高校课程以课堂听讲这种传统授课模式为主,实习实践的课程安排很少。部分高校与企业单位合作较少,需要学生自己寻找实习岗位,最终的考核也不过是实习单位的公章和几千字的实习报告,于是很多学生选择托关系找门路盖章,实习报告直接抄袭网上现有的文章,并不去实习;有的高校虽安排了实习实践机会,但是大多也是走个过场,教师对实践的指导亦不深入,这些原因都导致了大学生的实践能力不强。而大学生常常认为实习实践只是为了学分,并不认真对待,所以不能从实践中真正学习积累经验。

此外,大学生的创新创业能力较差导致了他们的实践机会匮乏,主要表现在两个方面。一是创造性思维不足,创业时往往难以打破传统的观念,习惯于墨守成规,寻求稳定。二是缺乏良好的应变能力,面对困难和挑战不能够灵活地处理。

3. 就业价值观过于保守

第一,在快速发展的当下社会,风险频发和不确定因素的大量增加而导致大学生的职业选择更为保守,缺乏开放性与挑战意识,就业价值观极度偏向于稳定,追求进入更具权威、更为稳定的制度或组织。因此部分大学生走上了考公考编之路,就业选择越来越集中于政府部门、事业单位、国企央企等单位。相对于如企业、自主创业等其他就业选择,大学生宁愿选择毕业后全职备考公务员、事业编等考试以达到最终进入"体制内"的目的,这种过于追求稳定的就业价值观不仅造成了就业的严峻形势,也使得大学生群体缺少了在这个年纪应该有的不惧挑战的精神。

第二,部分大学生就业目标并不确定,即做什么都可以。身处并不适合自身的岗位,也不会突破惯有模式去寻找更适合自己的机会,职业认同感和归属感较差,也很难在现有岗位上有较大的发展。

4. 身心素质提升不受重视

现在这个时代只有良好的身心素质,才能拥有良好的社会适应能力。

第一,身体素质方面,由于大学生体育课较少,只有一年一度的体质测试,很多大学生缺乏必要的身体锻炼,导致身体素质跟不上由学生转向工作生活的进度。

第二,心理素质方面,较明显的问题表现在心理素质较差,面对从学生到职场人身份的转变显得无所适从,不能很好应对各种繁杂事务、适应复杂的社会人际关系;就业观念被动,面对激烈的就业竞争选择"躺平",

缺乏创业信心和勇气。

三 高质量发展背景下大学生就业能力的提升策略

促进大学生高质量就业目标的实现，需要落实到大学生就业能力的提升上，提升大学生就业能力的对策建议可以从主观和客观两个角度进行探寻。

（一）调整高校课程体系和人才培养模式

高校的课程体系设置既要重视培养提高学生的专业基础知识和实践技能，又要和市场和岗位需求相衔接，将大学生就业能力的提升和基本素质的培养融入课程开发和课程结构的调整。

其一要完善专业课程，使学生牢固掌握学科专业知识，这是大学生就业能力中最基础的部分；其二丰富通识性课程，充实大学生的知识结构和基础；其三增加实践性课程，提升大学生的基本实践能力；其四增设创新创业课程，培养大学生的创业意识和创新能力。

同时，高校在进行课程开发和课程调整时，要适应高质量发展对人才的需求，邀请本专业的行业精英、专家学者参与进来，使课程更具有实用性，研制适合本校的动态人才培养模式。帮助学生掌握专业领域中最前沿的知识和技能，以适应社会的快速变化和发展。当然，还要充分考虑用人单位的反馈、学生对课程的满意度以及教师对课程的体验，使课程更贴近学生的需求。

（二）重视专业能力和实践能力的锻炼

高校应积极引导学生参加社会实践及创新创业活动，向学生进行社会实践锻炼目的、形式等政策的宣导，将解释和宣传工作做到位，以取得学生的理解和信任，引导学生正确认识社会实践的目的，投身于实践活动中。在专业实习方面，高校应多为大学生提供相关实习的机会与岗位，并安排教师进行深入指导。采用多元化教学评价，不再一味只关注卷面上的考试分数，而是更加注重考查学生在实践实习过程中的能力，进行过程化考核。理论与实践并重方能尽可能公正地评价。

企业可通过校企合作模式或者实习生招聘的形式为大学生提供实践锻炼的机会，并在企业内部增设实习生导师，以传、帮、带的形式指导大学生的实习实践。在大学生实习实践指导中，不仅要向其传递知识技能，还要引导他们树立正确的择业观和就业观，帮助他们增强责任意识，提高能力。同时也可在大学生实习实践的过程中，培养、挖掘企业所需的专业人才，为企业未来的发展储备优质人才，实现企业、学校和学生的共赢。

大学生应该正确认识实践实习的重要性，它不仅仅是弥补学校理论教学不足的有效途径，更是能够接触社会、了解社会的重要方式。大学生通过社会实践，不仅可以将理论付诸实践，增进理解，还有利于提升自身专业能力和创新创业能力，更有助于责任感和使命感的增强。

（三）更新就业观念，培养积极的就业价值观

高校应帮助大学生制定职业生涯规划。一方面尽早就要对其开展职业教育，帮助学生调整心态，树立正确的择业观和就业观。组织专业教师或聘请校外专家以开办讲座的形式定期为学生举办职业生涯规划讲座。另一方面应为学生开设就业创业指导课程，帮助学生认清就业形势，了解国家相关政策和社会需求。只有拥有确定的职业生涯规划，才能有坚定的职业目标，才能够在岗位上有更大的成就。

大学生也应对就业形势保持积极乐观的态度。应该看到十四五规划期间我国经济社会的快速发展以及国家关于促进大学生就业创业的政策和措施层出不穷，高校与企业也在合作为大学生提供更多与专业对口的岗位。所以大学生并不需要一味追求稳定而向体制内卷，应该保持不畏挑战奋勇向前的精神，找到真正适合自己的就业方向发光发热。大学生自身也应提高学习的主动性和积极性，不断夯实自己的专业知识基础，提高就业能力。

（四）提高大学生的身心素质

首先，身体素质的提高。需要对大学生的体育课程以及体质测试重视起来，提高大学生体能测试的学分绩点，加强过程化考核，鼓励督促大学生积极参与体育锻炼，保持良好的身体素质。

其次，心理素质的提高。高校应多举办模拟面试、简历大赛等实践活动，提前让大学生熟悉紧张的面试情景，掌握应试技巧，提高抗压能力，并邀请面试方面的专家老师予以点评指导，帮助大学生提高面试能力和心理素质。另外，要开设职业心理测评服务。各高校可借助测评软件，聘请专业人员针对每个学生的个性特点、职业兴趣等进行客观的测量和科学的评价。如利用霍兰德量表可以让学生科学评价自我，再结合学生个性特点，给予专业化的指导和分析，帮学生解决就业心理疑惑。

大学生要学会在就业或创业前做好心理上的准备，预想可能会遇到的问题和挫折并先行寻找解决办法。面对问题和挫折也要保持乐观的心态，多给自己积极的心理暗示，学会对自己进行心理调适。最后，要树立就业信心，在了解自身优势和不足后，找到自己的定位，正确择业，实现自身全面发展。

参考文献

［1］刘佳琪：《基于大学生就业能力提升的创新创业教育路径思考》，《产业创新研究》2022 年第 14 期。

［2］雷礼、陈思杭、丁佳俊：《大学生就业能力评价指标体系构建研究》，《商展经济》2022 年第 4 期。

［3］巴晓娜、张娜：《大学生就业能力的理论研究与实践借鉴——评〈大学生就业能力协同开发机制研究〉》，《领导科学》2021 年第 16 期。

［4］韩玉萍、张蓝月、叶海英、李印伦：《基于 USEM 模型的大学生就业能力评价与提升策略探究》，《学校党建与思想教育》2016 年第 5 期。

［5］蔡雨玲、唐瑜梳、杨溢、杨丽云：《大学生就业核心竞争力结构模型及评价指标体系的构建》，《现代商贸工业》2021 年第 28 期。

［6］孙迎彬：《基于 CiteSpace 的国内外大学生就业能力研究热点及趋势对比研究》，《创新创业理论研究与实践》2019 年第 21 期。

［7］桂肖敏：《新就业形态下大学生就业的 SWOT 分析》，《中国大学生就业》2021 年第 15 期。

［8］王建光、楚洪波：《大学生高质量就业能力评价——基于吉林省 2631 份调查数据》，《黑龙江高教研究》2021 年第 12 期。

［9］史秋衡、王芳：《我国大学生就业能力的结构问题及要素调适》，《教育研究》2018 年第 4 期。

[10] 龚勋、蔡太生:《大学生就业能力:要素、结构与培育路径》,《江苏高教》2018年第1期。

　　[11] 王霆:《大学生高质量就业的影响机制研究:人力资本与社会资本的视角》,《高教探索》2020年第2期。

人工智能应用对就业的影响研究综述

吴坤津　王　静
（广东财经大学工商管理学院）

摘要：本文从人工智能及其技术应用出发，回顾了人工智能对就业的总量、结构、工资等方面影响的理论和实证研究。文章发现，人工智能技术应用存在就业替代和就业创造两大效应，短期内不会造成就业总量的大幅变动，但会对就业结构带来冲击，同时引发工资极化现象。我国人工智能处于弱人工智能发展阶段，对就业的影响有限，因此应该前瞻性地采取提高劳动者素质、加快社会保障制度等对策措施，以实现广泛而有效的人机合作。

关键词：人工智能；就业；影响研究

前　言

近年来，人工智能技术飞速发展，其作为第四次技术进步的通用技术，是经济增长的重要动力，同时也对就业市场造成了显著影响。"人工智能"这一概念是在1956年达特茅斯会议上被提出来的，广义的人工智能是指"智能（机器）代理"的研究和开发，是一种机器、软件或算法，它们通过识别并对所处环境做出反应而采取智能行动[1]。由于人工智能技术区别于前几次技术进步，它变革的速度、规模和深度都优于以往，替代范围更广，并且还具有以不同的方式替代劳动力的潜质，很容易被视为就

---

[1] Russell, S. J., & Norvig, P., Artificial intelligence. A modern approach (3rd ed.). Harlow, England: Pearson Education, 2014.

业的威胁，因而人工智能如何影响就业是一个值得探究的问题。

目前人工智能技术在企业中应用最广泛的是以机器为载体的工业机器人和以算法为载体的机器学习。工业机器人的本质是实现重复、危险、资源密集型等任务的自动化，最终实现对人类智能要求比较高的任务的自动化[1]。机器学习算法是指以大量数据为基础来创建程序、自主学习，并做出具有高内部有效性的预测，且自主执行常规或非常规任务。不同类型的技术各有特点并且应用场景不同，同时企业对技术的引入和应用程度也不一致，因此所带来的就业影响也不同。在技术应用过程中机器与人类互动会形成两种人机合作模式，智能增强和智能替代。智能增强是指机器与人类共同完成工作，拓展人类的智能边界；而智能替代是指机器取代人类，自主完成任务[2]。智能增强和智能替代分别是就业创造效应和替代效应的体现，但是由于智能技术对劳动者收入、技能、岗位及劳动关系影响的复杂性与长期性，人工智能究竟对人类是智能增强还是智能替代，要视不同流派技术在组织或企业中的具体应用而定。

目前学者对人工智能应用的就业效应研究围绕产业、岗位、工资等方面展开，本文选取人工智能应用对就业的总量、结构以及工资三个方面的研究进行综述，人工智能应用对就业总量的影响可以从宏观层面了解人工智能对就业形势的方向性影响，选取就业结构和工资可以从微观层面观察人工智能应用对就业出现的具体变化。结合宏观微观层面，旨在更加全面地分析人工智能应用对就业的影响。

一 人工智能对就业影响效应的分析

总结国内外相关研究人工智能对就业的影响，主要可以从替代效应和创造效应两个方面进行解释。一，替代效应，指由于技术进步机器替代人力，减少劳动力需求。技术进步对就业的替代效应的中间机制主要有四个方面：（1）技术进步提高生产率，减少生产所需的单位劳动力投

---

[1] Arents Janis, Greitans Modris, "Smart Industrial Robot Control Trends, Challenges and Opportunities within Manufacturing", *Applied Sciences*, Vol. 12, No. 2, 2022.

[2] Raisch, S., & Krakowski, S., "Artificial intelligence and management: The automation-augmentation paradox", *Academy of Management Review*, Vol. 46, No. 1, 2021, pp. 192 – 210.

入;(2)淘汰旧产品,使相应岗位上的工人面临退出困境;(3)提高资本的生产效率,资本成本降低,导致资本对劳动的替代;(4)改变需求和价格结构,减少对高价产品和服务的需求,引起产业比重下降[1]。二,创造效应,指旧岗位的消失同时会出现新岗位的创造,而创造效应对就业的影响主要有以下几个方面:(1)自动化技术降低成本,企业扩大产出,增加对非自动化任务的劳动力需求,同时低成本的自动化产品会增加补充产品的需求,从而推动产业规模扩大和就业岗位增加;(2)新岗位、新业态和新工种的创造会伴随技术进步的推进,在现有任务上发展出新的更复杂的版本也可以补充劳动力[2]。

二 人工智能对就业总量的影响

人工智能的应用对就业总量的影响主要存在两种相反的观点。一种为乐观主义,持积极态度,认为就业总量不会改变,维持稳定的水平;另一种为悲观主义,持消极态度,认为人工智能会导致大规模失业。

(一)乐观主义

乐观主义认为从以往的技术进步来看,关于技术变革带来负面影响的悲观预测并没有成为现实。首先,人工智能的智能只是依靠算法、模型、程序等表现出来的,没有自我意识的判断。其次,人工智能对人的替代只存在部分功能或任务上,如复杂知识性的工作就不能被人工智能替代[3]。同时从创造效应来看,人工智能是一个技术平台,可以通过多种方式作为一种商业或生产技术发展,应用范围比自动化更广泛,可以用来重组生产过程,为劳动力创造出许多新的、高生产率的任务[4]。虽

---

[1] 王君、杨威:《人工智能等技术对就业影响的历史分析和前沿进展》,《经济研究参考》2017年第27期。

[2] Acemoglu, D., and Restrepo, P., The race between man and machine: implications of technology for growth, factor shares, and employment. Am. 2018a.

[3] Autor D., Levy F and Murnane R., "The skill content of recent technological change: an empirical exploration", *Quarterly Journal of Economics*, Vol. 118, No. 4, 2003, pp. 1279 – 133.

[4] Acemoglu, D., & Restrepo, P., "Robots and jobs: Evidence from US labor markets", *Journal of Political Economy*, Vol. 128, No. 6, 2020, pp. 2188 – 2244.

然短期内替代效应更强,但从长远来看,替代效应会被创造效应所抵消,就业总量不会减少。一些职业在未来可能会产生不可替代风险,根据瑞典1996—2013年期间职业自动化与就业动态的关系表明,随着时间的推移,高替代风险和低替代风险职业的就业和工资份额发生了很大变化,带来的破坏性比预期要小,在样本期间,总的就业水平甚至有所上升[①]。

(二) 悲观主义

悲观主义认为人工智能技术不同于以往的技术革命,所带来的替代效应更强范围更广,无法预知人工智能应用究竟会带来何种后果。从替代效应来看,大部分研究认为由于人工智能创造就业机会的速度和它消除就业机会的速度不一样快,会导致失业率的上升。人工智能将加速世界范围内的工作自动化,取代一部分人的工作,减少就业和工资水平,造成结构性失业。还有大量研究集中在通过预测人工智能对未来职业的替代效应来验证对就业总量的实际影响,认为大量职业都面临替代风险,学者发现OECD国家有6%—12%的职业有自动化风险[②],而对捷克共和国劳动力市场来说,预计在5年内,人工智能将取代11%的职业所需能力的50%以上[③]。

上述两种观点都有一定的局限性。乐观主义关注长远结果,认为创造效应会抵消替代效应。但是创造效应是否会带来新岗位或新业态或者是否会促进就业并未得到实际验证。此外过于关注未来容易高估人工智能技术的传播速度而忽视其对当前稳定就业的潜在威胁;悲观主义关注技术对当前就业的替代作用,忽视了创造作用。容易高估人工智能技术替代劳动的强度而忽视了劳动在生产中的不可替代性。并且长期预测研究暗含技术推动发展的观点,忽略了公司的实际需要与职业的未来发展趋势,且没有考虑政策和制度的影响[④]。总体而言,目前对人工智能技

---

① Malin Gardberg, Fredrik Heyman, Pehr-Johan Norbäck, Lars Persson., "Digitization-based automation and occupational dynamics", *Economics Letters*, 2020, 189 (prepublish).

② Arntz M., Gregory T., Zierahn U., The Risk of Automation for Jobs in OECD Countries [R]. Oecd Social Employment & Mi-gration Working Papers, 2016.

③ Fatun Martin, "Pazour Michal. Modelling the impact of Artificial Intelligence on the labour market in Czechia", *Central European Journal of Public Policy*, Vol. 15, No. 2, 2021.

④ Levy Frank, "Computers and populism: artificial intelligence, jobs, and politics in the near term", *Oxford Review of Economic Policy*, Vol. 34, No. 3, 2018.

术对就业总量的影响尚无统一结论,但对总量影响的分析有助于从宏观层面上把握人工智能技术对就业形势的方向性影响,可以为稳定就业、高质量就业提供一定的参考依据。综合两者,本文认为从短期来看,替代效应占主导,可能会导致失业率上升;但从长期来看,创造效应发挥作用会抵消替代效应的负面作用,新技术带来的生产力效应会增加劳动力需求,就业总量会维持稳定水平。

三 人工智能对就业结构的影响

前三次技术革命的不断推进,都带来了就业结构的变化。表现为第一次技术革命劳动者由农业和手工业转向大生产领域;第二次技术革命运输类劳动者转向技能型劳动者;第三次技术革命从事专业领域的脑力劳动者的需求增加,初步显露"两极化"现象。作为第四次技术进步,研究普遍认为人工智能技术应用会对劳动力市场带来不可避免的冲击,并且对每个行业、每个层次的劳动者的冲击不同,技术进步会影响劳动力市场结构,就业极化主要表现为岗位极化和产业极化。

(一)岗位极化

目前研究普遍认为中等学历、工资和技能的职业受到人工智能替代的影响更大。高技能劳动力从事的工作通常需要非结构化的认知活动和社会互动,属于复杂性知识工作。这类工作涉及高度复杂的问题,没有通用的规则和唯一的解决方案,要结合语境、社会和关系各个方面来理解,而理解、推理和社会互动等是基于大脑的认知模型组合的,难以被编程化,所以高技能劳动力难以被替代;低技能劳动力从事的工作需要非结构化的身体活动和社会互动,并且如果技术应用成本过高,企业出于成本考量,仍然倾向于选择低成本的低技能劳动力,对于低技能劳动力的替代也不容易。而中等技能劳动力从事的工作大多是结构化的体力和认知任务,这些任务可以通过指令描述,通过编程由人工智能替代,所以中等劳动力面临的风险最大。因此对于中等技能劳动力来说,他们面临职位的转移,向上到高技能劳动岗位或向下到低技能劳动岗位,这就导致了就业极化现象。

(二) 产业极化

制造业中,大多数生产满足程式化任务特征,比较容易实现自动化。目前多数安装在车间的工业机器人都是传统编程,以满足工厂的特定需求,为执行"枯燥、肮脏或危险"的工作量身定制。这类工业机器人不是为了提高劳动生产率,而是为了取代由人完成的某些特定活动和功能,以降低劳动成本。因此对那些原本在岗的工人来说,被替代在所难免。以1990—2007年美国19个行业机器人使用情况为例,每千人中增加一个机器人,就业人口就下降约0.18%—0.34%[1]。

对于服务业来说,严重依赖灵活性,人际沟通和身体接触必不可少,因此很难实现自动化。而制造业被替代了的劳动力会重新分配到服务业,从而促进服务业的就业增长。德国1994—2014年的数据表明,人工智能导致制造业就业下降但会被服务业的就业增长抵消,从而维持总体的就业水平[2]。因为重大技术进步会伴随新任务的产生,与智能化相关的新任务大多属于知识和技术密集型的生产性服务业和高端服务业,从而增加了服务业就业份额,促进了行业就业结构的高级化[3]。根据国际劳动组织2000—2018年的统计数据,服务业从40%增加到56%,工业份额基本维持在22%—24%左右[4],全球就业整体上呈现向服务业转移的趋势。

总的来看,人工智能技术工作替代的实质是对技能的替代[5],这反映了岗位极化和行业极化现象的必然性。表现为人力资本向高技能、高收入的劳动者倾斜,全球就业向服务业集中。然而上述观点也存在一定

---

[1] Acemoglu, D., & Restrepo, P., Robots and jobs: Evidence from US labor markets. NBER Working Paper 2017, 23285.

[2] Dauth W., Findeisen S., Jens S., et al. German Robots-The Impact of Industrial Robots on Workers [R]. CEPR Discussion Papers, 2017.

[3] 王文:《数字经济时代下工业智能化促进了高质量就业吗》,《经济学家》2020年第4期。

[4] 隆云滔、刘海波、蔡跃洲:《人工智能技术对劳动力就业的影响——基于文献综述的视角》,《中国软科学》2020年第12期。

[5] Brown Alan S., "Robots at Work: Where Do We Fit? Artificial Intelligence Could Erase Jobs or Create them, But Economists Agree that a New Generation of Smart Machines will Alter the Rules of Employment", *Mechanical Engineering*, Vol. 138, No. 4, 2016.

的局限性,并没有考虑人工智能发展阶段的异质性。不同国家或行业的经济状况不同,人工智能发展阶段也不一致,对劳动力也不一定有高、中、低这么清晰的划分,所得到的结论未必具有普适性。因此还需结合多方因素考虑,继续探究人工智能对就业结构的影响。

四　人工智能对工资的影响

首先,岗位极化会转化为不同群体之间的收入差距扩大。一方面,受替代效应的影响,原本处于中等技能岗位的劳动者,将面临失业或者向低技能岗位转移的困境,从而劳动者内部的收入差距扩大;另一方面,岗位极化会导致低技能岗位的就业人数增长,加剧竞争,加大工资下行压力,从而逐渐加大高技能、低技能岗位之间的工资差距,最终使收入分配不断倾向高学历、高技能的劳动者[1]。

其次,也可以从不同人工智能技术应用的角度来解释。工业机器人属于劳动替代型技术,伴随更慢的工资增长,更高的工作转换和失业概率,机器学习算法类技术属于劳动恢复型技术,可以改善个体劳动力市场,与工资增长存在正相关关系[2]。高技能岗位一般匹配劳动恢复型技术,而低技能岗位往往采纳劳动替代型技术,劳动恢复型技术往往会创造新任务,直接使高技能劳动力受益,劳动替代型技术通过自动化替代了劳动力从事的任务,从而增加了就业和收入的不平等,不同类型的技术对工资的不同影响又会加剧不同岗位之间的工资差距。

总的来看,工资收入差距扩大的很大一个原因是技能溢价。高技能劳动者需求增加,人力资本向高技能劳动力群体倾斜,同样工资收入也会向其倾斜,而中技能劳动者需求减少,大部分向低技能劳动力市场下移,所导致的工资差距就会越来越明显。同样,在考虑人工智能技术应用对工资差距的影响时,也应该注意到行业和地区的异质性,考虑结论

---

[1] Auto D., Salomons A., Robocalypse Now: Dose Productivity Growth Threaten Employment? [R], Paper prepared for the ECB Forumon Cetral Banking. 2017.

[2] Fossen Frank M., Sorgner Alina. New digital technologies and heterogeneous wage and employment dynamics in the United States: Evidence from individual-level data [J]. Technological Forecasting & Social Change, 2022, 175.

是否会有所不同。并且大多数研究使用的宏观层面的行业和国家数据，只有少数研究是基于微观层面的企业数据，而往往实际中企业内部的变化会更直接影响到劳动者。因此未来研究可以从微观层面着手，探讨人工智能对工资水平的影响。

五　总结与评价

（一）总结

本文通过对现阶段人工智能应用对就业总量、就业结构和工资水平三方面研究进行梳理，从就业总量来看，人工智能对就业总量的影响在短期内不会发生很大变化，就业总量仍将维持基本稳定的趋势。"机器换人的担忧"往往夸大了机器替代人类劳动的程度，而忽略了自动化和劳动之间的强大互补性，这种互补性可以提高生产率与收入，并增加对劳动力的需求，从而使就业总量保持稳定[1]；但从就业结构来看，短期内人工智能会对就业结构带来重大冲击，即就业极化，但这种现象不会持续太久，未来中等技能岗位仍然会被保留；从收入分配来看，就业结构变化直接影响工资变化，偏向高等教育的精英群体，而对于那些受教育程度低、人过中年且处于被替代行业的群体来说，会遭受巨大福利损失。由于人工智能对工作岗位的替代实质上是不同类型的技术对技能的取代，所以人力资本投资必须成为任何生产技能的战略核心，这些技能必须得到技术变革的补充，而不是被技术进步所取代。学者通过模型预测得出教育可以将自动化对低技能劳动力和高技能劳动力的工资差距的边际效益降低3%，从而缓解工资不平等现象[2]。因此，对于相关部门来讲，重视教育的质量，制定相关政策，并且早期教育投资比后期投资更具成本效益，可以积极应对人工智能技术带来的就业和工资极化现象。同时企业也需要进行相应调整或升级与人工智能技术互相适应，才能发挥人工智能的有利作用。此外人工智能应用对劳动力市场的影响存在

---

[1] Autor, D. H., "Why are there still so many jobs? The history and future of workplace automation", *Econ. Perspect*, 2015, 29, 3 - 30.

[2] Bentaouet Kattan Raja, Macdonald Kevin, Patrinos Harry Anthony. The Role of Education in Mitigating Automation's Effect on Wage Inequality [J]. LABOUR, 2020, 35 (1).

"国家效应",与国家的产业竞争政策、人工智能发展阶段、社会保障制度等息息相关。在考虑如何应对人工智能对就业冲击的挑战和机遇时,要结合国家政策背景,相关制度和政策的统筹协调,才能实现更高质量的就业。

(二）评价

目前对人工智能应用对就业的影响的研究已有一定规模,但在文献回顾中仍然存在一些问题,值得未来继续探究。

一是现阶段国内的研究大多集中在现状描述和趋势预测层面,并且研究对象大多侧重制造业和服务业,从微观企业层面探究人工智能对就业具体影响的实证研究较少。但随着国家对人工智能技术的重视以及人工智能技术的不断发展和广泛应用,未来应该要考虑行业和地区的异质性,以丰富这一领域的研究。

二是对于人工智能技术的测度指标并没有统一,大部分学者采用工业机器人安装数量来衡量人工智能应用水平。这个指标用来衡量制造业是可行的,因为制造业大多采纳工业机器人。但是工业机器人安装量这一数据不能真实反映人工智能其他技术在其他产业的应用情况。因此,未来需要对不同类型的人工智能技术进行界定,构建人工智能技术测度的统一数据口径,以便更准确地评估人工智能技术应用对就业的影响程度。

四　人才开发

时不我待：科技人才的前瞻行为研究[*]

郭晟豪　张哲瑞
（兰州大学）

摘要：立足中国情境，本文探讨了在感知时间压力的调节下，国有企业内的集体主义人力资源管理如何影响科技人才的前瞻行为，同时关注党组织和党员的中介作用。基于我国高新技术国有企业科技人才的调查数据，本文构建了在第一阶段被调节的中介模型，发现集体主义人力资源管理可以通过党员示范作用和党的先进性认同激发科技人才的前瞻行为；感知时间压力水平越高，集体主义人力资源管理对党员示范作用的促进效果将越强，进而提升科技人才的前瞻行为水平，而党的先进性认同则不受感知时间压力的影响。因此，在科技创新工作中，我国政府应当重视以不同的路径发挥党组织和党员的作用。

关键词：科技人才；感知时间压力；集体主义人力资源管理；党的先进性认同；党员示范作用；前瞻行为

一　引言

近年来，随着国际竞争加剧，科技创新领域成为国家博弈的新主场，

---

[*] 基金项目：甘肃省教育科学规划"党的二十大精神阐释"专题研究项目"科技人才政治素质开发与攻坚克难成效研究"（项目编号：GS［2023］GHB0001）；中央高校基本科研业务费专项资金优秀青年支持计划（22lzujbkyjh003）。

我国须直面国际竞争和国内科技发展的双重需求,[1] 加快建设科技强国,实现高水平科技自立自强。党的二十大提出,要"健全新型举国体制,强化国家战略科技力量",集中力量加强科技攻关,体现出我国集体主义管理的制度优势。在中国情境下,国有企业因兼具政治和经济属性而成为我国在科技创新领域发挥新型举国体制作用的重要载体。[2] 科技自立自强终究需要人才将之化为实践,因此,重视国有企业科技人才的培养,让科技人才主动预见和把握机遇,创造和引领变革,成为国有企业管理者需要探索的重要命题。

前瞻行为(proactive behavior)是指个体实施具有预见性、未来导向的,旨在使自身或自身所处的环境产生积极变革的行为,[3] 这种行为有助于提升其工作绩效,进而对组织绩效产生积极效应,该行为可能受到环境因素和个体因素的影响。[4] 中国特色现代国有企业制度"特"就特在把党的领导融入公司治理各环节。在国有企业内部,党组织和党员扮演着重要的角色,科技创新团队内的党员以其先进性引领团队营造出积极环境氛围;党员科技人才在专业素质、政治素质和思想行为方面发挥先锋模范作用,这些因素都可能影响科技人才的前瞻行为。

总而言之,在加快实现科技自立自强的背景下,蕴含中国智慧的集体主义管理能否正向影响到国有企业科技人才的前瞻行为?在集体主义管理与前瞻行为间,党的先进性认同与党员示范作用发挥效能的路径又是什么?感知时间压力又会产生何种作用?本文将实证性地回应上述问题。

二 文献回顾与假设提出

(一)集体主义人力资源管理与前瞻行为

集体主义人力资源管理(collectivism-oriented HRM)是指在组织中培

---

[1] 闫瑞峰:《科技创新新型举国体制:理论、经验与实践》,《经济学家》2022年第6期。
[2] 林盼:《新型举国体制如何落地:打造以国企为主导的创新平台》,《华东理工大学学报》(社会科学版)2021年第4期。
[3] Parker S. K., Bindl U. K., Strauss K., "Modeling the Antecedents of Proactive Behavior at Work", *Jour-nal of Applied Psychology*, Vol. 95, No. 3, 2006, pp. 636 – 652.
[4] 王大伟、李文婷、欧亚萍等:《前瞻行为:影响因素、理论基础及发生机制》,《首都经济贸易大学学报》2017年第3期。

育集体主义价值取向的人力资源管理政策或实践，这种人力资源管理实践更强调内外部公平，倡导构建组织与个体间和谐的关系，使得组织中的个体更依赖群体。[1] 在强调集体主义的组织内，组织规范和价值强调个人服从组织的利益。[2] 因此，国有企业内的科技人才的行为可能受到组织内集体主义人力资源管理的影响。另一方面，前瞻行为是指个体自发、未来导向地产生试图改变现状的行为，这种行为对个体与组织都具有积极的影响，个体通过信息感知、行为意愿形成和前瞻行为实施三个过程来执行前瞻行为。人力资源管理实践可以培养特定的组织情境，[3] 具体而言，国有企业通过科技人才感受到这种目标，因为组织内的集体主义文化而愿意服从组织的利益，并促使自己产生对组织具有积极意义的前瞻行为。据此，本文提出以下假设：

H1：国有企业集体主义人力资源管理能够对科技人才前瞻行为产生正向影响。

（二）党的先进性认同的中介作用

党的先进性认同（progressiveness of CPC identification）关注科技人才对组织的认知。党员的道德素质是保持党的先进性的内在要求和基础保障，[4] 作为一个无产阶级政党，党的先进性必须由组成这个政党的无产阶级分子保证，要靠千万党员的道德素质体现。[5] 而道德素质作为一个显著的属性和特征既可以用于定义个人，[6] 也可以用于感知评价组织的

---

[1] Ji L., Tang G., Wang X., et al., "Collectivistic-HRM, firm strategy and firm performance: an empirical test", *International journal of human resource*, Vol. 23, No. 1, 2012, pp. 190 – 203.

[2] Chang Y. Y., Mellahi K., Wilkinson A., "Control of subsidiaries of MNCs from emerging economies in developed countries: The case of Taiwanese MNCs in the UK", *The International Journal of Hu-man Resource Management*, Vol. 20, No. 1, 2009.

[3] 陈丝璐：《论集体主义导向人力资源管理的作用路径》，华中师范大学出版社2018年第1版，第5页。

[4] 张荣臣、陈秀梅：《论党的先进性与共产党员先进性的统一》，《中国特色社会主义研究》2005年第2期。

[5] 吴育林：《中国共产党对党的先进性思想的百年发展创新——基于〈共产党宣言〉的研究》，《马克思主义理论学科研究》2021年第4期。

[6] Aquino K., Reed A I., "The self-importance of moral identity", *Journal of Personality & Social Psy-chology*, Vol. 83, No. 6, 2002, p. 1423.

属性和特征。① 社会认同理论认为，当组织的属性和特征显著，且与个体对自身定义的属性和特征相似时，个体就会对组织产生认同②，因此，当个体的道德特征与中国共产党的先进性要求一致时，个体就可能因此而产生对党的先进性认同。

既有的研究表明，集体主义人力资源管理通过团队合作、信息分享和资源保障等人力资源活动来培养成员对组织的归属感③，个体在承担组织的目标责任时，也应当遵守组织的道德规范。如今我国倡导的党建工作与国有企业中心工作的深度融合，因此，国有企业集体主义人力资源管理倡导的组织目标，既是国有企业的治理目标，也是党组织的工作目标，国有企业科技创新团队中科技人才应当遵守的道德规范也是团队和党组织要求的道德规范。在国有企业追求实现国家科技自立自强的背景下，科技报国和遵守科技伦理的信念都可以被视为科技人才应当谨守的道德标准。而在具备这些道德标准氛围的组织中，科技人才就可能对组织产生认同，并激励自己，让自己在组织内表现得更好，最终产生前瞻行为。因此，国有企业内的集体主义人力资源管理可能通过党的先进性认同影响科技人才的前瞻行为。据此，本文提出以下假设：

H2：党的先进性认同能够在国有企业集体主义人力资源管理与科技人才前瞻行为之间发挥中介作用。

（三）党员示范作用的中介作用

党员示范作用（Party members role model）关注科技人才与组织内其他个体的互动关系。中国共产党历来重视榜样的力量，选树典型与弘扬榜样是党一以贯之的优良传统和政治优势④，党的榜样教育发挥着重要

---

① Aguinis H., Glavas A., "What We Know and Don't Know About Corporate Social Responsibility a Review and Research Agenda", *Journal of Management*, Vol. 38, No. 4, 2012, pp. 932 – 968.

② Mael F. A., Tetrick L. E., "Identifying Organizational Identification", *Educational & Psychological Measurement*, Vol. 52, No. 4, 1992, pp. 813 – 824.

③ Li Y., Zhang G., Yang X., et al., "The influence of Collectivist-HRM practices on team-level identif-ication", *International Journal of Human Resource Management*, Vol. 26, No. 14, 2015, pp. 1791 – 1806.

④ 刘伟、刘晓哲：《百年回眸：中国共产党榜样文化建设的历史演进与经验启示》，《社会主义研究》2021年第1期。

的引领示范作用，在价值立场、目标引领和方式创新方面积累了丰富的育人经验，① 党员也坚持以自身的能动性发挥示范作用。② 社会学习理论能够很好地解释党员示范作用如何发挥其功能。该理论认为人的复杂行为主要通过学习所得，而个体学习的重要形式是通过对其他个体的观察。③ 科技人才识别党员示范作用的过程是被在特质、行为和目标上与自身相似的党员所吸引，认为可以从他们身上学习某些技能，因此观察其他个体并试图增加这种相似。④

科技人才是具备进步性的群体，其本质属性决定了其愿意不断积累学习的特点。因此，在工作中保持预见性和主动性的前瞻行为是科技人才主体因素中自我发展需求的体现。受到环境因素和主体因素的影响，国有企业科技创新团队内的科技人才可能因为观察到一名党员同事在工作中表现出的主动创新能力，进而产生前瞻行为。综上所述，本文提出如下假设：

H3：党员示范作用能够在国有企业集体主义人力资源管理与科技人才前瞻行为之间发挥中介作用。

（四）感知时间压力的调节作用

感知时间压力（perceived time pressure）可以对个体的状态和行为产生或积极，或消极的影响。⑤ 资源保存理论认为，在面对压力时，个体（或组织）可能会选择保存现有资源或投入更多资源来取得收益的方式以实现对压力的消解；也可能未雨绸缪，通过储备资源的方式来预防损失。⑥

---

① 陈玲、阿丽努尔·塔斯恒：《中国共产党榜样教育的历史经验与现实启示》，《学校党建与思想教育》2022 年第 14 期。

② 王浦劬、汤彬：《基层党组织治理权威塑造机制研究——基于 T 市 B 区社区党组织治理经验的分析》，《管理世界》2020 年第 6 期。

③ 刘靖君、屈代洲：《西方青少年榜样教育的理论释义及启示》，《湖北社会科学》2014 年第 12 期。

④ Gibson D. E., "Role models in career development: New directions for theory and research", Jour-nal of Vocational Behavior, Vol. 65, No. 1, 2004, pp. 134 – 156.

⑤ 姚柱、罗瑾琏：《时间压力对知识隐藏的影响研究：动机与情绪的双路径》，《管理评论》2022 年第 8 期。

⑥ Hobfoll SE., Freedy J., Lane C., Geller P., "Conservation of social resources: Social support resource the-ory", Journal of Social and Personal Relationships, Vol. 7, No. 4, 1990, pp. 465 – 478.

当个体拥有丰富的资源，就可能通过获取更多的资源来获取收益，达成增益螺旋，帮助其实现目标。① 对于科技人才而言，感知时间压力是指他们在科技创新活动中感受到的实现科技创新目标的时间压力，科技人才的这种感知可能源于国际科技竞争加剧的形势下，我国迫切需要攻关卡脖子技术，加快实现科技自立自强的任务环境的塑造。在这种情境下，科技人才可能将感知到的时间压力转化为科技报国的动力。同时，资源保存理论认为资源并非孤立存在，在中国情境下，无论是党的先进性认同，还是党员示范作用，都可能为科技人才提供资源，因此，科技人才可能因为感知到时间压力，而获取更多的资源，以此抵御将发生的损耗。据此，本文提出以下假设：

H4a：感知时间压力调节集体主义人力资源管理与党的先进性认同之间的关系。

H4b：感知时间压力调节集体主义人力资源管理与党员示范作用之间的关系。

前文中的假设分析了国有企业集体主义人力资源管理分别通过党的先进性认同和党员示范作用的桥梁促进科技人才前瞻行为的路径，科技人才在面对压力时获取资源并试图获得的收益即为前瞻行为。据此，本文提出以下假设：

H5a：感知时间压力调节党的先进性认同在国有企业集体主义人力资源管理与科技人才前瞻行为之间的中介效应。

H5b：感知时间压力调节党员示范作用在国有企业集体主义人力资源管理与科技人才前瞻行为之间的中介效应。

综上所述，如图1所示，本研究提出一个有调节的中介模型。

三　研究设计

（一）数据来源

本文数据来自经认证的高新技术国有企业的问卷调查，样本所属的

---

① Hobfoll S. E., "The Influence of Culture, Community, and the Nested-Self in the Stress Process: Ad-vancing Conservation of Resources Theory", *Applied Psychology*, Vol. 50, No. 3, 2001, pp. 337–421.

图 1 研究模型

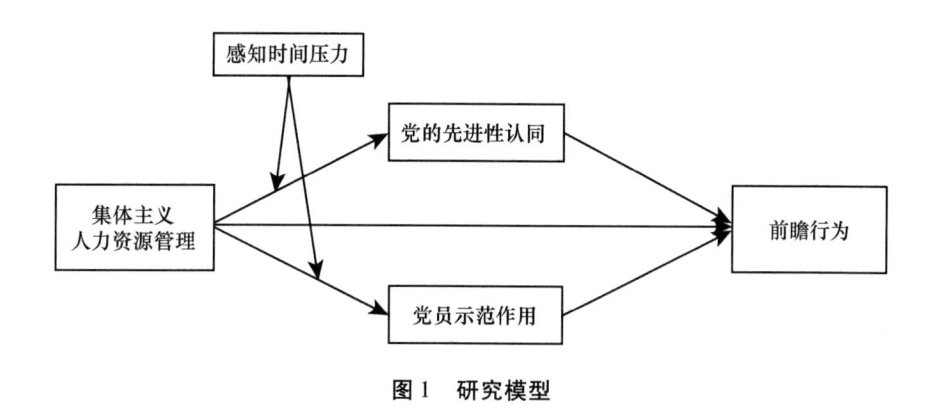

主要行业包括了装备制造、材料研发、生物化工、电气工程和建筑工程等领域。被试通过个人移动设备获取一条私密的问卷链接并独自填答，问卷中的所有变量均单独呈现于一个页面。本文向 73 个高新技术国有企业科技创新团队发放问卷，共有 658 人参加调研，经过筛选和剔除无效答案后，最终获得有效问卷 369 份。样本的描述性统计结果为：性别状况，女性占比 27.9%；婚姻状况，未婚占比 33.3%；文化程度状况，本科占比 49.3%，硕士研究生占比 36.9%；职称状况，中级职称占比 43.9%，副高级职称占比 31.2%；岗位性质状况，管理岗占比 32.2%；工作内容状况，科学研究占比 10.3%，工程设计占比 46.1%，技术开发占比 43.1%，科技创业占比 4.3%，科技服务占比 24.1%，科技管理占比 41.2%，科技咨询占比 13.8%；被试的平均年龄为 35 岁，标准差为 7.066；平均参加工作年限 11.34 年，标准差为 7.882；平均进入现工作单位年限 7.81 年，标准差为 6.354。

（二）测量工具

本文选择的量表均采用信度已得到验证的成熟量表测量。英文量表采用翻译—回译的方式编译中文问卷，确保能够准确表达原文含义。量表均采用 Likert 式 7 点量表，1 表示"非常不同意"，7 表示"非常同意"。

集体主义人力资源管理。本文采用 Li 等学者的集体主义人力资源管理量表[1]，去除载荷较低的2题项，最终选用"组织中的员工会为组织的成就感到自豪"等4题项。该量表在本文中的Cronbach's Alpha值为0.809。

前瞻行为。本文采用Fuller等学者的前瞻行为量表，[2]包含"我经常试图为提升效率引入新的工作方式、技术或者方法"等6个题项。该量表在本文中的Cronbach's Alpha值为0.893。

党的先进性认同。本文关注中国共产党的先进性对组织的积极作用，为了探寻围绕中国共产党先进性的独特意义，将May等人的道德认同量表修订为党的先进性认同。[3] 参考中共中央办公厅在2022年3月印发的《关于推进"两学一做"学习教育常态化制度化的意见》中提出的共产党人价值观，将其中的道德特征修订为忠诚老实、光明坦荡、公道正派、实事求是、艰苦奋斗、清正廉洁，包含"如果某个单位的人都有上述特点，那么成为其中一员对我而言很重要"等4题项。该量表在本文中的Cronbach's Alpha值为0.894。

党员示范作用。本文关注中国共产党员作为榜样对组织内其他个体的积极作用，参考杜旌等学者的模范带头作用量表，[4] 将原量表修订为党员示范作用。包含"在大多数创新工作中，团队中的党员顺应了公司的创新"等3题项。该量表在本文中的Cronbach's Alpha值为0.893。

感知时间压力。本文采用Durham等学者的感知时间压力量表[5]，去除载荷较低的一项，最终选用"我时常感到工作时间压力很大"等2题

---

[1] Li Y., Zhang G., Yang X., et al., "The influence of Collectivist-HRM practices on team-level identif-ication", *International Journal of Human Resource Management*, Vol. 26, No. 14, 2015, pp. 1791 – 1806.

[2] Fuller J. B. Jr., Marler L. E., Hester K., "Bridge Building within the Province of Proact-ivity", *Journal of Organizational Behavior*, Vol. 33, No. 8, 2012, pp. 1053 – 1070.

[3] May, D. R., Chang, Y. K. and Shao, R., "Does ethical membership matter? Moral identification and its organizational implications", *Journal of Applied Psychology*, Vol. 100, No. 3, 2015, pp. 681 – 694.

[4] 杜旌、冉曼曼、曹平：《中庸价值取向对员工变革行为的情景依存作用》，《心理学报》2014年第1期。

[5] Durham C. C., Locke E. A., Poon J., et al., "Effects of Group Goals and Time Pre-ssure on Group Effica-cy, Information-Seeking Strategy, and Performance", *Human Performance*, Vol. 13, No. 2, 2000, pp. 115 – 138.

项。该量表在本文中的 Cronbach's Alpha 值为 0.815。

控制变量。参照以往相关研究的做法，本文控制变量选择了年龄、性别、婚姻状况、文化程度、工作年限、进入工作单位年限。为了符合科技人才的特质，更准确地估计模型中研究变量间的关系，研究的控制变量还加入了职称、岗位性质、工作内容和专业类别；为研究党员和党组织作用，加入了政治面貌作为控制变量之一。

四 数据分析

（一）描述性统计与相关系数

本文采用 PROCESS 程序检验变量之间的关系，在进行回归分析之前，首先对各变量进行相关性分析，变量间的相关系数如表 1 所示。

表 1　　　　　　　　描述性统计与相关系数

	平均值	标准差	1	2	3	4	5
1. 集体主义人力资源管理	5.123	1.216	(0.720)				
2. 党的先进性认同	5.073	1.357	0.258**	(0.841)			
3. 党员示范作用	5.057	1.340	0.435**	0.307**	(0.858)		
4. 前瞻行为	4.708	1.216	0.460**	0.445**	0.387**	(0.766)	
5. 感知时间压力	4.797	1.303	0.204**	0.191**	0.038	0.117*	(0.853)

注：** $p<0.01$，* $p<0.05$；括号内为 AVE 的平方根。

（二）共同方法偏差与区分效度检验

为确保研究数据质量，本文进行了共同方法偏差的事后检验。即构建了一个共同方法偏差虚拟因子（CMV），并将其加入模型，发现加入共同方法偏差因子前后的模型结果上差异并不显著；虚拟因子总变异贡献非常小（21.95%），完全满足总变异贡献低于 50% 的限值，说明本文不存在严重的共同方法偏差。本文同样检验了模型的收敛效度和区分效度，由此计算出的 AVE 的值分别为 0.518、0.706、0.736、0.586、0.728，均超过 0.5 的标准，说明各量表收敛效度良好；如表 1 所示，所有变量的相关系数均小于 AVE 的平方根，证明变量之间既存在一定的相关性，彼此间又有一定的区分效度，模型的区分效度良好。

（三）假设检验

1. 主效应与中介效应

采用 PROCESS 程序对党的先进性认同、党员示范作用在集体主义人力资源管理与前瞻行为之间的主效应和中介效应进行 Bootstrap（设为5000）分析，置信区间设为95%。首先，如表2所示，检验其主效应，系数为0.388，且达到了显著水平（t = 7.717，p < 0.01）假设 H1 得到验证，即国有企业集体主义人力资源管理对科技人才前瞻行为能够产生正向影响。

表2　　　　　　　　　　主效应及中介效应检验

	Effect	S. E.	t	LLCI	ULCI
主效应	0.388	0.050	7.717**	0.289	0.487
直接效应	0.271	0.050	5.382**	0.172	0.371
	Effect	BootS. E.	BootLLCI	BootULCI
中介总效应	0.117	0.039	0.049	0.200
党的先进性认同中介效应	0.067	0.020	0.031	0.109
党员示范作用中介效应	0.050	0.028	0.004	0.111
（C1）党的先进性认同—党员示范作用	0.017	0.031	-0.047	0.073

注：N = 470；Bootstrap = 5000；LL = 下限，CI = 置信区间，UL = 上限，为95%置信区间，*p < 0.05；**p < 0.01。

资料来源：作者自制。

再检验中介效应可发现，其直接效应为0.271，置信区间为 [LLCI = 0.172，ULCI = 0.371]，不包含0，达到显著水平；其中介效应为0.117，置信区间为 [LLCI = 0.049，ULCI = 0.200]，不包含0，达到了显著水平；党的先进性认同的贡献显著，置信区间为 [LLCI = 0.031，ULCI = 0.0.109]，不包含0，中介效应的大小为0.067；党员示范作用的贡献同样显著，置信区间为 [LLCI = 0.004，ULCI = 0.111]，不包含0，中介效应的大小为 0.050；党的先进性认同与党员示范作用的中介比较发现置信区间为 [LLCI = -0.047，ULCI = 0.073]，包含 0，结果不显著。因此，假设 H2、H3 得到验证，即党的先进性认同、党员示范作用能够在国有企业集体主义人力资源管理与科技人才前瞻行为之间发挥中介作用。

2. 调节效应

采用 PROCESS 程序对感知时间压力在集体主义人力资源管理与党的先进性认同、党员示范作用之间的调节效应进行分析。如表 3 所示，在集体主义人力资源管理与党的先进性认同之间，集体主义人力资源管理与感知时间压力的乘积项系数为 -0.039，未达到显著水平（t = -1.091，p > 0.05）。此外，在加入乘积项后，R^2 更改同样未达到显著水平（p > 0.05），假设 H4a 未能得到验证。这说明感知时间压力不影响国有企业集体主义人力资源管理与科技人才前瞻行为之间的关系。

表 3　感知时间压力在集体主义人力资源管理与党的先进性认同间的调节效应

	Coeff	S. E.	t	R^2
constant	2.809	0.927	3.032	0.240**
集体主义人力资源管理	0.202	0.064	3.177**	
感知时间压力	0.142	0.055	2.576*	
集体主义人力资源管理×感知时间压力	-0.039	0.035	-1.091	
	R^2 - chng	F		p
集体主义人力资源管理×感知时间压力	0.003	1.189		0.276

注：N = 369，Bootstrap = 5000；* 表示 p < 0.05；** 表示 p < 0.01。
资料来源：作者自制。

反观集体主义人力资源管理与党员示范作用之间，如表 4 所示。集体主义人力资源管理与感知时间压力的乘积项系数为 0.183，到达显著水平（p < 0.01）。此外，在加入乘积项后，R^2 更改同样达到了显著水平（p < 0.01）。这说明感知时间压力对国有企业集体主义人力资源管理与党员示范作用的关系间存在不可忽略的调节作用。

表4　　　　　感知时间压力在集体主义人力资源管理与
党员示范作用间的调节效应

	Coeff	S. E.	t	R^2
constant	4.597	1.196	3.854**	0.576**
集体主义人力资源管理	-0.381	0.171	-2.220**	
感知时间压力	-0.978	0.173	-5.646**	
集体主义人力资源管理×感知时间压力	0.183	0.034	5.358**	
	R^2 – chng	F		p
集体主义人力资源管理×感知时间压力	0.056	28.712		0.000

注：N = 369，Bootstrap = 5000；* 表示 p < 0.05；** 表示 p < 0.01。
资料来源：作者自制。

为了进一步确认感知时间压力的调节作用，本文分析了国有企业集体主义人力资源管理与党员示范作用在不同程度感知时间压力上所呈现出的不同关系。如表5所示，当感知时间压力处于低水平（MEAN – SD）时，集体主义人力资源管理与党员示范作用呈现显著正向关系（p < 0.05），系数为0.167；当感知时间压力处于中水平（MEAN）时，集体主义人力资源管理与党员示范作用仍呈现显著正向关系（p < 0.01），且系数提高为0.533；当感知时间压力处于高水平（MEAN + SD）时，集体主义人力资源管理与党员示范作用仍呈现显著正向关系（p < 0.01），且系数提高为0.715。

表5　　　　　集体主义人力资源管理与党员示范作用在
不同水平感知时间压力下的关系

感知时间压力	Effect	S. E.	t	p	LLCI	ULCI
低水平（MEAN – SD）	0.167	0.084	1.987	0.048	0.002	0.333
中水平（MEAN）	0.533	0.062	8.577	0.000	0.410	0.655
高水平（MEAN + SD）	0.715	0.076	9.456	0.000	0.566	0.864

注：N = 369，Bootstrap = 5000，LL = 下限，CI = 置信区间，UL = 上限，为95%置信区间。
资料来源：作者自制。

这一结论充分说明，感知时间压力能够有效地使得集体主义人力资源管理促进党员示范作用，假设 H4b 得证。通过对党在个体与组织层面作用的精细分析可以发现，组织工作中的感知时间压力确实影响了个体与组织内其他个体的互动关系。具体地，感知时间压力水平促进了集体主义人力资源管理与党员示范作用的正向关系，而集体主义人力资源管理与党的先进性认同的关系则不会受其影响。

（3）有调节的中介效应

本部分将采用有调节的中介效应判定指标（index of moderated mediation），检验集体主义人力资源管理到党的先进性认同的完整路径。结果如表 6 所示，感知时间压力、集体主义人力资源管理、党的先进性认同和前瞻行为的有调节的中介判定指标 95% 的置信区间 [LLCI = -0.046，ULCI = 0.011] 内包含 0，因此有调节的中介效应未达到统计显著意义，假设 H5a 未得以证明。

表6　被感知时间压力调节的党的先进性认同的中介效应检验

	Effect	S. E.	t	p	LLCI	ULCI
直接效应	0.271	0.050	5.382	0.000	0.172	0.371
被调节的中介效应	感知时间压力	Effect	BootSE	BootLLCI	BootULCI	
党的先进性认同1	MEAN - SD	0.074	0.035	0.021	0.158	
党的先进性认同2	MEAN	0.053	0.022	0.015	0.100	
党的先进性认同3	MEAN + SD	0.042	0.027	-0.009	0.097	
	Index	BootS. E	BootLLCI	BootULCI		
被调节的中介效应指数	-0.010	0.015	-0.046	0.011		

注：N = 369，Bootstrap = 5000，LL = 下限，CI = 置信区间，UL = 上限，为95%置信区间。
资料来源：作者自制。

同样对集体主义人力资源管理到党员示范作用的完整路径进行检验，结果如表 7 所示，感知时间压力、集体主义人力资源管理、党员示范作用和前瞻行为的有调节的中介判定指标 95% 的置信区间 [LLCI = 0.001，ULCI = 0.041] 内不包含 0，因此有调节的中介效应存在，假设 H5b 得以证明。

表7　被感知时间压力调节的党员示范作用的中介效应检验

		Effect	S. E.	t	p	LLCI	ULCI
直接效应		0.271	0.050	5.382	0.000	0.172	0.371
被调节的中介效应	感知时间压力	Effect	BootSE	BootLLCI	BootULCI		
党员示范作用1	MEAN－SD	0.018	0.018	－0.002	0.068		
党员示范作用2	MEAN	0.059	0.030	0.003	0.123		
党员示范作用3	MEAN＋SD	0.079	0.039	0.004	0.158		
	Index	BootS. E	BootLLCI	BootULCI			
被调节的中介效应指数	0.020	0.010	0.001	0.041			

注：N＝369，Bootstrap＝5000，LL＝下限，CI＝置信区间，UL＝上限，为95%置信区间。
资料来源：作者自制。

五　结论与讨论

（一）研究结论

本文的研究结果表明，国有企业集体主义人力资源管理能够通过党的先进性认同和党员示范作用的中介作用对科技人才的前瞻行为产生影响；感知时间压力的水平会对集体主义人力资源管理向党员示范作用的传递路径产生积极影响，却不会影响集体主义人力资源管理向党的先进性认同的传递路径。可能的原因是在感知时间压力的外部影响下，科技人才为了组织目标而产生的前瞻行为，需要获取更多的资源，党的先进性认同和党员示范作用虽然同样是能够帮助其实现目标的资源，却并不具有等效性。党的先进性作为客观存在的组织特征，是一种宏观资源，代表了科技人才对党的先进性认同是组织中个体对组织的客观认知，这种认知是稳健且不易受到影响的；而党员示范作用则体现了组织中个体与其他个体之间的互动关系，是一种激励资源。在感知到时间压力时，科技人才会优先选择将身边优秀党员的示范行为这种激励资源作为关键资源，通过向党员学习来产生前瞻行为。

（二）理论意义

第一，本文从社会认同的视角出发，探索了集体主义人力资源管理与前瞻行为间的关系。研究丰富了集体主义人力资源管理这一具有中国特色的人力资源管理模式的影响结果，发掘了人力资源管理模式对组织内个体行为的影响机理。本文的结果表明，集体主义人力资源管理所塑造的组织情境和目标对个体的行为有较强的影响，这为进一步研究集体主义人力资源管理对个体的影响，或其他人力资源管理模式对个体的影响具有参考意义。

第二，本文结合社会认同理论和社会学习理论，精细化地研究了在集体主义人力资源管理与前瞻行为间存在的中介路径。本文探讨了组织情境由组织层面和个体层面因素影响组织内个体行为的机理，拓展了前瞻行为的前因研究的精细程度。

第三。本文提出了对党的先进性认同和党员示范作用的量化研究思路。本文通过量表测量了组织内个体对党的先进性和党员示范作用的感知。在以往的研究中，上述两构念通常以理论推演或定性研究的形式开展，少有量化研究思路。本文的量化研究思路可能对未来继续拓展党的先进性认同和党员示范作用的研究边界。

第四，本文基于资源保存理论，关注感知时间压力作为一种挑战性压力对个体状态的影响。探讨了科技人才在面对压力时，为达成目标而对组织的认知和与个体的互动关系两个层面的资源的获取偏好，提出了这种偏好存在的可能逻辑。丰富了感知时间压力的量化研究成果，尤其是弥补了在中国科技创新情境下的感知时间压力研究不足，也说明了关注并量化研究科技创新挑战性压力的重要性，具有一定的启示作用。

（三）现实意义

第一，国有企业管理者需要通过各种方式使得科技人才意识到科技自立自强的迫切性。科技创新工作的发展自有其逻辑规律，在尊重科学技术发展规律的基础上，让科技人才感受到一定程度上的时间压力，可能有助于科技人才保持主动创新。具体地，国有企业可以通过一定的超前攻关奖励性考核等方式，通过党建+科技创新模式激励科技人才。

第二，管理部门应当更加重视集体主义文化价值观和党组织、党员在国有企业内的作用，并通过政策手段予以一定的扶持。本文发现，党的先进性认同和党员示范作用都能够促进科技人才产生前瞻行为，这也印证了我国国有企业改革行动中特别强调"要坚持和加强党对国有企业的全面领导，发挥党组织和党员作用"的意义。国有企业可以通过加强党建学习、日常宣讲等形式向科技人才阐明突破各类卡脖子技术对党和国家事业发展的重要性；在科技创新项目中通过党建+科技创新模式跟踪项目进度，激励科技人才。

第三，国有企业科技人才应当增强与党组织和党员的互动，学习党和国家在科技创新领域的重要政策。科技人才需要认识到我国在科技创新领域强调集体主义、国有企业应用集体主义人力资源管理的意义，以及党组织、党员在科技创新领域发挥的作用，唯此才能使得这些要素成为激发自身前瞻行为的动力。管理国有企业的上级公共部门和国有企业管理者应当承担这些要素的宣贯任务，吸引科技人才也应当发挥能动性主动学习党和国家的政策，主动参与党组织号召的活动。

（四）研究不足与展望

第一，本文基于中国情境，探究了以新型举国体制为代表的集体主义人力资源管理对科技人才前瞻行为的影响。未来，值得探索的是在这样的情境下科技人才的前瞻行为会带来怎样的结果，例如对组织绩效、创新绩效的影响。第二，本文尝试测量了党的先进性认同和党员示范作用，探索了党组织和党员在集体主义人力资源管理与科技人才前瞻行为间的作用机制。未来还能够尝试结合不同理论完善对两个变量的测量，以期能够更好地解释党的先进性和党员示范作用的理论范围。第三，虽然本文以事前控制和事后验证的方式最大程度地避免共同方法偏差所带来的影响，使得结论相对可靠；未来可以尝试一些变量的测量由自评改为他评，或进行多时点测量，进一步增强研究结果的可靠程度。

乡村振兴背景下粤港澳大湾区乡村人才队伍建设研究

陈 亮

（内江市农业科学院乡村振兴研究所）

摘要：人才作为社会发展与治理的重要力量，尤其是在国家全面实施乡村振兴战略的大背景下，建设宜居宜业和美乡村需要依靠乡村人才去实施。开展粤港澳大湾区乡村人才队伍建设研究，事关粤港澳大湾区的乡村振兴战略能否真正落地和实施。本文以乡村振兴为研究背景，简要阐述了乡村振兴人才队伍建设对粤港澳大湾区乡村振兴战略实施的重要性，指出了乡村振兴背景下粤港澳大湾区乡村人才队伍建设过程中面临的问题，最后提出针对性的建议，以期为粤港澳大湾区乡村人才队伍建设提供借鉴参考。

关键词：乡村振兴；粤港澳大湾区；乡村人才；人才队伍建设

党的十九大首次提出了乡村振兴战略，党的二十大再次强调要"全面推进乡村振兴"，该项战略是党和国家结合新时代中国特色社会发展情况作出的重大战略部署，这不仅反映了国家对"三农"的重视，更为"三农"问题的解决提供了新的发展思路。粤港澳大湾区是以习近平同志为核心的党中央作出的重大决策，相较于其他地方而言，粤港澳大湾区拥有得天独厚的发展优势，发展势头强劲，该区域的农业产业发展程度相对较高，对乡村振兴人才队伍的需求更加迫切，粤港澳大湾区实施乡村振兴战略需要大量的乡村人才作为支撑。近年来，粤港澳大湾区将人才资源开发放在重要位置，立足粤港澳大湾区实际发展情况，制定出台了许多人才发展相关的政策法规，高度重视人才资源的开发和利用，不断拓宽人才队伍建设道路，以不断完善的人才引进机制科学引才。

一　粤港澳大湾区开展乡村人才队伍建设的必然性

随着农业现代化进程的加快，传统的农业生产模式已经很难满足现代农业的发展需要，并且随着国家乡村振兴战略的全面实施，粤港澳大湾区亟需一支懂农业、爱农村、爱农民的乡村人才队伍作为支撑。习近平总书记也多次强调"乡村振兴离不开人才"，乡村人才队伍建设直接牵动着粤港澳大湾区乡村振兴和宜居宜业和美乡村建设。

（一）乡村振兴为粤港澳大湾区开展乡村人才队伍建设带来了发展机遇

乡村振兴战略的提出和实施预示着我国的发展重心开始逐渐向乡村发展倾斜，国家和地方政府都相继出台了推动地方乡村振兴的各种政策，许多资源开始投入到农村建设和发展之中，良好的环境为粤港澳大湾区乡村的进一步发展带来了新的机遇。如乡村振兴需要大量的产业作为支撑，这就需要大量的产业在乡村落地生根，而乡村人才作为最熟悉农村的本土人才，具备得天独厚的机会来参与乡村产业振兴带来的创业机遇，通过国家和粤港澳大湾区的利好政策参与乡村创业，进而发展自身产业，实现增产增收。同时，乡村振兴也为粤港澳大湾区的乡村人才提供了一个大展拳脚的大舞台，他们能通过这个舞台更好施展自身才华，发挥自己的优秀才干，更好地为粤港澳大湾区的乡村振兴贡献人才力量。此外，乡村振兴也是乡村人才提升自我的重要机遇，随着国家和粤港澳大湾区对人才的重视程度越来越高，相应的乡村人才培育和成长机制也会越来越完善，有目标、有冲劲、有想法的乡村人才将能接受更好的人才培育，并在乡村振兴的进程不断积累经验，进而全面提升自我，实现自我成长。

（二）乡村振兴让粤港澳大湾区开展乡村人才队伍建设迎来了全新挑战

乡村振兴在给粤港澳大湾区开展乡村人才队伍建设机遇的同时也带

来了巨大的挑战。相较于城市发展而言,乡村的发展能获得的资金相对较少,主要表现为产业发展获得贷款支持的难度较大,由于农业产业投资大、见效慢,加上缺乏专业的经营管理队伍,造成部分村集体资产出现严重透支,集体经济产业发展并不乐观。在农村工程投入上,有的乡村投资集中于产业结构调整方向,这为当地带来了更加宽阔的就业致富门路,但有的乡村依旧将大量资金投资于传统农业项目,导致这些地方发展相对滞后。同时,市场经济的快速发展和城乡二元结构的依然存在给农业产业发展带来了巨大冲击,传统的小农经济必然会被市场所淘汰,再加上电商经济的快速崛起,农村的改革和发展需要更多的优秀乡村人才来作为支撑,但由于就业、医疗保障、孩子教育、求学等多方因素影响,当前大量农村青壮年劳动力外流,留下的基本是老弱妇孺,许多投入"三农"建设的项目因人才缺失而举步维艰;再加上教育资源分配不均、社会生活环境影响、人才流失、农业产业发展缺乏科学规划和农民综合专业素质不高等影响,农业生产往往很难获得较高的经济效益,农民增收难成为影响粤港澳大湾区和美乡村构建的重要因素。此外,随着乡村振兴战略的推进,各种惠民补贴和基础设施建设扶持资金投入力度明显增加,需要思想政治作风过硬的人才干部才能切实发挥这些资金的作用,才能推动粤港澳大湾区乡村振兴战略的有序实施。

(三) 乡村振兴对粤港澳大湾区开展乡村人才队伍建设提出了新的要求

乡村振兴人才是关键,国家近年来的"中央一号"文件和习近平总书记的重要讲话都多次提及乡村人才振兴,粤港澳大湾区想要实现乡村振兴,必须将乡村人力资本开发摆在整个粤港澳大湾区乡村建设的首要位置。在乡村振兴的大背景下,粤港澳大湾区要进一步明确乡村人才的角色定位,满足乡村发展对懂农业、善经营、会管理等多样化乡村人才的需求。新时代,村集体经济发展、乡村产业振兴需要乡村致富带头人引领,乡村治理现代化需要村里综合素质较高、声望较大的村"两委"干部作为"领头羊",乡村产业发展需要懂先进种养技术的新型职业农民作为支撑,种种的一切都需要粤港澳大湾区的乡村人才坚守本心,通过不断地学习及时更新思想观念,掌握先进的生产经营管理技术,进而全面提升粤港澳大湾区乡村人才的综合素质，有效推动粤港澳大湾区特色乡村产业发展，助力乡村振兴战略有序实施。

二 粤港澳大湾区开展乡村人才队伍建设面临的问题

（一）乡村人才队伍建设的激励机制有待完善

完善的人才激励制度是保障乡村人才队伍建设的重要保障。相较于内陆地区而言，粤港澳大湾区的村两委待遇相对较高，但是与地方经济发展情况相比，生活补助还是落后于地方经济发展速度，尤其两年疫情期间，乡村人才的工作总量大幅度增加，根本没有时间发展附属产业，微薄的补贴收入很难满足家庭的日常开支需要。粤港澳大湾区的乡村依旧存在乡村人才的劳务输出、升学流失和生活环境有待改善等问题，这直接导致粤港澳大湾区乡村振兴缺乏青壮年人才。同时，地方政府为了推动地方工作有效开展，制定的严格的责任落实机制，将责任层层落实到村"两委"干部身上，加上村委工作杂而繁琐，无形中增加了村委干部的工作量，但现阶段的奖惩机制往往是犯错就一竿子打死，工作无论多繁重却没有应有奖励，这就造成许多村委干部平庸发展，只图完成交代工作，而忽视了工作质量。此外，乡村干部人才晋升渠道相对较窄，除了年轻的挂职干部和驻村队员晋升空间相对较大以外，在村两委担任职务的村干部晋升渠道单一，很难成为乡村领导班子成员，这也大大打击了村委干部的工作积极性。

（二）乡村人才队伍建设的创新机制有待加强

随着改革开放的全面深化，粤港澳大湾区的农村地区也同样出现了农村空心化、老龄化等问题，乡村青年劳动力和贤能人才大量流入城镇，基层党委政府很难了解和掌握这部分流失人才的最新思想工作动态，更没有确切掌握这些流出人才的工作领域及相关特长，当需要人才从事乡村振兴工作时地方政府就无从入手，最终导致的结果就是乡村与流出的乡村人才之间形成割裂。同时，基层组织在对乡村本土优秀人才的挖掘上缺乏主动性和积极性，习惯性地等着人才上门。在村干部的选拔上，多数村级组织仅局限在本村选人，对于一些新兴人才虽然有所关注，却从未作为村干部推举，这就导致乡村本土优秀人才晋升渠道单一而狭窄；对乡村人才的不关心、不了解则是造成地方政府"求才无门"的客观现实。此外，在干部选拔任用上，村委干部的产生与事业单位和公务员的考录制度存在巨大差异，他们绝大部分主要是通过村民直接换届选举产生，因此需要完善的选举制度才能保障选出真才实学、真抓实干的村干部带动农村发展，但粤港澳大湾区现行的村干部选举制度仍然需要进一步完善，一方面，部分地方政府的村干部选举首要出发点是保证换届选举有序进行，对于是否能够真正选出人才关心程度不够，最终导致的结果就是乡村本土的优秀人才未被发掘；另一方面，部分村民在选举过程中存在私心，重利益而轻大局，并未选出真正适合的乡村优秀人才来担任村干部一职。

（三）乡村人才队伍建设的整合力度有待提高

乡村人才队伍主要包含村委干部、驻村干部（包含第一书记、驻村工作队员、大学生村官）、乡贤和能带动乡村发展的各种能人。其中村委干部主要承担着乡村建设"领头雁"，驻村干部主要开展新思想、新理念的传播和引导，乡贤和能带动乡村发展的各种能人则承担着推动乡村社会经济发展的重担。在乡村振兴过程中，村委干部、驻村干部、乡贤和能带动乡村发展的各种能人并未真正融合在一起，无法在创新创业上形成有效合力。部分驻村队员并未准确认识到驻村工作的重要性，抱着挂职锻炼不犯错的心态开展驻村工作，没有切实发挥驻村干部传播新思想、新理念的作用。而村委干部又过分依赖驻村干部，并未依靠自身优势来推动宜居宜业和美乡村建设。此外，乡贤和能带动乡村发展的各种能人由于受多方因素影响，自身能力也无法得到有效发挥。乡村人才队伍的整合不到位反而打击了乡村人才干事创业的积极性。

三 粤港澳大湾区开展乡村人才队伍建设的对策

（一）以稳抓党建融合乡村人才队伍

党是领导一切的，尤其是在全面推进乡村振兴的新时代，加强农村基层党组织建设对高效融合乡村人才，夯实基层战斗堡垒作用起着至关重要的作用。抓好农村基层党组织建设就是要进一步明确基层党组织引领带动农村社会经济发展的社会地位和政治功能，通过农村基层党组织来引领群众树立正确思想价值观念，紧跟党走，协调发展的乡村人才队伍建设新模式。[①] 作为基层党员，要切实发挥自己的先锋模范示范带头作用，以严格的政治标准选拔优秀的乡村人才来组建乡村人才队伍，进而实现乡村人才的整体优化。聚焦到具体的选拔工作上，就是要通过各种机制选拔出一批政治思想政治素质过硬、服务群众意识强、敢干事能干事的党员担任村委干部；村委干部密切关注村内的致富带头人、返乡创业大学生和外出务工人员，从中选择优秀的党员同志作为村委干部的后备人选；所在的乡镇和县级政府要对村上产生的村委干部进行严格审查备案，确保村委干部纯洁担当。[②] 同时，村级组织要切实发挥战斗堡垒作用，通过不断创新村民参与方式和机制来调动村民群众参与乡村自治和乡村振兴的积极性，进而提高乡村治理的全民参与度，加快实现乡村治理现代化。坚持党管原则，主要领导抓落实，通过对各级资源的整合利用，向上级争取各项政策来改善所在地的交通条件、文化氛围、生产条件和经济条件等，解决群众面临的实际困难，让群众切实感受到村委干部对居住地带来的变化，主动参与乡村振兴工作中，凝心聚力，共同推进乡村振兴战略深入开展和落实。

（二）以完善制度稳定乡村人才队伍

完善的激励制度能有效提升乡村人才参与乡村振兴的积极性，起到稳定乡村人才的作用。首先，要结合各村发展的实际情况建立起完善的人才选拔任用机制，将村内返乡务工人员、返乡创业大学生、优秀党员、致富带头人等之中愿为群众服务的优秀人才选拔进村委干部队伍，并做好后备青年干部的人才工作，保障人才的延续性。[③] 对于有条件的村级

[①] 赵颖、由琨：《乡村人才队伍建设思考》，《合作经济与科技》2023年第9期。

[②] 张福胜、宋春丽：《乡村振兴战略背景下农业人才队伍建设浅析》，《河南农业》2023年第7期。

[③] 徐姗姗：《乡村振兴战略背景下农村社会工作人才队伍建设的研究》，《农业经济》2023年第2期。

组织可以通过人才引进的方式引进专业实力和工作能力强的青年人才作为村委干部，进而充实乡村的干部人才队伍。同时要打开晋升渠道，通过考录的方式，从村委干部队伍中选择优秀的青年人才进乡镇任职，增强乡村干部基层社会矛盾调解和实施乡村振兴的能力。其次，在人才选拔有序进行的基础上进一步完善乡村人才的行为考核机制，结合基层工作实际不断调整和细化乡村人才的考核指标和认定工作，通过多方论证后对乡村人才进行绩效考核，并结合考核结果从乡村人才中评选出优秀干部、优秀创业者、文明家庭、先进集体、先进个人等荣誉来对乡村进行表扬激励，切实增强乡村人才的荣誉感和获得感，让乡村人才能够更好地投身乡村振兴工作当中，努力为乡村振兴贡献力量。[①] 再次，要做好乡村人才的经费保障。所谓"兵马未动，粮草先行"，经费保障对乡村人才的去留起着重要作用。通过专项经费改善乡村办公、生活生产环境和医疗卫生环境，为乡村人才营造一个宜居宜业和美乡村的良好氛围，进而激发乡村人才参与乡村振兴的干事积极性。对于村委干部要结合地方经济发展适当调整薪酬待遇，确保村委干部工资待遇高于当地最低工资水平，增强村委干部的工作获得感和自豪感；对于返乡创业的乡村人才，政府要加大财政资金支持，并通过完善的产业扶持政策和小额免息贷款来解决他们创业资金短缺问题，增强返乡创业人员的归属感，确保他们更加热情地投入乡村振兴工作之中。

（三）以交流培训培强乡村人才队伍

开展乡村人才队伍建设的目的是吸引留住乡村人才，并为乡村振兴提供源源不断的人才支撑。要结合乡村人才综合素质低、理论知识不足、处理事情能力弱、专业技能不强等问题制定科学的乡村人才培训计划，定期组织乡村人才开展交流培训，进而增强乡村人才的探索求知欲，有效提升乡村人才的专业综合素质，确保乡村人才能更好地化解乡村振兴工作中遇到的难题，提升乡村振兴工作效率。[②] 要积极打造切合乡村发

---

① 丁嘉达、潘伟光：《乡村振兴背景下农村职业经理人人才队伍建设研究》，《四川农业科技》2022年第12期。

② 王旸：《乡村振兴背景下农业科技人才队伍建设问题研究》，硕士学位论文，河北大学，2022年。

展实际的乡村人才培训基地，以地方党校和农校等为依托，以严格的乡村人才成长培训制度为保障，分类分层次地培养服务乡村振兴的各类人才，尤其是要抓好村委干部、驻村第一书记、驻村干部和大学生村官等群体的培训，并通过培训选出优秀的乡村人才作交流发言，确保培训真正取得实效。同时，要充分借助互联网平台优势，通过线上和线下相结合的方式，将乡村人才培训延伸到基层，覆盖至每个村民小组，方便乡村人才进行自我提升。① 此外，要高度重视对乡村人才的职业技能培训，采取政府牵头、多方协作的方式在农村深入开展职业培训，根据所在乡村农业产业发展具体情况，联合科研院所、职业院校、高校等有针对性地在乡村培养致富带头人，培训内容不能只涵盖种养技术，还需要涉及市场经济、企业管理、产业发展等方方面面知识，进而为地方集体经济和农村产业经济发展提供人才保障。

（四）以宣传引导集聚乡村人才队伍

乡村人才的流失与乡村基础条件、医疗卫生教育等有着密切联系。想要留住乡村人才需要通过宣传让流失的人才重新看到家乡的美和改变，才能吸引这些人才扎根乡村，开展乡村振兴工作。为此，地方政府部门要立足各乡村的立地条件，在改善交通条件的基础上，进一步完善乡村休闲娱乐、体育健身、景观亭台等基础设施，并设置专项经费来为优秀的乡村人才提供住房保障，切实解决工作过程中面临的生活和住宿的后顾之忧；联合紧密的各村可以共同完善医疗、卫生、文化、教育等基础建设，并做好宣传，吸引乡村人才落户。② 同时，通过"感情牌"来吸引更多乡村人才回流，各基层组织要做好乡村引才的工作总结，将返乡创业、退伍军人、外出务工等人员回流的经验做成专题报告向公众宣传，并通过不断完善的人才引进政策和不断优化的创新创业环境来吸纳更多

---

① 李子琪：《乡村振兴战略下农村科技人才队伍建设的困境及优化路径》，载河北省公共政策评估研究中心、燕山大学京津冀协同发展管理创新研究中心、燕山大学县域振兴发展政策研究中心编《第十二届公共政策智库论坛暨"新时代、新征程、新发展"国际学术研讨会会议论文集》，2022 年，第 165—169 页。

② 伍万云、褚卫东、王雅雯、曹源、周琦：《乡村振兴视域下欠发达区域农业科技人才队伍建设研究》，《生产力研究》2022 年第 6 期。

的外流乡村人才参与乡村振兴工作，让乡村人才看到家乡的发展前景和希望。此外，要充分发挥媒体的宣传动员作用，既要借助拍摄的家乡宣传视频、报刊报道、开直播、主题活动、网络媒体、网络新闻媒体等方式来让群众认识和了解乡村振兴工作，也要借助乡村人才引进来吸引人才入驻乡村，并为这些人才提供健全的人才选拔机制、职业晋升机制、人才成长机制、薪酬与激励机制等来提高乡村人才福利待遇，在乡村营造重才引才爱才惜才聚才的良好社会风气，集聚乡村人才队伍，更好地服务乡村振兴和宜居宜业和美乡村建设。

乡村振兴背景下粤港澳大湾区乡村后备干部队伍建设研究

郭建平

（山西农业大学乡村人才振兴学院）

摘要：我国作为农业大国，"三农"问题一直是党和国家高度关注的重要工作，尤其是在国家全面实施乡村振兴的大背景下，村干部更是带领全村人民参与乡村振兴建设的"领头羊"和"火车头"，村干部的综合素质的高低更是直接关系到粤港澳大湾区的乡村振兴战略能否得到有序推进。本文简要阐述了乡村振兴背景下粤港澳大湾区乡村后备干部队伍建设存在的问题及成因，并提出了针对性的对策建议，以期为粤港澳大湾区乡村后备干部队伍建设提供借鉴参考。

关键词：乡村振兴；乡村干部；乡村后备干部；队伍建设

组织振兴是乡村振兴的重要保障。村级干部作为开展"三农"工作的基础和支撑，对下是直面群众的一线基层干部，对上是党和国家在基层的直接代言人，基层干部的形象和综合素质直接关系到整个"三农"工作能否有序推进。新时代以来，习近平总书记高度重视干部队伍建设，反复强调要注重干部综合素质培养，全面提升干部队伍的专业化水平，尤其是基层一线，要做好年轻干部的培养和锻炼，并为这些年轻干部提供更为广阔的发展空间。乡村振兴背景下，粤港澳大湾区开展乡村后备干部队伍建设研究能够更好地把握时代发展步伐，更好地为粤港澳大湾区的乡村振兴储备干部人才，更好地推动农村工作的开展，有效确保粤港澳大湾区农村的和谐、繁荣、稳定，加快构建宜居宜业和美乡村。

一 乡村振兴背景下粤港澳大湾区乡村后备干部队伍建设存在的问题

（一）乡村后备干部队伍人员流动性大

近年来，粤港澳大湾区的农村环境虽然取得了较大改善，每年都有新入职的乡村干部人才，但是由于城乡差距和生产生活环境影响，每年也有大量的乡村后备干部"流出"。总体来看，可以将这些"流出"人才分为正常流失和隐性流失两个大类。正常流失主要包含以下三种情况：第一是后备干部人才自身表现优异，被村民选举为村"两委"干部；第二是公务员或事业单位公开招考工作人员，后备村干部队伍人员通过专项考核进入公务员或者事业单位，成功转变了乡村后备干部身份；[①] 第三是所在乡村的薪酬和未来发展空间无法满足乡村后备干部的预期，进而导致乡村后备干部"流出"。隐性流失主要包含以下两种情况：一种是乡村后备干部人才表现优秀，被上级单位以借调的方式长期借用，导致该村有其职却无其人；第二种是乡村后备干部队伍来村上工作的原因就是为了自己日后考公务员和事业单位搭建"平台"和"跳板"，他们来做乡村干部的动机就不纯粹，平常的主要精力都用在了考试学习上，工作开展也无法取得实际成效，导致乡村后备干部队伍出现隐性流失。

（二）乡村后备干部工作归属感不强

相较于村委干部、公务员和事业干部而言，乡村后备干部不属于他们之中的任何一种角色，这就导致他们对自己现有的"身份"缺乏认同感，甚至有部分乡村干部觉得自己的身份"低人一等"，去开展部分工作时觉得自己名不正言不顺，工作过程中时常束手束脚，完全无法发挥自己的才能；而有一部分乡村后备干部本来就对这项工作缺乏认同感，一开始就是抱着"过渡"心态来工作，当出现更好的发展机遇时会在第

[①] 张鸿伟：《B县X镇农村后备干部队伍建设现状与对策研究》，硕士学位论文，扬州大学，2022年。

一时间"逃离"该项工作岗位。此外,部分村"两委"对乡村后备干部缺乏一个正确的认知,认为乡村后备干部存在抢自己饭碗的风险,因此没有真正重视乡村后备干部的培养,这也导致乡村后备干部在开展工作的过程中处处碰壁。

(三) 对乡村后备干部队伍缺乏规范管理

乡村干部队伍人员素质参差不齐,需要更加科学的管理办法才能发挥乡村干部人才的优势。但就现阶段粤港澳大湾区乡村干部人才的管理情况来看,各乡镇对乡村后备干部人才的管理机制有待完善。由于乡村后备干部队伍身份的特殊性,乡镇对乡村后备干部人才既不能像普通群众或党员那样对待,也不能以《公务员法》的相关规定来约束,因此在日常管理过程中便缺乏科学的、强制性的管理制度,容易发生以权谋私的腐败行为。同时,乡村后备干部参与乡村治理的权利受限,在日常工作中,乡村后备干部主要参与村内矛盾化解、政策宣传、治安联防等听证性、协调性、咨询性事务,参与决策和评议的机会较少,很难真正融入乡村现代治理之中。此外,基层工作杂而繁琐,需要综合能力强的后备干部才能完全胜任,但现实中的后备乡村干部队伍人员组成结构复杂,能力也参差不齐,比如刚毕业的大学生由于工作经验缺乏,开展乡村工作时无法做到学以致用;部分地方的村两委成员由于年龄较大,基本不会操作办公设施设备,因此将大量工作转嫁到乡村后备干部身上,大大增加了乡村后备干部的工作压力,不利于乡村后备干部队伍的健康成长。

(四) 对乡村后备干部的考核流于形式

对于乡村后备干部的考核主要从"德、能、勤、绩、廉"等 5 个方面进行概括总结,缺乏比较明确的量化指标。部分乡村后备干部为了彰显自己的业绩在考核情况汇报中过于夸大自己的工作业绩,对业绩方面的概括则是以空话套话为主,实际的支撑材料相对不足;对于不足方面则是"浅尝辄止",停留于表面,如理论学习不够深入、开展工作经验不足等比较笼统的概括。此外,参与考核的人员存在"老好人"心态,不愿意得罪他人,因此对乡村后备干部的考核结果基本是"优秀""称职"，"基本称职""不合格"基本不会出现；部分乡村甚至出现了轮流评优，这种做法让上级组织很难选出真抓实干的优秀人才，不利于乡村后续工作的开展。

二 乡村振兴背景下粤港澳大湾区乡村后备干部队伍建设存在问题的原因

（一）乡村两级对乡村后备干部重视不够

乡村后备干部的主要培养单位为乡镇，并且乡镇承担着乡村后备干部培养的主体责任。但在现实工作中，乡镇由于工作量大而繁琐，将绝大部分资源和精力都放在了推动相关中心工作的落实与推进中，为了能尽快做出成绩，乡镇领导主抓能快速产生经济效益的项目建设上，进而忽视了需要长期投入，并且见效缓慢的人才工作。而作为直接用人的村级组织来看，乡村虽然采用传帮带方式来促进乡村后备干部成长，但部分村"两委"存在顾虑，害怕成长起来的乡村后备干部"抢饭碗"，因此在对乡村后备干部的培养上消极应对，工作上孤立疏远，选人上"任人唯亲"，一些有真才实学的乡村后备干部却得不到锻炼和重用，导致乡村后备干部很难融入村"两委"干部队伍之中，并且缺乏必要的群众基础，对于乡村后备干部的健康成长和长远发展极为不利。

（二）尚未建立完善的乡村后备干部培养机制

从乡村后备干部的成长来看，县级组织重视乡村后备干部选拔而忽视了他们的成长，在选拔完人才后并没按照相关制度规定进行人才培养，多数都是将乡村后备干部下放基层让他们自由成长，唯一的培养就是口头叫乡村后备干部多学习、多看书，这种流于形式的培养方式并不利于乡村后备干部的成长。在培训内容的安排上，多以理论政策培训为主，具有针对性、实操性的系统培训相对较少，并且培训方案的制定并未结合乡村后备干部的实际需求，很多培训都只是"纸上谈兵"，乡村后备干部能够真正从中做到"学以致用"的人才相对较少。

（三）缺乏健全的乡村后备干部激励机制

从工资情况来看，乡村后备干部作为推动乡村工作开展的重要工作人员，每天都必须按时到村上开展工作，并且其间获得的工资就是他们全部的收入来源，其中部分乡村后备干部作为家庭的主要收入来源，现行的工资水平很难满足日常的生活开支需要。此外，同工不同酬的情况相对明显，随着改革工作的推进，村"两委"干部的补贴标准相较以前有了明显的提高，这就导致村"两委"成员与乡村后备干部的补贴差距进一步拉大。同为从事乡村工作的工作人员，两者工作付出几乎相当，但工作待遇却存在明显差距，并且与外出经商和务工人员差距更是不断增加，薪酬上的明显差距导致乡村后备干部的工作积极性受到严重打击，不利于相关工作的有序开展。[①] 此外，公务员及事业单位一般都通过年度考核绩效来激励公职人员更加努力地工作，但作为乡村后备干部，无论干好干坏都只能拿到固定的工资补贴。

（四）乡村后备干部考核与实际结合不够密切

村镇两级对乡村后备干部队伍的考核主要从德、能、勤、绩、廉等五个方面进行，而"德"作为乡村后备考核的第一标准，由于人员差异，不同的人对德的认定标准也不统一，难以实现考核的量化和标准化，这也会直接影响考核结果的公平公正。此外，在实际考核过程中，乡村后备干部基本是以书面材料或台账的形式汇报自己所做工作，地方也并未出台结合地方实际发展情况的具体考核标准，这样的考核很难真实地反映出乡村后备干部工作的实际成效。同时，评价的人员也大多抱着老好人心态，不愿得罪人，因此做出的考核评价大多都为优秀，一些文笔好但工作开展并不扎实的人还容易获得考核优秀，一些埋头实干的人却只能取得考核合格的评价，这样既不利于上级部门选拔优秀干部，也容易造成乡村后备干部人才流失。

[①] 梁永成、陈柏峰：《农村后备干部培养体系的转型与重塑》，《思想战线》2020 年第 5 期。

三 乡村振兴背景下粤港澳大湾区乡村后备干部队伍建设的优化路径

（一）抓好顶层设计，为乡村后备干部人才营造良好环境

乡村的发展不仅需要引进人才，更重要的是要让引进的人才留下来。粤港澳大湾区各级组织要从思想上意识到乡村后备人才对乡村振兴的重要作用，把乡村后备干部人才队伍建设作为乡村人才振兴的重要工作来抓，统一安排、精心部署、认真落实，压实各级责任，确保乡村后备人才队伍建设工作有序推进。粤港澳大湾区的地方政府要结合粤港澳大湾区所辖乡镇的具体情况，做好乡村后备干部人才引进、退出、培训、考核和监督等各项制度建设，为乡村后备人才提供制度、资金、培训和晋升等方面的政策制度保障，同时结合地方发展需求选用适合当地发展的乡村后备干部人才，切实发挥乡村后备干部推动乡村振兴的作用。[①] 要进一步优化粤港澳大湾区的乡村后备人才选拔机制，建立后备人才选用台账，坚持通过内选与外引相结合的方式来拓宽乡村后备干部的选人用人渠道；要敢于打破地域限制，坚持做到公平公正，采取推荐形式、资格审查和录用结果的"三公开"的方式，为粤港澳大湾区选出真正能够带领群众致富，推动乡村振兴的优秀人才。

（二）完善培训机制，全面提升乡村后备干部人才素质

完善的培训机制是提升乡村后备干部人才的重要途径。粤港澳大湾区要立足各地发展的实际情况，采用县镇村三方联合的方式共同对乡村后备人才进行传帮带，帮助乡村后备人才树立坚定的思想意识，全面提升乡村后备干部化解基层矛盾的能力，确保乡村后备干部快速熟悉工作岗位，迅速进入工作状态，为新老班子平稳过渡打下基础。要用活谈心谈话制度，每半年对乡村后备干部开展一次谈心谈话，这样既能帮助乡

---

① 邱媛媛：《乡村振兴战略背景下加强村干部队伍建设研究》，硕士学位论文，河南大学，2021年。

村后备干部队伍及时调整消极的工作心态，[①] 也能准确掌握乡村后备干部的思想和工作动态，更好地促进乡村后备干部健康成长。要结合乡村后备干部成长和乡村发展需求，进一步完善粤港澳大湾区的后备人才培养机制，争取做到每一场培训都有的放矢，为乡村后备干部人才提供能够满足其成长需求的培训计划，有效提升乡村后备干部的综合素养。要大胆创新教育培训方式，将思想政治教育与专业素养教育相结合，帮助乡村后备干部队伍树牢"四个意识"、坚定"四个自信"、做到"两个维护"，进一步拓宽乡村后备干部视野。此外，要加强乡村后备干部队伍的锻炼机制，采用轮岗机制，推荐乡村后备干部多岗锻炼，全面提升乡村后备干部的综合业务水平。

（三）健全激励机制，有效调动乡村后备干部的积极性

建立多方协同的监督管理制度，采取组织监督、结对监督、群众监督三者相结合的方式来确保乡村后备干部人才选拔、奖惩、晋升的公平公正，营造良好的监督氛围。要进一步提高乡村后备干部的薪酬待遇，乡村后备干部待遇可以参照村"两委"的工资待遇标准执行，实现乡村后备干部与村"两委"干部的同薪同酬，进而降低乡村后备干部心理落差。同时，根据地方具体情况采取灵活的生活补贴制度，并为乡村后备干部购买五险一金，切实解决乡村后备干部的后顾之忧，逐步增强乡村对乡村后备干部的吸引力。此外，要采取多种措施来激励乡村后备干部，[②] 比如：对于在现实工作中表现突出，成绩优异的乡村干部要加大政治激励，采用考核评优、职位晋升、推选为代表等方式来增强乡村后备干部的政治地位和职业认同感；在五一、七一等重要时间节点，可以开展基层评优，推荐优秀乡村基层干部作为学习典型，并加强对他们的宣传，进而增强乡村后备干部的荣誉感和获得感，激励乡村后备干部担当作为；同时，充分发挥年度考核激励作用，根据乡村后备干部的实际考核结果，给予乡村后备干部适当的年度绩效考核奖励，让乡村后备干

[①] 田宇婷：《乡村振兴背景下祝阳镇村级后备干部队伍建设研究》，硕士学位论文，山东农业大学，2021年。

[②] 黄思：《乡村振兴背景下县域青年参与乡村治理研究——以后备干部制度为例》，《中国青年研究》2021年第5期。

部感觉"劳有所得",有效调动乡村后备干部的工作积极性。

(四)探索平台搭建,畅通乡村后备干部进退渠道

乡村后备干部就是要为乡村建设培养后备干部人才,乡村后备干部只有成功转化为乡村干部才能真正发挥后备干部的实际价值。因此,在选拔乡村后备干部时要充分结合后备干部的特点和专长来安排相应工作,[1] 并进行轮岗锻炼,再选出优秀的乡村后备干部进入村"两委"班子,在换届时实现顺利过渡。在考核方面,要进一步明确相关考核内容,除了看乡村后备干部自己的考核总结外,还要对乡村后备干部开展生活、培训、群众满意度等多方面测评,进而对乡村后备干部作出科学评价,为后面晋升提供重要依据。要建立完善的乡村后备干部动态退出机制,对于开展工作过程中能力不足、责任心不强、服务群众意识差、履职不力、以权谋私等乡村后备干部采取一票否决制,及时劝离工作岗位,对于因身体、年龄等因素导致不能胜任该项工作的优秀乡村后备干部要及时安排退出,以便为注入新鲜的乡村后备干部血液提供岗位。此外,对于主动请辞的优秀乡村后备干部,要准确掌握其请辞原因,并尽量挽留,甚至可以向上级组织申请将他们调整到其他工作岗位。

---

[1] 齐薇薇:《村级后备干部制度:农村青年参与乡村振兴的路径》,《湖南工程学院学报》(社会科学版)2022年第1期。

"零工经济"模式下的粤港澳大湾区人才协同共享发展路径研究

顾文静 朱 婧 兰文涛

(广东财经大学)

摘要：随着共享经济市场的发展，共享的主体延伸到了无形的资源，如时间、经验和知识。"零工经济"的出现和普及为人们的生活增添了多种选择，对许多人来说，它甚至成为一种基本的谋生方式，因其没有固定的工作和时间限制，多数出现在倾向灵活的专一技能人才、生活服务业临时工、创新创业的兼职技术人才这部分群体中。"零工经济"是一种新的工作形式，它与粤港澳大湾区的经济转型和现代化密切相关。在难以快速招聘和培训人力资源的环境下，促进和刺激区域人力资源流动，是满足粤港澳大湾区发展国家战略的人力资源需求的一个快速有效的方法。粤港澳大湾区的多个城市和区域都在信息技术、电子商务、金融和环境保护等领域制定了雄心勃勃的计划，这些计划都与"零工经济"密不可分。"零工经济"将人力资源的"二元"供需关系转变为"多元"关系，即有众多的服务"供应商"和"被服务者"，从而实现了人才的共享。根据不同的时空特点，可以实现不同类型的人才在各部门、各地区、各组织之间的共享，如人才雇佣、佣金共享、信用共享、部门间共享、采购共享、项目共享、候鸟式共享等。"零工经济"使粤港澳大湾区能够吸引世界各地的人才，特别是能够快速有效地促进和刺激区域人才流动，缓解区域经济矛盾，提供新的解决方案。通过对比国内外对"零工经济"的最新研究，分析传统人才共享研究的局限性和缺陷，立足于粤港澳大湾区人才竞争加剧、人才资源不足、流动性不足的现实问题，配合国家和地方政府政策，在法律规范、社会保障、劳动力市场和网络平台等方面提出具体的、有针对性的发展措施和建议。

关键词:"零工经济";人才共享;人才流动;粤港澳大湾区

一 "零工经济"的相关研究及现状分析

最初,零工(Gig)表达的本义是音乐会提供给音乐家现场表演,一旦音乐会结束,音乐家就得另找工作,这也是当今"零工经济"的一个特点,工人从事短期工作或项目,为了谋生,他们不得不反复接受任务或工作内容。长期稳定的用人模式已经成为过去,Uber 雇佣工人的方式所代表的模式似乎是工作的发展方向,也被称为工作"Uber 化"(Stewart and Stanford, 2017)[①],Uber 式的工作方式是基于工人可以以各种方式工作,包括外卖、快递和出行服务,以及家政保洁等,基本涵盖人们的全部日常活动。然而,这只是"零工经济"的一个方面,也被称为按需工作,另一个方面是以亚马逊"土耳其机器人"为代表的众包平台(Woodcock and Graham, 2019)[②]。按需服务经济平台连接着工人和消费者,而众包平台则连接着客户和劳动者,就比如说客户在平台上发布任务("微任务",如数据标签、文章翻译和网站创建),众包工人自主选择接受工作,只有在任务被批准通过审核后才会得到报酬。世界领先的劳务中介公司、美国 500 强企业之一 Kelly Services 在其 *Gig Economy Report* 中对"零工经济"一词有一个全面而准确的理解。报告指出,整个工作的概念正在变得更加流动,呈现出多变和不固定的态势,这是由于员工对于工作—生活的平衡性有更高的追求,因而对于工作要求更多的灵活性。企业可以采用一种"工作匹配"的理念来管理下属员工。这个想法的变化源于人们对人力资源供应链有了新的认识,它不仅包括长期工人,还包括构成"零工经济"的各种临时性工作,如临时工、独立承包商、顾问和自由职业者……。报告同样指出,"零工经济"包括任何类型的工作,招聘机构为其支付特定的任务、项目或期限。零工或临时

[①] Stewart A., Stanford J., "Regulating work in the gig economy: What are the options?", *The Economic and Labour Relations Review*, Vol. 28, No. 3, 2017, pp. 420–437.

[②] Woodcock J., Graham M., "The gig economy", *A critical introduction*. Cambridge: Polity, 2019.

工作可以从一个部门自由转移到另一个部门，相对自由地出入不同行业、不同领域甚至不同岗位。

回顾国内关于"零工经济"的研究，产出较少且并不完全集中，大多数研究多集中于劳资关系和行业监管规范方面，还有一小部分研究多面向界定"零工经济"的含义和范围、零工工人的生理及心理安全问题以及这一群体对企业绩效的正向或负向影响。谢富胜和吴越（2019）[①]认为，"零工经济"是数字平台创造的新型雇佣关系，符合资本弹性的要求；杨滨伊和孟泉（2020）[②]认为，"零工经济"非常灵活，但其不确定性和不稳定性使得公司管理层将风险转移给工人，通过向劳动者转移风险，这足以表明原有组织管理理论将不再适用于这类用工形式和就业市场；崔学东和曹樱凡（2019）[③]认为"零工经济"中的第三方平台在逃避政府对平台经营活动进行监管的同时，还会规避平台的雇主责任义务，可能会将全部风险和成本转嫁给零工者，使零工者丧失了必要的社会保障覆盖、劳动保护以及组建工会和集体谈判的权利；唐开康和刘婧（2021）[④]认为零工工作者需要弹性工作时间和更大的工作自主权，通过第三方平台整合企业的需求和零工工作者的特点，他们认为这可以降低信息流通的成本，提高劳动力市场的竞争力，降低企业的用工成本，但也会带来社会保障和劳动关系等问题。班小辉（2019）[⑤]认为"零工经济"的用工方式呈现出标准的任务化和模式化的表象和特征，这在一定程度上模糊甚至混淆了用工关系的持续性、人身从属性、组织从属性及经济从属性，进一步推动了去劳动关系化。

数字平台的出现促进了劳动力供需的有效匹配（Burtch et al., 2018）[⑥]，

[①] 谢富胜、吴越：《零工经济是一种劳资双赢的新型用工关系吗》，《经济学家》2019年第6期。

[②] 杨滨伊、孟泉：《多样选择与灵活的两面性：零工经济研究中的争论与悖论》，《中国人力资源开发》2020年第3期。

[③] 崔学东、曹樱凡：《"共享经济"还是"零工经济"？——后工业与金融资本主义下的积累与雇佣劳动关系》，《政治经济学评论》2019年第1期。

[④] 唐开康、刘婧：《零工经济文献综述及未来发展趋势》，《中国人事科学》2021年第1期。

[⑤] 班小辉：《"零工经济"下任务化用工的劳动法规制》，《法学评论》2019年第3期。

[⑥] Burtch G., Carnahan S., Greenwood B. N., "Can you gig it? An empirical examination of the gig economy and entrepreneurial activity", Management science, Vol. 64, No. 12, 2018, pp. 5497 – 5520.

雇佣关系的短暂性和任务的碎片化使企业能够采取更灵活的雇佣方式（Mulcahy，2017；谢富胜，2019）[1]。作为一种"新业态"的经济模式，"零工经济"是一种利用数字平台作为有效匹配劳动力供给和需求的就业模式。有无数字平台是区分"新"零工模式和"旧"零工模式的关键，对"零工经济"的研究既要考虑其部署的物理媒介（数字平台），也要考虑就业关系的演变（新兴用工模式）（郑祁、杨伟国，2019；张成刚，2022）[2]。与传统经济相比，数字平台、零工工作者和平台型就业企业是"零工经济"的主要创新点；因此，数字平台、零工工作者和用工企业是"零工经济"的核心要素（许弘智、王天夫，2022）[3]。在中国的媒体和官方话语中，"零工经济"的劳动实践主要是在"弹性工作"的背景下讨论的，更是在"灵活用工"这一框架内讨论的，是用人单位（如企业、平台组织、非营利组织和公共服务组织）以不同于正常就业的方式配置人力资源的一种工作形式（中国灵活用工市场发展研究报告，2021）[4]。Mulcahy（2017）认为，在"零工经济"的当今时代背景下，企业可以实现真正的灵活就业，降低劳动成本，改善外部资源的获取。个人可以更自由、更灵活地工作，促进技术人才和小众劳动者的发展拓展，同时，弹性工作制还能降低员工因上下班通勤而引起的交通拥挤及城市环境污染，从而为整个社会带来全方位、多方面的效益。"零工经济"将人力资源的"二元"供需关系转化为众多"供应商"和"被服务者"的"多元"关系，这种"多元"关系允许人才的共享协同发展。不同类型的人才可以根据其时空特点，通过人才租赁、佣金共享、信用共享、副业共享、采购共享、项目共享、候鸟式共享等方式在行业、地区、机构之间进行流动共享，从而为粤港澳大湾区突破人才瓶颈提供

---

[1] Mulcahy D.，"Will the gig economy make the office obsolete"，*Harvard Business Review* Vol. 3，2017，pp. 2–4.

[2] 郑祁、杨伟国：《零工经济前沿研究述评》，《中国人力资源开发》2019年第5期；张成刚、张中然：《新就业形态的就业留存——基于外卖骑手的定性比较分析》，《中国劳动关系学院学报》2022年第5期。

[3] 许弘智、王天夫：《劳动的零工化：数字时代的劳动形态变迁及其形成机制探究》，《经济学家》2022年第12期。

[4] 《中国灵活用工市场发展研究报告2021年》，上海艾瑞市场咨询有限公司，艾瑞咨询系列研究报告（2021年第4期），第314—374页。

了全新解决方案（马毅、李迟芳、刘建萍，2019）①。

二 "零工经济"模式下的粤港澳大湾区人才共享存在的问题

"零工经济"与粤港澳大湾区的经济转型和现代化建设密切相关。粤港澳大湾区的多个城市如广州、深圳、佛山等在信息技术、电子商务、金融、环保等领域提出了一系列雄心勃勃的计划，这些都与"零工经济"密不可分（陈杰、刘佐菁、苏榕，2019）②。零工就业有两个积极作用：一是避免了人力资源的浪费；二是通过满足个人和企业的两方需求来优化资源配置，从而实现人力资源的去产能目标（孙竞，2021）③。粤港澳大湾区是一个以人才集聚为特征的地区，"零工经济"的出现，为大湾区人才的整合、集聚与共同发展提供了一个新的思路。"零工经济"促进人才协同交流的实现，从个人与单位的固定雇佣关系转向人才与"被服务者"的多元关系，为破解粤港澳大湾区人才竞争加剧、错位竞争、缺乏流动性等难题提供了切入点。例如，养老中心、医疗保健、家庭服务和电子商务平台的发展，都离不开零工工作者的服务。同样，环保、金融、时尚、旅游等行业的发展也需要大量的"零工专家""零工分析师""零工设计师"和"零工艺术家"等。因此，应积极指导与扶持"零工经济"，构建与之相适应的长期合作与发展模式，发挥粤港澳大湾区的优势，促进粤港澳等地区的发展。从长远来看，其自身也有很大的可能将成为一个千亿级的产业，成为粤港澳大湾区战略发展的重要新动力与新引擎。"零工经济"以其专业人才、弹性工作模式、知识与资源的迅速、精确的配对，可为企业提供高效的人力资源、开拓新的市场、实现企业经营过程的最大限度地发挥作用。此外，跨境人才开发可

---

① 马毅、李迟芳、刘建萍：《"零工经济"发展下粤港澳人才共享的发展对策研究》，《广东经济》2019年第3期。
② 陈杰、刘佐菁、苏榕：《粤港澳大湾区人才协同发展机制研究——基于粤港澳人才合作示范区的经验推广》，《科技管理研究》2019年第4期。
③ 孙竞：《零工经济背景下大学生"零工就业"模式与指导策略研究——以粤港澳大湾区为例》，《当代教育理论与实践》2021年第4期。

以吸引国外人才，开拓国外市场，从而有利于不同规模的企业参与国家"一带一路"战略（吴玥，2020）[1]。从政府机构的角度来看，"零工经济"显然具有积极的作用。但目前粤港澳大湾区针对"零工经济"的长期发展规划还没有形成，在社会保障、金融支持和人力资源服务等领域仍有诸多不足之处，例如法律法规不健全，社会保障体系不完善，劳动力市场不平衡等，这在很大程度上限制了这种极具潜力和有前景的经济模式的健康发展。

首先，从法律角度来看，中国现有的确定劳动关系的"全有或全无"法律框架不适用于零工工作者（丁晓东，2018）[2]。现有的劳动法律框架基本上确立了劳动关系和劳务关系之间的二分法，即工人和雇主之间的关系一部分被视为劳动关系，另一部分被视为劳务关系。在数字平台推动的"零工经济"中，网络平台与零工工作者之间的关系非常模糊，往往介于劳动关系和劳务关系之间。为了适应"零工经济"的发展，有必要具体制定适用于零工工作者及其工作内容的法律法规，并在法律上重新定义零工工作者与雇主之间的雇佣关系。第二，从社会保障制度的角度来看，"零工经济"的特点是就业主体及就业目的不是传统意义上的固定模式；"零工经济"颠覆了雇主和雇员之间的传统雇佣关系。基于传统雇佣关系建立起来的原有保障体制，即以正式雇员和企业共同缴纳的形式并不适用于零工经济的受雇双方，对于供求双方的责任、权力地位定位不明确。例如，从发包人的角度来看，因为零工工作者本身并不是正式雇员，因此可以免除公司必须对正式雇员履行的传统责任；从平台的角度来看，零工工作者自身是独立行为人，其作用是为零工工作者和客户之间的交易提供一个平台。它们只提供零工和客户之间交易的平台。因其权力下放的管理和零工就业的成本是外包，一方面标志着零工就业的独立性、自主性和灵活性；另一方面，外包平台和传统企业将社会责任完全外部化，这使零工就业处于不稳定和不安全的地位，并使它不得不面对各种未知的社会风险，必须自己应对这些风险。最后，

---

[1] 吴玥：《新业态"零工经济"背景下浙江省人才共享的发展路径与对策研究》，《商场现代化》2020年第3期。

[2] 丁晓东：《平台革命、零工经济与劳动法的新思维》，《环球法律评论》2018年第4期。

从劳动力市场的角度来看，零工这一群体可以分为四类：第一，自由职业者，选择独立工作并将其作为主要收入来源的个体经营者。例如自雇设计师和网约车司机；第二，兼职人员，主要从事传统工作并利用空闲时间通过临时工作产生额外收入的兼职工人。例如在线课程导师、临时工或下班后网约车的公司员工；第三是经济困难人员，他们通过完成零工工作来平衡收入和支出，主要是体力劳动者；第四种是在家无业人士，利用空闲时间从事网上交易以赚取收入和佣金的人，主要是家庭主妇、宝妈和一些被解雇的失业者。因此，零工劳动力的构成是多样化的，但也是矛盾的。有自己的专业，甚至有一些是从事多领域的多元人才，但零工工作者所从事的行业只能是外围或中围的技术工作者，涉及企业核心领域可能存在信息泄露的风险，但这样并不能体现零工工作者的技能和核心价值，对其长远高效发展有其一定的阻碍作用。

三　实现"零工经济"模式下粤港澳大湾区人才共享的发展路径

（一）出台执行差异化的法律规制和制度保障

基于"零工经济"当下正处于高速发展的阶段，网络平台业务模式创新的速度是远远快于相关配套法律规制颁布和完善的速度的，可见，在政策层面上，我国"零工经济"的迅速发展、人才资源的广泛分享等都离不开相应制度的保障。对此，为尽快适应"零工经济"的社会发展需要，政府要承担起主体责任，适时进行相关的劳动就业制度改革，制定完善的法律法规，弥补现有法律的漏洞和缺陷，特别是对零工工作者的职业安全防护和工作规范相关法律制度进行完善，给予零工工作者准确的角色定位和定义，通过法律来定义和定位平台工作者、独立承包商和平台的关系，合理界定各方责任和义务，以法律规制的形式推动源头治理，比如，《劳动法》《劳动合同法》和《社会保障法》中应包括关于零工劳动群体和人才共享的规定条款。基于对劳动关系的新认识和认定，应规范和保护不同传统类型的零工工种，解决部分零工工种过劳和零工工种管理质量不高的问题，使雇主、用人单位和零工工种各方制定出的零工规范尽可能具有可评判性以及权威性。

（二）建立完善具体化的社会保障和权益维护

随着"零工经济"覆盖面的日益扩大和共享员工数量的持续增多，有利于零工劳动者社会保障的相关规章制度亟需出现在大众眼前，亟需扩大社会福利保障的覆盖范围，强化数字平台、其他用工企业等在用工保障、社会福利等方面的责任和义务，包括但不限于对零工工作者的公平就业、劳动报酬、社会保险、平台算法等明确保障底线，合理承担维护劳动者权益的相应责任；又比如说，探索"电子社保""网络社保"等新型社保缴费方式，并依据新的非全日制就业身份，构建一套适用于非全日制就业人员的社保体系；同时，强化政企协作，将政府与企业联合起来，构建一个社会层次的社保资金库，为非全日制就业人员提供特殊的社保服务。从长远来看，在我国社保制度中引入人才分享方式，有利于我国社保制度的健全和稳定。

（三）规范建设专属的用工市场和网络平台

零工用工因其具有极强的流动性和不稳定性，更应该对零工市场准入条件和限制标准进行规范，运用大数据分析等技术手段，强化对网络平台的有效监管，并出台相应的监管措施。针对由于技术水平的差别而导致的零工收入差别问题，政府应积极协助零工工人提高自己的技术水平，构建并健全弹性的培训及有关的许可发放的制度，并鼓励各层级高校以零工服务人员为基础，对其进行培训。也可以利用网络，搭建一个虚拟的学习平台，让零工工作者可以不断地、高效地进行自身的提高，从而达到零工人力资源的良性循环。针对工作支离破碎、不能确保零工工作连续性的问题，国家应该主动提高有关信息的透明度和流动性，降低由于信息不对称而带来的低效率的人力资源使用，以及零工的工作间歇；针对零工工作者的信用和信誉问题，要鼓励并健全跨城市的征信和信誉体系协作，强化对零工工作者的信息登记，并在网上披露和共享其信用记录、违法失信记录、犯罪惩戒记录行为等信息，并鼓励互联网平台构建全方位、多角度、多层次的从业人员信用指数和第三方评级体系，以推动并保护消费者的权益。

随着"零工经济"的兴起，个体劳动者的数量逐渐增多，公司和劳动市场也随着自己的发展而改变着自己的发展方式。虽然目前，零工只是起到了一种辅助作用，但是其低成本、高效率的人性化的服务方式，一定会对今后的社会合同关系的建立，以及数字平台化的发展产生一定的影响。在"零工经济"中，员工工作时间更有弹性，更有自主性。因此，员工的工作满意度和企业业绩也会随之提升。通过将平台对公司的需要和零工工人的特点相结合，可以减少公司的信息流通费用，促进劳动力市场的充分竞争，同时也可以减少公司的用工成本。但"零工经济"的兴起也给社会造成了很多问题，企业界和学术界一直在寻求着行之有效的办法。

粤港澳大湾区作为区域人才的聚集地，更应该充分发挥自身区域优势和人才优势，结合区域发展状况和趋势，在"零工经济"的时代来临前，有计划地对本地区的企业进行预先的引导和改造。同时与此有关的数字化人才的引进、组织结构的网络化、扁平化发展、岗位设计的多样化和弹性化、新劳动关系下的人才流动等都是必须要加以考量的问题。而对于人才共享这一具有代表性的人力资源发展模式，粤港澳大湾区的相关政府部门和企业更应着重关注其法律法规落实、社会保障体系完善和用工市场规范等亟需突出解决的核心问题，应该看到"新业态"下的"零工经济"是未来业态发展的新趋势，新时代新业态的新蜕变。所以，在当前的新形势下，加强对各类制度的完善，并及时对其进行相应的配套研究，从而填补新兴就业模式所产生的各个方面的空缺，具有很强的理论意义与很有影响力的现实意义。

内地对港澳法律服务业准入现状与问题

——基于大湾区联营律所及律师的实证研究

梁家桦 邝妍华 邱卓易

摘要：粤港澳大湾区建设要求内地面向港澳开放更深度的法律服务市场，推进三地法律服务融合。目前此领域的学术理论探讨具有滞后性和局限性，且普遍缺乏实地求证。目前立足于此的主要有两类政策："联营律所"与"九市律师"，二者各有侧重。其中"联营律所"为CEPA框架下的产物，目的是在更深入的湾区经贸合作下保障经贸往来活动所需的法律服务；而"九市律师"政策更侧重于促进大湾区跨境法律人才流动。这两类政策，在港澳籍律师内地执业的业务类型、地域范围、准入资格等方面存在区别。联营律所应当找准自身定位，努力开拓新的市场。此外，有待取得突破的另一个议题是港澳律师内地的刑事业务执业资格。"联营律所"刑事案件受理资格的开放与否，应考虑刑事业务是否会对联营所造成根本性影响、是否削弱联营所的独特性和专业性、与在实践需求方面是否具备必要性和紧迫性。应当将开放刑事案件，作为我们国家日后进一步推进内地与港澳法律服务融合的发展方向。

关键词：联营律所；法律服务；粤港澳大湾区；港澳律师；内地执业 CEPA

一 研究背景

（一）政策与规范背景

2002年，司法部发布《香港、澳门特别行政区律师事务所驻内地代表机构管理办法》（简称《港澳律所驻内地代表机构管理办法》），这是目前已知最早的、关于三地法律服务融合的规范性文件。这份文件规定的"港澳律所驻内地代表机构"不是律师事务所，没有执业资格，只能代表自己的律师事务所，和内地律所沟通成立联营事务所相关事宜，或者从事跨法域的法律咨询、法律查询、委托等业务，但不能聘用内地律师，"聘用的辅助人员"也不能为内地客户提供法律服务。

2003 年，为了进一步促进港澳地区和内地的协同发展，内地和香港、澳门地区相继签署了《内地与香港关于建立更紧密经贸关系的安排》和《内地与澳门关于建立更紧密经贸关系的安排》（*Closer Economic Partnership Arrangement*，以下简称"CEPA"）。随着港澳与内地的贸易往来日益增多，跨境法律服务供不应求，法律服务业开放的重要性也越发凸显。

同年，司法部分别出台了《香港特别行政区和澳门特别行政区律师事务所与内地律师事务所联营管理办法》（以下简称《律所联营管理办法》）和《取得内地法律职业资格的香港特别行政区和澳门特别行政区居民在内地从事律师职业管理办法》（以下简称《港澳居民内地律师职业管理办法》），为跨境法律业务的解决提供了便利。

2011 年，商务部发布有关 CEPA 规定之"补充协议八"，在附件对法律服务的具体承诺中，首次提出要探索完善两地律师事务所联营方式以及研究扩大取得内地法律职业资格并获得内地律师执业证书的澳门居民在内地从事涉及澳门居民、法人的民事诉讼代理业务范围。

2013 年 10 月 1 日，司法部发布的现行《港澳居民内地律师职业管理办法（2019 修正）》再次扩大了取得内地律师职业资格的港澳律师执业范围。与此同时，司法部第 136 号《中华人民共和国司法部公告》，公布了港澳居民身份律师在内地执业可以代理涉港澳民事案件的具体范围和种类。

2014 年 1 月 27 日，为了推进法律服务业对港澳开放工作，落实 CEPA "补充协议"相关事项，司法部对广东省司法厅就广东省设立合伙型联营试点进行批复，同意广东在省内开展内地律师事务所与港澳律师事务所合伙联营的试点工作。此后，广东省司法厅发布《香港特别行政区和澳门特别行政区律师事务所与内地律师事务所在广东省实行合伙联营的试行办法》(简称《律所合伙联营的试行办法》),当中对粤港澳三地合伙联营律所的联营条件、联营程序、联营规则、监督和管理机制做出规定,并于 2016、2018、2019 年分别进行三次修订。现行《合伙联营的试行办法》为广东省司法厅 2019 年修订版,对律所合伙形式、联营条件和联营律所案件受理范围做出了详细规定。

2020 年,全国人大常委会授权国务院,在粤港澳大湾区内其中九个城市开展"香港法律和澳门的执业律师能够取得内地执业资质与从事律师职业等试点工作";随之,国务院印发《香港法律执业者和澳门执业律师在粤港澳大湾区内地九市取得内地执业资质和从事律师执业试点办法》(以下简称《港澳律师九市试点办法》),规定符合条件的香港和澳门法律执业律师,可以从事规定范围内的内地法律事务。

2021 年,国务院先后出台《横琴粤澳深度合作区建设总体方案》(以下简称《横琴方案》)、《全面深化前海深港现代服务业合作区改革开放方案》(以下简称《前海方案》),横琴与前海作为"一国两制"实践新示范,前者致力于澳门经济的多元发展,后者推动深港更高水平的合作,特别是金融、创科、法律、营商环境等方面作出配合。

至此,港澳律师内地执业、三地法律服务融合的制度框架已经基本搭建完成,但这一制度仍然存在一些理论和实践上的问题,导致政策效果并不明显,制度活力难以体现。下文便是学术界对于该制度的研究和讨论综述。

(二)学术与理论背景

1. 现阶段的学术关注焦点

(1) 内地法律服务市场面向港澳律师和律所单方面开放

在 CEPA 推出的近二十年,从 2002 年到 2022 年间推出《港澳律师事务所驻内地代表机构管理办法》《律所合伙联营的试行办法》《港澳律师九市试点办法》等内地对港澳法律服务业的开放政策,同时其准入标准也逐年降低。而广东律所进入港澳的相关政策规定则寥寥无几,其政策少、门槛高、执业资格认证难的特点表现出广东法律服务市场面向港澳的"单边性开放"。① 法律服务一般涉及某一法域内规章制度的正确使用和解释，是司法制度的重要部分，有着较强的政治属性。港澳暂时不选择对内地进行法律服务业的开放，首先考虑到内地法律人才涌入会影响其本地的司法制度和实践。② 其次，粤港澳三地的律师业发展并不同步。香港法律服务业经历了百年发展，其市场的规模化和专业程度高，相关制度的规范化及分工细致且完善。③ 澳门因为历史原因，法律以葡萄牙语为主并大部分掌握在葡人手里，与整个华人社会需求存在一定的脱节，导致法律发展业起步较慢，并且由于产业过于单一、地域面积及人口过少导致市场需求十分有限。④ 与此同时，广东近几年法律服务业飞快发展，但市场仍然并非完全成熟，无法与港澳形成"无缝隙"的对接。以上因素使得粤港澳三地的法律服务市场，呈现出内地面向港澳单方面开放的态势。

（2）法律服务聚合发展程度较低，缺乏实质性的沟通与整合

由于粤港澳大湾区法律服务的跨区域、跨法域，其法律纠纷都具有多元性。所以湾区的法律服务往往更需要金融、物流、信息网络服务等其他专业服务提供必要的辅助与保障，因此法律服务业具有拉动其他产业聚合发展的作用。⑤ 推动湾区法律服务聚集发展既符合服务行业从分散走向聚集的潮流和趋势，也有助于湾区实现规则和机制的衔接对接。⑥ 而现阶段粤港澳大湾区法律服务聚合发展的整体性与区域融合性不足，即只是把仲裁、公证、调解、司法鉴定、法律培训等各色服务机构置于一地，相互之间缺少高效的沟通与合作机制，没有达到信息或资源互通的效果；⑦ 与港澳法律服务业务的沟通，除了联营律所有所涉及之外，

---

① 陈克宇、张济科：《关于深化粤港澳大湾区法律服务合作的若干思考》，《地方法制评论》2020 年第 5 卷。
② 陈克宇、张济科：《关于深化粤港澳大湾区法律服务合作的若干思考》，《地方法制评论》2020 年第 5 卷。
③ 张雪婷：《大陆对港澳台律师服务业开放的法律问题研究》，硕士学位论文，西南政法大学，2018 年。
④ 张淑钿：《粤港澳大湾区法律事务合作中的澳门贡献及未来发展》，《港澳研究》2020 年第 3 期。
⑤ 朱最新：《粤港澳大湾区法律服务集聚发展研究》，《特区实践与理论》2022 年第 1 期。
⑥ 朱最新：《粤港澳大湾区法律服务集聚发展研究》，《特区实践与理论》2022 年第 1 期。
⑦ 莫然、李峥：《粤港澳大湾区法律服务的聚合与发展》，《探求》2019 年第 2 期。

三地的法律服务业务基本各自为战，没有形成实际的跨区域链接。① 法律服务也尚未与其他服务业如会计、知识产权、信息网络等其他服务业建立常态化联系和合作机制。② 加上，由于大湾区涉及大量的规则冲突与交叉问题，其行业无法按照"典型案例"来进行大量复制扩张③，同时对所需法律人才的要求也更高。上述都是影响着湾区法律服务聚合建设的因素。

（3）内地法律服务开放程度有待提高

目前学者们探讨内地法律服务开放程度问题，主要围绕"联营律所制度"与"港澳与内地执业资格互认"这两个方面。

第一，关于"联营律所制度"问题：学者对于《律所联营管理办法》中将港澳与内地律所之间的联合经营关系定性为合同型的联营有一定的争议。④ 认为联营律所的准入门槛过高，只有极少港澳律所能够符合合伙经营的准入条件，也与CPEA目标相违背。⑤ 在实践中也没有解决长期在港澳注册的外国律所是否能视为港澳本土律所从而符合联营条件的问题。⑥ 对于联营律所的监管，《律所联营管理办法》和《律所合伙联营的试行办法》只对其做出了原则性的规定，内地与港澳三方律所的法律责任并不平等，⑦ 如对于联营所的内地方能够通过《律师法》进行追责，但港澳方只涉及罚款的问题。⑧

第二，关于"港澳与内地执业资格互认"问题：学者们认为，从2003年港澳居民能够参与国家司法考试获得执业资格；到2006年能够

---

① 朱最新：《粤港澳大湾区法律服务集聚发展研究》，《特区实践与理论》2022年第1期。
② 莫然、李峥：《粤港澳大湾区法律服务的聚合与发展》，《探求》2019年第2期。
③ 黄琳琳、李晓郛：《上海自贸区进一步扩大律师服务市场准入条件的刍议》，《海峡法学》2015年第3期。
④ 慕亚平、相鲁生：《CEPA框架下内地与香港律师合作所面临的主要法律问题》，《云南大学学报》（法学版）2008年第21卷第5期。
⑤ 张小雨：《论CEPA项下内地法律服务市场对香港开放的实践难点与争议》，《中国国际私法学会2015年年会》。
⑥ 慕亚平、相鲁生：《CEPA框架下内地与香港律师合作所面临的主要法律问题》，《云南大学学报》（法学版）2008年第21卷第5期。
⑦ 陈克宇、张济科：《关于深化粤港澳大湾区法律服务合作的若干思考》，《地方法制评论》2020年第5卷。
⑧ 慕亚平、相鲁生：《CEPA框架下内地与香港律师合作所面临的主要法律问题》，《云南大学学报》（法学版）2008年第21卷第5期。

于内地从事涉及港澳的婚姻、继承案件;到 2013 年能够通过联营律所方式以派驻律师顾问的身份进入内地市场;① 再到 2021 年司法部出台"九市律师"的试行规定。内地市场对港澳律师资格认证越来越便利,开放执业范围越来越广。不少学者基于内地与港澳越发紧密的关系,应该更加放宽港澳律师在内地提供法律服务的范围,和进一步加强对三地法律执业人员的资格互认,以更便捷、高效地深入三地之间的法律服务合作。②

(4) 跨法域法律服务市场存在诸多隐形的门槛

由于法律制度的差异,法律服务在涉及跨境纠纷、案件时会面临更多限制。虽然法律服务贸易同样作为一种贸易类型被规定到了 CEPA 中,但是法律市场准入门槛过高,导致能够提供跨境法律服务的主体凤毛麟角。对联营所而言,由于符合条件的多是知名律师或大型律所,其收费标准较高,更适合处理涉及标的较大的纠纷。而小型企业或者小标的额的贸易往来,虽然因贸易自由化而受益,但当其面临法律问题时往往有着较高的解决成本;对于港澳律师而言,《港澳律师九市职业试点办法》作为大湾区法律服务的"前瞻性"政策,为湾区法律人才的流动发挥了重要作用。由于法律制度差异,其较于内地律师缺少了一定"本土"竞争力,而作为更讲究客源累积的法律市场,加上大湾区与港澳地区的收入比较优势并不明显,让大部分港澳律师对于踏入大湾区执业持观望态度。

2. 评议与问题

(1) 对学术研究的评议

本文认为,相关研究的理论性较强,而实践性较弱,缺乏实证化的调研,对问题的认识存在错位。对于港澳而言,其首先要确保本地的司法制度与本地的律师成长不会受到严重的冲击,特别对于业务体量过小的澳门而言,谨慎开放是必然之路。③ 因此,学者指出的"单方面开放""资格互认不足"等问题,很可能并不具有实践意义。湾区法律服务聚

---

① 黄琳琳、李晓郭:《上海自贸区进一步扩大律师服务市场准入条件的刍议》,《海峡法学》2015 年第 3 期。

② 张雪婷:《大陆对港澳台律师服务业开放的法律问题研究》,硕士学位论文,西南政法大学,2018 年。

③ 参见杨立民《法律服务市场:开放的风险与机遇》,《WTO 经济导刊》2017 年第 12 期。

合发展畅想是新时代大湾区法律建设的重要课题，通过完善政策解决与市场需求之间的合力不足，增强湾区人才吸引力，建构虚拟聚合区突出法律服务集群效应等实现粤港澳三地区域国际法律服务和纠纷解决中心的建设。① 对于扩大法律服务开放程度与执业范围，应当要对联营律所或相关律师进行实地的考察研究，仅仅对规定文本进行教义研究并不能对法律服务市场的运行有真实、全面的认知。如"联营律所的准入门槛""联营律所监管法律责任不均""联营所或港澳律师业务受理范围受限"等问题，通过实践调研结果发现，上述问题在实践中并不会对行业运行形成阻碍，相关从业者并不认为这些问题是亟待解决的制度瓶颈，或者能在行业实操中被解决。

（2）调研发现的问题

1）"联营律所准入门槛较高"的问题

经过文献梳理，我们认为联营律所准入门槛可能过高，导致联营律所数量较少，且联营律所倾向于受理大标的案件，无法兼顾小标的的民商事案件。对此，我们走访的律所认为，准入门槛较为合理，因为联营律所的目标客户涉及跨境业务。而相关的司法主管部门（主要为横琴粤澳深度合作区法律事务局及珠海司法局，下同）认为，导致联营律所较少的根本原因并非准入门槛较高，而是受到市场供需关系的影响，且联营律所设立"初衷"本就是为国内大型企业的跨国业务服务。

2）"联营所刑事执业资格"问题

经过文献梳理，我们认为联营律所执业范围受限，应当开放刑事案件处理权限。对此，我们走访的律所和律师认为，虽然能够通过与其他律所合作处理案件中涉及刑事诉讼的部分，但依然对开放联营律所处理刑事案件的权限持积极态度。相关的司法主管部门认为，开放联营律所处理涉及内地刑事诉讼案件权限的过程是循序渐进的，而非一步到位的，随着联营律所处理行政案件限权的开放，开放刑事案件权限需要被纳入考量，如果不开放刑事案件权限将对联营律所造成根本性的负面影响。

---

① 参见朱最新《粤港澳大湾区法律服务集聚发展研究》，《特区实践与理论》2022年第1期。

3)"跨境律师监管机制"的问题

经过文献梳理，我们认为相关监管机制不健全。对此，我们走访的律所和律师认为，律师监管涉及一国两制，港澳和内地的律师监管分治具有合理性和必要性。相关司法主管部门认为，目前没有专门监管港澳律所的机构，港澳律师在内地受到律协的监管，司法部已经推出了律师诚信查询体系，能够查询到拿到九市职业资格证的港澳律师在内地的诚信记录。

4)"单方面开放法律服务市场"的问题

经过文献梳理，我们认为内地法律服务市场单方向对港澳律师开放会对内地律师造成不良竞争，港澳应当同时对内地律师开放市场。对此我们走访的律所认为，港澳律师进入内地市场对内地律师无负面影响，内地律师优势依然存在。相关司法主管部门认为，港澳法律市场太小，无法对内地律师完全开放，尤其是澳门法律市场，香港法律市场相对开放。且内地律师没有去港澳法律市场的需求。

5)"联营律所与九市律师制度共存"的问题

经过文献梳理，我们认为"联营律所"受到"港澳律师九市职业资格制度"冲击。对此相关司法主管部门认为，港澳律师九市大湾区职业资格制度对联营所有很大冲击，动摇了联营律所的存在意义，需要及时理清二者的制度功能和定位。

综上，"联营律所与九市律师制度共存""联营所刑事执业资格"这两个问题，是我们访谈的几个问题中实务界真正感兴趣的问题，下文将围绕这两个问题展开讨论。

二 粤港澳大湾区两种法律服务准入制度的比较

（一）不同制度的政策目的对比

《律所合伙联营的试行办法》使港澳律所和内地律所之间实现了更紧密的合作，《港澳律师九市试点办法》则使港澳律师在大湾区九市执业成为可能，二者都推动了港澳法律服务业务和内地法律服务和法律人才的合作、融合，但是二者存在诸多不同。总的来说，《律所合伙联营的试行办法》是为了落实 CEPA 协议,加强内地与港澳的经贸联系,基于 CEPA 的设立背景和框架,联营所是为了让两地在经贸方面更加紧密。《港澳律师九市试点办法》的出台目的是促进港澳法律人才的流动。总的来说,二者之间存在明显的"适用主体"和"政策目的"的差别。

从"适用主体"来讲,前者是律所作为主体的,针对法律服务市场;而后者更多针对的是律师个人在大湾区职业范围等规定。从"政策目的"来讲,联营律所是为了落实 CEPA,促进内地与港澳地区协调发展,而 CEPA 本身作为经贸合作的安排,是在经济和市场层面的开放。"九市"实质上是大湾区制度一体化建设的产物,是打通大湾区整个法律服务行业,促进人才流动。

(二) 不同制度下港澳执业律师的"执业范围"与"准入要求"

从"执业范围"来看,《律所合伙联营的试行办法》规定,联营所的港澳派驻律师的执业范围为民商事诉讼、非诉讼法律事务以及行政诉讼法律事务(限与内地律师合作办理案件中的涉港澳部分)。《港澳律师九市试点办法》规定,执业范围为粤港澳大湾区内地九市内适用内地法律的部分民商事诉讼和非诉讼案件。

从"准入要求"来看,《律所合伙联营的试行办法》规定,港澳律师直接由港澳律所一方派驻或者由联营律所聘用即可成为合伙联营律所的派驻律师。《港澳律师九市试点办法》规定,具有港澳律师执业资格的,并有累计 5 年以上律师执业经历,在通过粤港澳大湾区律师执业考试,参加不少于 1 个月集中培训,并经考核合格的,获得粤港澳大湾区律师职业资格,可在粤港澳大湾区内地九市的内地普通律师事务所或港澳与内地的合伙联营律师事务所挂牌执业。

(三)"九市律师"制度对联营律所的影响

1. 港澳执业律师更倾向进入内地普通律所

2021 年《港澳律师九市试点办法》出台后,首批取得九市资格进入内地执业的律师有约 200 人,其中大部分选择了进入内地普通律所,而非联营律所。这主要因为两点。

第一,内地普通律所较联营律所对招纳"九市"律师的态度更为积极。联营律所天生具有内地普通律所本不具备的处理三地法律问题的属性，而内地普通律所则可以借"九市"律师之手将法律业务辐射至港澳，从而获得处理三地法律问题的功能。因此，内地普通律所对于可以提供跨境法律服务的"九市"律师具有较大的需求，故在招纳"九市"律师的态度上也更为积极，而联营律所由于本身就具有跨境服务的功能，对于此类律师的招纳需求并不迫切，在招纳态度上也较为消极。

第二，内地普通律所占大多数，具有更大的吸收九市港澳律师的空间。而联营律所不仅数量稀少，目前也鲜见知名顶尖律所参与其中。联营所在数量和知名度上，完全无法和内地律所，尤其是大湾区的内地知名律所（例如"红圈所""精品所"）相提并论。所以"九市"律师进入内地普通律所的几率更大。

2. "九市律师"制度难以吸引足量的港澳律师

内地普通律所在吸纳了"九市"律师之后具备了将业务范围辐射至港澳地区的能力，在功能上和联营律所有重叠之处，但功能上的重叠并不会对联营律所的独特属性造成威胁和冲击，因为大部分"九市"律师倾向于留在港澳执业。很多港澳律师虽然选择报考获取"九市"执业资格，但前往大湾区就业的律师却少之又少，主要原因有二。

其一，港澳与内地的法律制度差异极大。港澳律师相较于熟悉内地法律的内地律师竞争力较小，同时，法律市场更为讲究客源的累积，一般符合"九市律师"主体要求的对象是已经在港澳地区执业满 5 年、具有一定客源积累的律师，因此港澳律师对于放弃港澳客源前往内地进行执业比较谨慎，大部分"九市"律师持观望态度。

其二，港澳地区从事法律服务的收入更高。港澳律师在港澳地区的收费普遍较内地高，同时港澳地区针对律所的税收较内地低，因此港澳律师更倾向于留在港澳地区从事法律服务业。其次，联营所具有"九市"律师所不具备的高效、高质合作模式。联营所的运营模式依靠两地律所之间的合作，而吸纳了"九市"律师的内地普通律所若想发展港澳业务，则只能仰赖"九市"律师个人在港澳的业务和影响力，相较而言，联营所的律所合作模式可以更高效地处理更复杂、体量更大的跨境法律业务。

由此可见，即使大部分获得大湾区九市执业资格的港澳律师选择进入内地普通律所，但选择前往内地执业的港澳律师本就不多，再加上普通律所通过"九市"律师个人进行的跨地域合作效率，远远比不上联营律所之间的合作模式效率，因此《港澳律师九市试点办法》难以对联营所的运营和功能造成根本性冲击。

（四）联营律所发展前景

第一，大湾区范围内的跨境法律服务市场已接近饱和。通过对联营律所的采访本组了解到，当前的联营律所处于激烈的竞争环境之中，联营律所的实际运营并不像制度设计指向的那样能够在大型企业或者其他大额标的案件中可以获取到足够利益——当前联营律所仍然以小标的的传统民商事法律服务为主，而这一部分与内地普通律所的主营市场重叠。至今大湾区已经设立了 15 家联营律所，某联营律所的主任潘律师在接受访谈时表示，对于当前大湾区法律服务市场而言，15 所联营律所已经过剩，涉及港澳的跨境服务没有预测的多。

第二，联营律所正在寻求向内地拓展业务，开辟蓝海市场。联营律所的执业范围可以涵盖全国涉及港澳的内地法律服务业务，而"九市"律师则只能处理大湾区九市内的涉港澳业务，因此联营律所比"九市"律师具有更大的市场执业范围。联营律所现在一般会进一步向大湾区外的内地扩展业务。联营律所的负责人表示，现在律所的港澳派驻律师通常不会留在大湾区执业，而是会到北京、湖南等地执业。之所以向"外"发展的原因是，一方面大湾区内的涉港澳法律服务市场供应已经饱和，另一方面内地其他地区的涉港澳案件数量也并非"0"，但能找到一个涉港澳法律服务提供者确实难上加难。因此，从这个角度来看，联营律所正在走出激烈竞争的大湾区法律服务市场，寻求开辟内地蓝海，而这一部分待开辟的市场并不对获得九市资格的律师开放。

三 刑事案件的执业资格的制度分析

目前，联营律师事务所并无受理刑事案件的权限。2019 年颁布的《律所合伙联营试行办法》第 20 条规定，首次开放行政案件的受理权限，而刑事案件的受理仍然受到限制。

首先，港澳律师无法适应内地刑事司法独有的逻辑和经验。法律是社会制度运行背后的逻辑与机制，精炼的条文背后凝结着社会的思考、历史的底蕴与实践的经验。对于"法律的使用者"，其成长环境、教育经历、社会感受、思考模式与行为方式全面地影响着对法律的体系性理解与实践性把握。

其次，联营律师事务所的建立的初衷，是加强内地与香港之间贸易与投资合作。联营律所的设立本身就是为了更好地落实CEPA，以服务"推进经贸关系"过程中的纠纷解决需求为核心。不开放刑事案件受理权限也是为了发挥联营律师事务所在涉外民商事诉讼、非诉讼法律实务的专业性。

最后，涉及港澳的跨境法律服务业务中，刑事纠纷实践需求较小。联营律师事务所的一大功能定位在于提升跨境案件处理效率，但大湾区涉港澳的刑事案件极少。同时涉及民商事因素与刑事因素的案件是有的，但是纠纷解决需求的总量并不大。

本文认为，应当取消联营律师事务所的刑事业务限制。联营律师事务所无法从事刑事业务，其制度性功能可能受限。联营律所的业务案件标的基数较大，法律关系构造与法域冲突较为复杂，容易涉或转化为行政案件或刑事案件。因此，《律所合伙联营试行办法》对联营律师事务所刑事案件受理权限的限制不利于其"跨法域纠纷解决渠道"制度性功能的实现。实践中，有受访律所表示，因受理权限而无法受理或处理的案件（或部分），将与其他能够处理刑事案件的律师事务所合作。虽然在现有制度框架下，与其他律所合作处理此类案件是一种解决路径，但是如果能够将刑事案件处理权限一同纳入联营律所的执业范围，有益于联营律师事务所综合案件处理能力的进一步发展。

四　结语

从政策定位看，《律所合伙联营的试行办法》的制定是为了落实CEPA协议，加强内地与港澳的经贸联系。《港澳律师九市试点办法》的出台目的是促进港澳法律人才的流动。两种制度对于港澳籍律师在市场准入和业务范围的规定上也存在诸多不同。对于联营律所与新制度功能冲突的问题，通过实地走访和对比研究发现《港澳律师九市试点办法》确实会与联营律所形成竞争，但难以对其带来实质性的冲击。在两者重合的功能之外，联营律所制度与九市执业制度各有其优势所在。联营律所制度想要更好地实现发展，就应当抓住其中不同点，发挥自身优势，寻求向内地拓展业务，开辟蓝海市场。同时国家应在政策层面进一步清晰对联营律所的支持和引导，促进其最大化实现其制度目的。

联营律所开放刑事业务范围这个问题难以骤然推进。在实际运行中，联营律所业务主要以传统民商事法律业务和提供资讯服务为主，例如投资纠纷、购房纠纷、股权纠纷等，较少涉及大额标的诉讼业务，因此当中转化为刑事案件的情况非常少见。就联营律所制度来看，其作为CEPA项下的产物，针对的是经贸关系，但仍然应当将开放刑事案件，作为我们国家日后进一步推进内地与港澳法律服务融合的发展。

本文依据的调研成果：（梁家桦、邝妍华、邱卓易、李沐欣、苏泽轩：《内地对港澳法律服务业准入现状与问题——基于大湾区联营律所及律师的实证研究》，2022年中国人民大学本科生"大学生创新实验计划"研究成果。）